Cuba
y sus Constituciones republicanas

*A la memoria de
Eduardo Le Riverand, Ernesto Dihigo,
Alberto Blanco y José Miró Cardona,
cuatro inolvidables maestros y juristas.*

BEATRIZ BERNAL

Cuba
y sus Constituciones republicanas

© COPYRIGHT Beatriz Bernal, 2003

INSTITUTO Y BIBLIOTECA *de la libertad*
2333 Brickell Ave., Suite H-1
Miami, FL 33129
FAX: (305) 858-0084

Tipografía: L. Moro (moro537@hotmail.com)

ISBN: 1-893909-04-2

ÍNDICE

Estudio introductorio:
 EL PROCESO CONSTITUCIONAL CUBANO, por Beatriz Bernal 7

Constitución de Guáimaro (1869) 57

Constitución de Baraguá (1878) 61

Constitución de Jimaguayú (1895) 63

Constitución de La Yaya (1897) 67

Constitución de 1901 75

Constitución de 1940 101

Constitución de 1976-1992 199

Proyecto Varela (2002) 235

Ley de Reforma constitucional (2002) 249

ESTUDIO INTRODUCTORIO:
EL PROCESO CONSTITUCIONAL CUBANO

Para bien o para mal, en sus más de cien años de existencia, la historia política de la Cuba republicana se ha entrelazado con su proceso constitucional. Este proceso había comenzado ya en la segunda mitad del siglo XIX con las constituciones de "Cuba en armas" (Guáimaro, Jimaguayú y La Yaya), la primera en el contexto de las guerras de los Diez Años (1868-1878) y las dos últimas en el de la Guerra hispano-cubana-norteamericana (1895-1898).

Así, nuestra festejada u olvidada República, según se mire desde el exilio o desde la Isla, atraviesa tres períodos históricos desde un punto de vista constitucional: de 1902 a 1940; de esta última fecha hasta 1976; y de ella al momento actual. Podemos hablar, pues, de tres repúblicas, aunque la última de ellas la ponga en tela de juicio. Estas fueron: 1) la mambisa, heredera de las guerras de independencia y cuyo marco legal fue la Constitución de 1901; 2) la social y democrática, heredera de la revolución contra el "machadato" (1933-1939) y cuyo marco legal fue la Constitución de 1940; y 3) la comunista, heredera de la revolución castrista de 1959, cuyo marco legal es la Constitución de 1976, reformada en 1992. Y de tres Constituciones que provienen de revoluciones y que a primera vista nos hacen pensar que los cambios políticos en Cuba son resultado siempre de las luchas armadas y no de procesos evolutivos.[1]

"¿Hay algo que unifique estos tres períodos de la historia de Cuba?", se pregunta Carlos Alberto Montaner en su artículo "Las tres Repúblicas".[2] "Por supuesto", se contesta:

---

[1] Rafael Rojas, en su artículo "Meditación en Key West", *Nexos*, 292, abril, 2002, estima que en Cuba, durante estos cien años ha habido cuatro repúblicas constitucionales: la de 1901, la de 1940, la de 1976 y la de 1992, fecha en que se reformó la de 1976. "La primera, —dice—, fue un régimen liberal y presidencialista; la segunda, una democracia semiparlamentaria y populista; la tercera un régimen totalitario comunista, y la cuarta, aún vigente, uno postotalitario, con rasgos sultánicos, autodenominado socialista". En los tres primeros casos estoy de acuerdo, no así en el cuarto. Considero que las reformas de 1992 no fueron más que un maquillaje para resolver la grave crisis interna que se produjo por la caída del régimen soviético. El régimen castrista sigue siendo tan totalitario como antes y con los mismos rasgos sultánicos que tuvo desde su inicio.

[2] *El Nuevo Herald*, 22-6-2002.

... hay varios modos de comportamiento típicos de la clase dirigente en el terreno político, presentes desde el 20 de mayo de 1902 hasta hoy, que de alguna manera explican nuestra azarosa travesía republicana: la violencia, el caudillismo, la intolerancia frente al adversario, la falta de respeto a las reglas democráticas, la concepción patrimonialista del Estado [...] y la asignación de la culpa de nuestras desgracias a poderes extraños empeñados en perjudicarnos.

Al análisis de las tres Constituciones antes mencionadas, con sus avatares, y dentro de este contexto histórico-republicano tripartita, dedico este estudio introductorio. En él hago referencia también a otros textos que dan lugar a reformas y son consecuencia directa de las tres cartas magnas antes mencionadas. Estos son: la ley de reforma constitucional de 1928, en tiempos de la dictadura de Gerardo Machado; los estatutos constitucionales de Ramón Grau San Martín, en 1933; los estatutos constitucionales de abril de 1952; la reforma constitucional de 1956, ratificada en 1957, ambas durante la dictadura de Fulgencio Batista; la ley fundamental castrista de 1959; el Código Penal; la Ley de Organización del Sistema Judicial; la Ley de Protección de la Independencia Nacional y de la Economía de Cuba, actualmente vigentes, así como varias leyes penales anteriores a ellos que establecieron las penas de muerte y confiscación de bienes, entre otros. Dichos textos no aparecen en esta recopilación. Sin embargo, incluyo las Constituciones de "Cuba en armas" y el Proyecto Varela, y su consecuencia: la Ley de reforma constitucional.

Sólo me resta añadir que las fuentes que he utilizado para conformar esta recopilación son textos impresos. Me he basado, principalmente, en tres compilaciones de documentos y Constituciones cubanas: los *Documentos para la Historia de Cuba* (La Habana, 1971-80), elaborado por Hortensia Pichardo; *Constituciones Cubanas*, recopilación de textos constitucionales hecha por Leonel Antonio de la Cuesta (Ediciones Exilio, Madrid, 1974), y *Las Constituciones de Cuba* (Ediciones Cultura Hispánica, Madrid, 1952), de Andrés María Lazcano y Mazón.

El inicio del proceso constitucional republicano [3]

El 20 de mayo de 1902 se inaugura la República de Cuba, con la elección de Tomás Estrada Palma como primer presidente de ella. El nuevo

---

[3] Para ampliar este apartado y los subsecuentes relativos a la Constitución de 1901, ver de Beatriz Bernal: "Estudio histórico-jurídico de la Constitución de 1901" en su libro: *Cuba y sus Leyes*, UNAM, México, 2002.

régimen se basa en una constitución elaborada y promulgada un año antes. Había concluido ya la cruenta guerra de independencia hispano-cubana (1895-1898) que culminó con la intervención de los Estados Unidos en la misma, y la subsecuente ocupación de Cuba por dicho país (1898-1902). Tanto la intervención como la ocupación, dieron lugar al inicio del proceso constitucional republicano. La intervención de los Estados Unidos en la guerra provocó un interregno constitucional, un multiconstitucionalismo, en palabras del profesor Ramón Infiesta,[4] porque por un breve tiempo estuvieron vigentes simultáneamente en Cuba tres Constituciones y dos regímenes constitucionales atípicos: 1) la Constitución de La Yaya en los territorios todavía ocupados por el Ejército Libertador cubano; 2) la Constitución Autonómica, de reciente promulgación en España para la Isla, en los territorios donde todavía residía la autoridad metropolitana y detentaba su fuerza el ejército español; 3) la Constitución provisional de Leonard Wood implantada por el general norteamericano en Santiago de Cuba el 20 de octubre de 1898 y que estuvo vigente hasta el 31 de diciembre del mismo año; 4) el régimen de gobierno civil establecido en La Habana, por Brooke, primer gobernador militar durante la ocupación estadounidense y 5) las Instrucciones suplementarias que dictó el presidente McKinley en julio de 1898 para el Comando Militar de los Estados Unidos en cuanto a la conducta que debía observar durante la ocupación militar. Esta situación de multiconstitucionalismo fue superada luego del triunfo definitivo de las armas norteamericanas sobre las españolas. España, por el Tratado de París (10 de diciembre de 1898 —ratificado el 11 de abril de 1899) renunció a todo derecho de soberanía y propiedad sobre la Isla y todo el país quedó unificado bajo el gobierno militar norteamericano. La ocupación duró cuatro años (1898-1902) y durante ella la Isla quedó sometida a un régimen *de facto* basado en la voluntad soberana del gobernador militar residente en La Habana.

Comenzaba un período de transición que se caracterizaría por la creación y funcionamiento de varias categorías de órganos constitucionales: 1) el gobernador militar con amplias funciones ejecutivas y legislativas, cargo que ocuparían sucesivamente los generales Brooke y Wood; 2) las secretarías del despacho que aumentarían de cuatro a seis (Estado y Gobernación, Hacienda, Instrucción Pública, Agricultura, Industria y Comercio, Obras Públicas y Justicia) rompiendo con la tradición española, y

---

[4] *Historia constitucional de Cuba*, La Habana, 1942, pp. 293-4.

que fueron ocupadas por cubanos pertenecientes a las tendencias políticas imperantes a fines del siglo XIX; 3) seis gobernadores provinciales, uno por cada provincia en que estaba dividida la Isla desde un punto de vista político-administrativo; 4) los Consejos municipales; 5) siete jefaturas militares, ocupadas por norteamericanos, correspondientes a los siete departamentos militares creados por el general Brooke y 6) un Tribunal Supremo de Justicia, de primera planta en Cuba. Se crearon también juzgados correccionales y se instauró el juicio por jurado y, desde la Constitución de Wood, el *habeas corpus*, instituciones ambas de origen anglosajón, aunque conservándose también muchas instituciones judiciales basadas en el régimen español. Además, se creó una Junta de Notables, también integrada por cubanos, que debía cooperar con el gobernador militar y con los secretarios del despacho en la administración de la Isla. Por último, en abril de 1900, se convocó a elecciones municipales que se celebrarían tres meses más tarde, lo que dio lugar a que se organizasen los primeros partidos políticos que intervendrían en la vida pública republicana.

En ese contexto, y en ese mismo año, se convocó a elecciones para integrar la Asamblea Constituyente que dotaría a Cuba de su primera Carta Magna. Una nueva forma de vida política comenzaba en la Isla.

La Constitución de 1901

La Convención Constituyente

El 25 de julio de 1900 aparecía en la *Gaceta Oficial* la convocatoria. Con ella, el gobierno de los Estados Unidos —a pesar de las suspicacias de muchos independentistas cubanos que llegaron a temer la continuación de la ocupación norteamericana, entre otras causas, por las indiscutibles tendencias anexionistas de Wood— cumplía con el propósito declarado previamente en una *Joint Resolution* aprobada y ratificada respectivamente por el Congreso y el Presidente de los Estados Unidos el 20 de abril de 1898 donde, además de autorizar al presidente McKinley a usar las fuerzas militares y navales contra España por:

> ...el aborrecible estado de cosas que ha existido durante los tres últimos años en la isla de Cuba, tan próxima a nuestro territorio que ha herido el sentimiento moral del pueblo de los Estados Unidos y afrentado la civilización cristiana

el Congreso declaraba que "el pueblo de la isla es y de derecho debe ser libre e independiente" y que los Estados Unidos "no tienen deseo ni intención de ejercer soberanía o dominio sobre dicha isla excepto para su pacificación", afirmando además, su determinación de que conseguida la misma se dejaría el gobierno y la soberanía de Cuba en manos de su propio pueblo, disposición esta última que correspondió a una enmienda que Horacio Rubens, amigo de José Martí y abogado de la Junta Cubana en los Estados Unidos logró incluir en la *Joint Resolution* con la ayuda del senador Teller (enmienda Teller).

La convocatoria, emitida en un decreto a nombre del general Wood, reiteraba lo establecido en la *Joint Resolution*, pero también contenía el germen de la *Enmienda Platt* al disponer que como parte de la Constitución se establecieran las relaciones que habrían de existir entre Cuba y los Estados Unidos. Por último, ordenaba la elección de delegados para la Constituyente el tercer sábado de septiembre de 1900, establecía cómo y dónde debía hacerse, y también la cantidad de delegados que serían elegidos a ella, con base a un censo de población que efectuaron para dicho fin.

El espinoso tema de las relaciones entre el futuro gobierno de Cuba y el de los Estados Unidos dio lugar a un conflicto que se reflejó en la prensa de la época entre "nacionalistas" y "conformistas" o "posibilistas" sobre la procedencia de incluir dichas relaciones en el texto constitucional. En dicho conflicto, tomando uno u otro partido, intervinieron figuras tan destacadas como Enrique José Varona, José González Lanuza, Salvador Cisneros Betancourt y otros. Sin duda, las futuras relaciones entre ambos gobiernos no eran materia constitucional. Más aun, para los "nacionalistas", constituían una limitación a la soberanía nacional. Por otro lado, los "posibilistas" consideraban que la negativa a incluirlas en la Carta Magna podría extender en el tiempo la ocupación militar.

En ese ambiente se prepararon las elecciones a delegados a la Constituyente. El Partido Republicano de Las Villas pretendió obstaculizarlas, pero el Partido Nacional, que contaba con la benevolencia del gobernador militar y en el cual militaban los viejos autonomistas, los conservadores adinerados y los comerciantes, admitió la convocatoria fundamentándola en que lo esencial era salir de la provisionalidad castrense y, como era mayoritario en la capital, logró que los villareños cedieran y asistieran a las elecciones. Estas se efectuaron el 15 de septiembre y 20 días después se reunieron los delegados que habrían de redactar la primera Constitución de Cuba. Casi todos ellos habían participado en la guerra de independencia.

En tres momentos, nos dice el profesor Enrique Hernández Corujo,[5] llevó a cabo la Convención su cometido: en el primero (del 5 de noviembre de 1900 al 21 de febrero de 1901) se hizo la Constitución; en el segundo (del 11 de febrero al 12 de junio de 1901) se discutió y aprobó la *Enmienda Platt*; en el tercero (del 2 de julio de 1901 al 14 de abril de 1902) se modificó la ley electoral, se realizaron las elecciones generales y se disolvió la Asamblea Constituyente. En tres momentos, también, se produjo el desarrollo de la Asamblea Constituyente. En el primero se organizó la Asamblea, se eligió la mesa directiva con Méndez Capote como presidente, se redactó el reglamento interno y se elaboraron las Bases con que habrían de trabajar los constituyentes; en el segundo se discutió y elaboró el texto constitucional, en el tercero, la *Enmienda Platt*. Los principales temas de debate fueron:

1. El preámbulo de la Constitución, donde se discutió si mantener o excluir de él la invocación al favor de Dios, establecida en las Bases. En una asamblea de procedencia revolucionaria no era extraño oír voces agnósticas o ateas que se negaran a esta invocación. Estas fueron las de Salvador Cisneros Betancourt y Morúa Delgado, quien en apoyo del anterior, expresó: "...si como dicen los creyentes, Dios está en todas partes, no necesita que nosotros lo traigamos a la Constitución". Sin embargo, la invocación a Dios se mantuvo y fue curiosamente Manuel Sanguily, el librepensador por excelencia de la Asamblea, quien la defendió alegando que Dios era un símbolo y que por ser tal, en él cabían "todas las aspiraciones, las opiniones todas, las del ateo y las del creyente, así como todas las creencias".

2. Las relaciones entre la Iglesia y el Estado, donde se estableció la separación de ambas instituciones y se elevó a rango constitucional las libertades religiosa y de culto, sin más limitación que el respeto debido a "la moral cristiana y al orden público".

3. El sufragio, donde se discutió si este debía ser universal o restringido, así como si su regulación debía ser objeto de la Constitución o de una ley secundaria. La razón, sostenían los miembros de la Comisión integrada al efecto, era que el sufragio debía responder, no solo a la preparación cívica del pueblo, sino también a las necesidades políticas del momento. También, y a propuesta del delegado Miguel Gener se discutió el sufragio femenino. No hay que olvidar que desde fines del siglo XIX las sufragistas inglesas había luchado por su derecho al voto, y que éste había sido

---

[5] *Historia constitucional de Cuba*, La Habana, 1960, pp. 340 y ss.

concedido en algunos países europeos y en algunos estados de los Estados Unidos. Después de una amplia discusión se aprobó que el sufragio se incluyera en la Constitución, y que éste sería universal para hombres mayores de 21 años, independientemente de su raza o educación. Premiaba así la Convención Constituyente a los negros libertos y campesinos analfabetos que habían hecho la guerra dentro del Ejército Libertador, pero no a las mujeres que, aunque en menor grado, también la habían hecho. Hubo que esperar a la reforma constitucional de Machado, en 1928, para que la mujer obtuviera, aunque con limitaciones, el derecho al voto.

4. La distribución y organización del poder y las atribuciones del poder local. En este punto se debatió sobre la distribución geográfica del poder, llegándose a la conclusión de que el territorio se dividiría en seis provincias "cuyos límites serán los actuales y cuyas denominaciones las determinará el Consejo Provincial de cada una". También la organización del poder central, adoptando la Convención el sistema republicano representativo con su secuela técnica de separación de poderes: legislativo, ejecutivo y judicial. Lo que más se discutió fue la elección del Senado por compromisarios, dado que la mitad de éstos debían ser elegidos entre "mayores contribuyentes" de los municipios de cada provincia. El delegado Portuondo alegaba, con razón, que el Senado elegido por categorías negaba el sufragio universal y que, además, la elección recaería entre españoles y extranjeros naturalizados, dado que en sus manos estaba la mayor parte de la riqueza de la nación. En resumen, un Senado oligárquico. La propuesta de Portuondo no prosperó y la Cámara Alta se eligió por sufragio de segundo grado. Asimismo, en segundo grado sería la elección del Presidente de la República, siguiendo en esto el esquema de la Constitución norteamericana. Otro punto de discusión relativo al ejercicio del poder se centró en las atribuciones del poder local. Algunos delegados, los "unitarios", proponían que los gobernadores fueran designados por el Presidente de la República. Supongo que la causa fuera evitar los caciquismos. Otros, los federalistas, pretendían una descentralización administrativa. Ganaron los segundos.

Dos asuntos puntuales más estuvieron a debate: los requisitos para ocupar la presidencia de la República y las deudas que ésta reconocería. Con respecto al primero se estableció que podría ocuparla no sólo el cubano por nacimiento, sino también quien, no siéndolo, hubiera servido por diez años en la guerra de independencia. Aunque tres patriotas (Máximo Gómez, Ríus Rivera y Carlos Roloff) cumplían con ese requisito, no hay duda de que se puso pensando en el generalísimo Gómez. En cuanto a las deudas, se decidió que solo se afrontarían aquellas contraídas en beneficio de la revolución "hasta la fecha en que se promulgó la Constitución de Jimaguayú" y las que "el gobierno Revolucionario hubiere contraído posteriormente, por sí o por sus legítimos representantes en el extranjero".

La Enmienda Platt

También se sometió a debate el "Tratado permanente" entre ambos países que ha pasado a la historia con el nombre de *Enmienda Platt*.[6] Su génesis fue una carta que le envió Elihu Root, secretario de Guerra de los Estados Unidos al gobernador militar Wood. En ella se decía que ningún gobierno cubano organizado bajo la Constitución de 1901 podría celebrar tratado alguno con potencia extranjera que disminuyera su soberanía o conceder derechos y privilegios a éstos sin el consentimiento de los Estados Unidos. Tampoco tendría autoridad para asumir o contratar deuda pública que excediera la capacidad de las rentas usuales de la Isla. Por otra parte, el gobierno cubano permitiría intervenir a los Estados Unidos en caso de que peligrara su independencia o estabilidad, o no pudiera garantizar las vidas, la propiedad y la libertad individual de los españoles conforme al Tratado de París, validaría todos los actos del gobierno militar norteamericano y concedería a Estados Unidos títulos para la obtención de estaciones navales en la Isla. Como era de esperar, dichas imposiciones volvieron a causar gran revuelo en las prensas, tanto de Cuba como de Estados Unidos. Bajo tal presión, la Comisión Cubana (Gonzalo de Quesada, Juan Gualberto Gómez, José Ramón Silva, Enrique Villuendas y Diego Tamayo) designada al efecto para tratar con Wood, presentó una contrapropuesta en que aceptaban varios de los puntos, pero hacía caso omiso del derecho de Estados Unidos para intervenir en Cuba, del establecimiento de las bases navales en la Isla y de la limitación a contraer empréstitos. A ello respondió el gobierno de los Estados Unidos con la propuesta de Oliver H. Platt, que fue aprobada por el Senado y la Cámara de Representantes de dicho país y ratificada por el presidente McKinley quien la convertiría en ley. Y así, como ley, fue comunicada por Wood a la Convención Constituyente cubana que la aprobó por mayoría (16 votos contra 11) el 12 de junio de 1901.

---

[6] Esto se debió a que fue el senador por el estado de Connecticut, Oliver H. Platt, quien la presentó como enmienda a la Ley de Presupuestos del Ejército, en la Comisión de Relaciones Exteriores del Senado norteamericano, en la cual, a la sazón, era presidente de Asuntos Insulares.

La enmienda contenía ocho puntos, los antes expresados, más el compromiso de sanear las poblaciones, la exclusión de Isla de Pinos del territorio cubano hasta la celebración de un tratado posterior y la inclusión de la *Enmienda* como apéndice constitucional. De estos, los más ominosos eran: 1) el derecho de intervención de los Estados Unidos en Cuba, 2) la exclusión de Isla de Pinos como parte del territorio cubano y 3) la venta y arrendamiento de partes del territorio para establecer en ellas carboneras y bases navales. El primero dio lugar a la intervención de los Estados Unidos en Cuba a instancias del presidente Estrada Palma en 1906. El segundo limitaba el territorio cercenándole la más grande de sus islas adyacentes,[7] y el tercero dio lugar al establecimiento de la base naval que todavía tienen los Estados Unidos en Cuba. Además, la *Enmienda Platt* hirió el sentimiento separatista y nacionalista, tanto del pueblo como de los constituyentes cubanos. Juan Gualberto Gómez —con diez delegados más— se opuso a ella y abandonó el Partido Republicano para crear otro nuevo. Incluso algunos que la aprobaron dejaron dicho en sus memorias que sólo lo hacían por las circunstancias del momento. Manuel Sanguily es un buen ejemplo de ello.

El texto constitucional: fundamentos, fuentes y características

La Constitución se promulgó el 21 de febrero de 1901. Contiene 115 artículos, 7 disposiciones transitorias y está dividida en 14 títulos con sus respectivas secciones.[8] En ella se distinguen las siguientes características: 1) es escrita y no consuetudinaria; 2) es rígida porque se reforma por la vía de una Convención Constituyente (art. 115); 3) es codificada porque toda ella consta en un solo cuerpo jurídico; 4) es libre porque emana de una asamblea constituyente soberana y 5) es íntegra porque comprende sus respectivas partes dogmática y orgánica, así como su cláusula de reforma.

Su parte dogmática, basada en los principios de libertad individual e igualdad es exhaustiva. Agota los derechos y garantías individuales que

---

[7] Posteriormente, a fines del gobierno del presidente Zayas, se consiguió que Isla de Pinos formara parte definitivamente de la República de Cuba.

[8] Los títulos son: I. De la Nación, de su forma de gobierno y del Territorio Nacional, II. De los cubanos, III. De los extranjeros, IV. De los derechos que garantiza esta Constitución, V. De la Soberanía y de los Poderes Públicos, VI. Del Poder Legislativo, VII. Del Poder Ejecutivo, VIII. Del Vicepresidente de la República, IX. De los Secretarios del Despacho, X. Del Poder Judicial, XI. Del Régimen Provincial, XII. Del Régimen Municipal, XIII. De la Hacienda Nacional, XIV. De la Reforma de la Constitución.

reconocían en aquel entonces todas las constituciones liberales del orbe.[9] Ahora bien, por tratarse de una Constitución individualista, aunque contenía el derecho de petición no regulaba el *referendum*, el más alto grado de petición colectiva y coactiva. Todos estos derechos y libertades estaban garantizados por vía procesal a través del *habeas corpus* cuando fueran violados por un funcionario y del recurso de inconstitucionalidad cuando la violación residía en la ley. A pesar de su carácter exhaustivo, en materia dogmática la Constitución de 1901, como su homóloga española de 1869, es *numerus apertus* porque establece en su artículo 36 que: "La enumeración de los derechos garantizados [...] no excluye otros que se deriven de la soberanía del pueblo y de la forma republicana de gobierno".

En cuanto a la parte orgánica, la Constitución, como cuadra a un régimen representativo puro, establece, al estilo Montesquieu, la clásica división de poderes, así como la coordinación entre los mismos. El Legislativo es bicameral, siguiendo las pautas anglosajonas. El Ejecutivo es presidencial, a la manera de su homóloga de Estados Unidos, a la cual imita también en la elección indirecta del Presidente. El Judicial es independiente, presupuesto indispensable de la separación de poderes y del Estado de Derecho y basa su independencia en la carrera judicial y en la inamovilidad de sus funcionarios.

En cuanto a sus fundamentos, tuvo en cuenta los principios de la democracia liberal clásica. Entre ellos destacan: 1) el separatismo, con la aspiración de crear un Estado independiente y nacional; 2) el constitucionalismo, con la adopción de una carta fundamental que asegurase el Estado de Derecho mediante la limitación del poder basado en la división de poderes y la coordinación e independencia entre los mismos; 3) el individualismo que postulaba la supremacía del individuo frente al Estado y 4) el republicanismo, con el establecimiento de un sistema de gobierno republicano y presidencial. Todo ello dentro de un régimen democrático, basado en un gobierno representativo y en la adopción de la soberanía y el sufragio populares.

Ahora bien, ¿a qué ideario correspondían estos principios? ¿cuáles eran sus fuentes de inspiración? Sin lugar a duda, la literatura jurídica (doctrina) del siglo XVIII en el viejo y el nuevo continente, que había dado lugar al movimiento constitucionalista sustituyendo, en el primero de

---

[9] Igualdad ante la ley, la justicia y el pago de impuestos, libertad de locomoción, de domicilio, de propiedad, contractual, y de pensamiento con sus vertientes de libertad de conciencia, de religión, de enseñanza, de reunión, de asociación y de prensa.

los casos, el Estado absolutista por el liberal, y en el segundo, permitiendo el nacimiento de los nuevos Estados latinoamericanos dentro de dicho esquema. Por la vía de la *Declaration of Virginia* (1776) que quedó plasmada en la Constitución de los Estados Unidos de Norteamérica (1778), de la *Declaración de los derechos del Hombre y del Ciudadano* (1789) que desembocó en la Constitución francesa de 1791, de la Constitución española de 1869 y de las Constituciones de "Cuba en armas", llegaron a los constituyentes los principios que integrarían la Constitución de 1901.

La vigencia y valoración de la Constitución

La Constitución de 1901 estuvo vigente en forma continuada hasta 1928 y en forma intermitente hasta 1940. Durante su primer período de vigencia se sucedieron en la presidencia de la República Tomás Estrada Palma, José Miguel Gómez, Mario García Menocal y Gerardo Machado y se produjeron varias revoluciones. La de 1906 contra Estrada Palma trajo como consecuencia, con base a la *Enmienda Platt,* la intervención de los Estados Unidos en Cuba hasta 1909; la de 1912 contra el gobierno del general Gómez produjo la sublevación racial de Ivonet y Estenoz; la de 1917 fue contra la reelección de Menocal; y la de 1923 contra Alfredo Zayas.

En 1928, bajo el gobierno de Machado se convocó a elecciones constituyentes. De ahí surgió una Convención que, violando el artículo 115 de la Carta Magna, se declaró soberana. Sin embargo, la Convención siguió adelante y redactó una nueva Constitución. Sus puntos álgidos fueron: 1) la prohibición de formar nuevos partidos políticos —la pretensión de Machado era gobernar con los tres únicos partidos existentes (Liberal, Conservador y Popular) en una política llamada de "cooperativismo"—; 2) aumentar el período presidencial de 4 a 6 años y, 3) permitir la reelección. Gerardo Machado reformaba el texto constitucional para perpetuarse en el poder y eso fue el caldo de cultivo de la revolución de 1933 que dio al traste con el gobierno del dictador.

A partir de entonces se entra en un período de vigencia intermitente de la Carta de 1901. Esta rigió un mes, sin las modificaciones de 1928, durante el breve gobierno de Carlos Manuel de Céspedes, quien sustituyó a Machado. Al ser depuesto Céspedes por la revolución del 4 de septiembre, se constituyó una pentarquía que en breve lapso fue sustituida por el gobierno de uno de los pentarcas: Ramón Grau San Martín, quien al tomar posesión la derogó y sustituyó por un Estatuto Constitucional. Unos meses después, el 14 de enero de 1934, asumió la Presidencia el coronel

Carlos Mendieta, quien derogó el Estatuto de Grau y restableció la Constitución mambisa, aunque con múltiples modificaciones, algunas al estilo de las Constituciones de Jimaguayú y La Yaya (otorgamiento de facultad legislativa al Consejo de Ministros y creación de un Consejo de Estado). Posteriormente, durante el breve gobierno de Miguel M. Barnet, quien sustituyó a Mendieta, y el de Miguel Mariano Gómez, quien fue depuesto por el procedimiento del *impeachment*, la ley constitucional que tanto se había parchado, no tanto por cuestiones fundamentales sino para resolver trámites de gobierno, quedó vigente hasta que, durante el gobierno de Laredo Brú, quien sustituyó a Gómez, se convocó a elecciones para instaurar una Asamblea Constituyente que desembocaría en la promulgación de la Constitución de 1940.

Lo más importante de este período es que a partir de la revolución del 4 de septiembre quedó herida de muerte la *Enmienda Platt*. A los revolucionarios del 33, a Grau y a sus estatutos constitucionales [10] del mismo año deben los cubanos la supresión de tan ominosa enmienda, aunque su eliminación comenzó a tratarse desde el gobierno de Gerardo Machado a través de su embajador en Estados Unidos, Orestes Ferrara.

Poco hay que objetar, desde un punto de vista de la técnica legislativa al texto constitucional de 1901. Esto no es de extrañar, dado que en su elaboración intervinieron notables especialistas en derecho público. Poco también hay que objetar en cuanto a su contenido. La Carta Magna con la cual se inició la vida republicana en Cuba contenía los fundamentos y características de las principales constituciones europeas y americanas de la época. Esto es, en su parte dogmática todos los derechos, libertades y garantías individuales y en su parte orgánica, los principios liberales del Estado Derecho. Si bien es cierto que no reguló el sufragio femenino y que hizo caso omiso de cuestiones sociales y laborales, también lo es que su individualismo, quizás lo que más se le critica fue más de época que de estilo o técnica constitucional. Sólo un baldón encuentro en esta Carta Magna: la Enmienda Platt, obligatoriamente colocada en ella como condición *sine qua non* para poner fin a la ocupación norteamericana. ¿Debieron rechazarla los constituyentes de 1901? El ensayista Adolfo Rivero Caro [11]

---

[10] Los estatutos estipulaban que: "El gobierno provisional mantendrá sobre todo la absoluta independencia y soberanía nacionales, el principio de libre determinación del pueblo en la resolución de sus conflictos interiores y el de igualdad jurídica de los Estados".

[11] Ver su monografía: "El período republicano intermedio y la crisis de la democracia (1920-1933)" en *Cien años de historia de Cuba (1898-1998)*, Editorial Verbum, Madrid, 2000.

opina que los Estados Unidos, con su poderosa influencia, hubieran podido conseguir sus objetivos económicos sin necesidad de recurrir a la Enmienda Platt. Puede ser. Sin embargo, me uno en esto a los "posibilistas". Creo que si los constituyentes hubieran rechazado la enmienda, la ocupación habría continuado por un tiempo más.

En resumen, puesta a valorarla *de iure*, opino que la Constitución de 1901 estableció las bases para que Cuba emprendiera con relativa esperanza el camino de la República y en ciertos aspectos lo logró. En los 20 primeros años hubo un extraordinario crecimiento económico, avances en la salud pública y en la educación y una buena política de urbanización en las ciudades. Si los años de la primera República fueron turbulentos políticamente; si estuvieron marcados por el continuismo, el caudillismo, la burla a los procedimientos electorales, el clientelaje, la corrupción siempre en ascenso desde el honrado Estrada Palma hasta el corrupto Zayas; si los gobernantes de entonces no entendieron la esencia de lo que era una república democrática, una sociedad entendida como Estado de Derecho, eso no fue culpa de la Constitución.[12]

La Constitución de 1940 [13]

Antecedentes

A partir de la revolución de 1933 y hasta 1940 hubo en Cuba breves períodos de presidentes débiles y con poca legitimidad. Quien realmente mandaba en el país, desde el campamento militar de Columbia, era un sargento taquígrafo del Ejército, Fulgencio Batista, ascendido primero a coronel y después a general. Por su origen humilde y mestizo se sentía identificado con los sectores populares y se autoproclamaba como un hombre revolucionario y de izquierdas, en un momento histórico en que el socialismo estaba en boga y en que el mundo democrático veía con simpatía a la República española de la cual Batista se hizo ferviente partidario.

Las ideas políticas que entonces se debatían a nivel mundial eran: 1) la ya tradicional democracia representativa sustentada en los principios doctrinales liberales; 2) el socialismo democrático; 3) el marxismo-leninis-

---

[12] Ver el artículo de Carlos A. Montaner, citado en la nota 2.

[13] Para ampliar este apartado ver de Carlos Manuel de Céspedes: "Aproximación a la Constitución de 1940" en *Encuentro de la Cultura Cubana*, núm. 24, Madrid, primavera de 2002 y de Néstor Carbonell Cortina: *El espíritu de la Constitución de 1940*, Editorial Playor, Madrid, 1974 y *Grandes debates de la Constituyente Cubana de 1940*, Ediciones Universal, Miami, Florida, 2001.

mo-stalinista, y 4) el nacionalsocialismo en sus tres versiones (fascismo, nazismo y falangismo). En este contexto ideológico, tanto nacional como internacional, y ante la inminencia de la Segunda Guerra Mundial suceden en Cuba los acontecimientos históricos que dan fin a la primera República.

Hernández Corujo,[14] desde un punto de vista constitucional, expone, enumera y sintetiza dichos acontecimientos de la siguiente manera: 1) rompimiento de la estabilidad y continuidad constitucional; 2) continuas transformaciones políticas y reformas constitucionales; 3) desarrollo de un nuevo derecho constitucional que rompe en algunos tópicos con el liberal clásico; 4) aparición de nuevos partidos políticos y de una amplia gama de divisiones de opinión socio-política en el pueblo; 5) poder ascendente de un nuevo ejército y de una ideología militarista y populista representada por Batista y sus seguidores, y 6) aspiración creciente a la convocatoria de una Asamblea Constituyente y, por ende, a una nueva Constitución para el país debido a la aspiración de nuevos rumbos en lo social, político y económico.

Y así, se forman dos nuevos partidos políticos que habrían de intervenir en la Asamblea Constituyente de 1939: el ABC —dirigido por Joaquín Martínez Sáenz y Carlos Saladrigas—, de gran combatividad que propugnaba un mayor equilibrio entre los derechos individuales y los sociales, pero muy discutido por su inspiración fascista y su recurso al terrorismo y el Partido Revolucionario Cubano Auténtico, en torno a la figura de Grau San Martín, de corte socialdemócrata, que propugnaba el nacionalismo y el socialismo. Por otra parte, los restos del Partido Conservador se agruparon, junto a Menocal en un nuevo partido que se llamó Partido Demócrata Republicano, y los del Liberal, bajo el mando de Miguel Mariano Gómez, en torno al Partido Acción Republicana. Surgieron además otros movimientos y partidos políticos, muchos de ellos con programas que se repetían, pero otros con un tinte radical propio de la época, como el anarcosindicalista y el comunista que se destacó por su participación muy activa en el seno de la Asamblea Constituyente, por su liderazgo en el mundo obrero y por su entendimiento con Fulgencio Batista. Hay que destacar también la presencia del Directorio Revolucionario, grupo estudiantil muy activo en la lucha contra Machado y la fundación de la FEU (Federación Estudiantil Universitaria).

---

[14] *Ob. cit.*, t. II, p. 153.

La presencia de "lo social" estaba en casi todos los programas. Esto no es de extrañar. Los derechos sociales y la regulación laboral eran tratados ya por varias constituciones europeas y latinoamericanas que precedieron a la Constitución de 1940.

La Asamblea Constituyente

En el complejo escenario antes mencionado fueron convocadas las elecciones para una Asamblea Constituyente. Las elecciones, limpias según los testigos de la época, tuvieron lugar el 15 de noviembre de 1939. Fueron electos delegados que representaban a casi todas las ideologías y también a casi todos los partidos y movimientos políticos del momento. Entre ellos, estadistas como Orestes Ferrara, José Manuel Cortina y Carlos Márquez Sterling, juristas como Ramón Zaydín, Manuel Dorta Duque y Emilio Núñez Portuondo, parlamentarios como Santiago Rey, Rafael Guás Inclán, Aurelio Álvarez de la Vega, Pelayo Cuervo, Emilio Ochoa y José Andreu, ensayistas como Jorge Mañach y Francisco Ichaso, líderes obreros como Eusebio Mujal, pedagogos como Alicia Hernández de Barca (una de las dos mujeres que fueron electas), industriales como José Manuel Casanova, líderes revolucionarios como Ramón Grau San Martín, Carlos Prío Socarrás, Eduardo Chibás y Joaquín Martínez Sáenz y líderes comunistas como Blas Roca, Juan Marinello y Salvador García-Agüero.

Y en ella, la Asamblea, se dio el enfrentamiento de tres corrientes ideológicas. Una de ellas, la liberal decimonónica, en el sentido clásico de Adam Smith, John Locke y Montesquieu, abanderada por Orestes Ferrara, postulada la abstención del Estado en la economía y la estricta división de poderes con el fin de no menoscabar los derechos individuales del ciudadano. Otra, en el extremo opuesto del espectro ideológico, la del Partido Comunista que, siguiendo las directrices de la Tercera Internacional, preconizaba la formación de "frentes populares" con otros partidos como paso previo a la toma del poder. Los comunistas intentaron incluir en la Constitución enmiendas y preceptos que ponían en tela de juicio la propiedad privada, la santidad de los contratos y de la familia, la libre empresa, la educación privada y religiosa y la sindicalización voluntaria. Entre esas dos tendencias extremas se hallaba una mayoría heterogénea que incluía tanto a demócratas moderados como a demócratas más radicales con programas revolucionarios, principalmente de izquierda, que habían cuajado después de la caída de Machado. Esta amalgama de delegados, entre los cuales destacaron los del Partido Auténtico, rechazó tanto la colectivización comunista como el *laissez faire* individualista en materia económica y social al entender que al Estado moderno le correspondía atemperar los desajustes económicos y las desigualdades sociales con el fin de proteger a los más necesitados. Seguían las prescripciones en boga del economista John M. Keynes, partidario de la redistribución de la renta y del estímulo del gasto público para lograr, en lo posible, el pleno empleo.

En un inicio, las sesiones de la Asamblea fueron presididas por Grau San Martín. Después de su renuncia asumió ese servicio Carlos Márquez Sterling. Tuvieron lugar en el Capitolio Nacional, sede del Poder Legislativo. Comenzaron el 9 de febrero de 1940 y terminaron el 8 de junio del mismo año. La firma de la Constitución tuvo lugar el 1 de julio en el histórico poblado de Guáimaro. Cuatro días después fue promulgada en La Habana, y el 10 de octubre, aniversario del Grito de Yara, entró en vigor. Como acertadamente afirma Carlos Manuel de Céspedes:

> La Constitución fue colocada bajo la sombra del símbolo, con el deseo evidente de que fuera acogida como continuidad del proceso independentista, democrático y cargado con aquella voluntad explícita de justicia social que animó, en principio, los movimientos de Carlos Manuel de Céspedes y de José Martí.[15]

Ahora bien, ¿cuáles fueron los temas más debatidos en la Convención Constituyente? Néstor Carbonell, a quien debemos dos enjundiosos libros sobre la Constitución de 1940,[16] relaciona y estudia los que considera debates más apasionantes y medulares: "por encerrar puntos neurálgicos constitucionales, cuestiones controvertidas y sensibles relacionadas con los derechos individuales, la familia, la enseñanza, la religión, el trabajo, la propiedad y el sistema político".[17]

Ellos son: 1) la invocación a Dios en el preámbulo de la Constitución, donde se discutió, igual que en la Constitución de 1901, si dicha invocación, que se mantuvo, hería la sensibilidad o menoscababa los derechos de los no creyentes; 2) El principio de la igualdad de la ley que generó un debate en el sentido de si había que detallar en la Constitución los actos delictuosos de discriminación con sus correspondientes sanciones. La solución consistió en añadir un segundo párrafo al art. 20 que recogió el principio de igualdad donde se expresaba: "Se declara ilegal y punible

---

[15] *Ob. cit.*, p. 179.
[16] Citados en la nota 13.
[17] *Grandes debates...*, *Ob. cit.*, p. 15.

toda discriminación por motivo de sexo, raza, color o clase y cualquiera otra lesiva a la dignidad humana", dejando a la legislación secundaria o derivada las sanciones en que incurrirían los infractores del precepto; 3) el principio de la irretroactividad de las leyes civiles, donde se discutió el amparo de los derechos adquiridos cuando el principio de irretroactividad se incumplía por razones de orden público, de utilidad social o de seguridad nacional. La solución fue dejar su regulación a una ley secundaria y su decisión a un recurso de inconstitucionalidad que debía imponerse ante el Tribunal de Garantías Constitucionales y Sociales, creado en la propia Constitución de 1940; 4) la abolición de la pena de muerte, sin excepciones. Allí se discutió cómo conciliar la defensa de la sociedad y la adecuada administración de la justicia con la regeneración del delincuente. El resultado fue el art. 25 que tajantemente expresa que no podrá imponerse la pena de muerte, salvo a los miembros de las fuerzas armadas por delitos de carácter militar y a las personas culpables de delitos de traición y espionaje a favor del enemigo en tiempos de guerra con nación extranjera; 5) la ampliación del *habeas corpus* para garantizar la integridad física del perseguido político; ampliación que quedó contenida en varios prolijos artículos (del 26 al 29) del texto constitucional. Sin duda esta prolijidad fue consecuencia de la represión y el terrorismo de Estado del período del dictador Machado; 6) la libertad de pensamiento y expresión. Ahí el problema que se debatió fue el de limitar o no dicha libertad protegiendo la honra de las personas y la paz pública, sin caer en la arbitrariedad y el despotismo. La solución que se dio en el art. 33 fue que sólo podrían ser recogidas publicaciones de cualquier índole si atentaban contra la honra de las personas, el orden social y la paz pública previa resolución fundada de la autoridad competente; 7) la libertad de culto, donde se debatió si debía tener como límite la moral cristiana; limitación que quedó contenida en el art. 35, junto al orden público; 8) la prohibición de organizaciones políticas contrarias a la democracia, que motivó una acendrada polémica, pero que quedó contenida en el segundo párrafo del art. 37 que estipuló que: "Es ilícita la formación y existencia de organizaciones políticas contrarias al régimen de gobierno representativo democrático de la República, o que atenten contra la plenitud de la soberanía nacional"; 9) la conciliación, en materia de enseñanza, entre la declaración de un Estado laico con la educación religiosa. Esto quedó resuelto en el art. 55 que estableció que la enseñanza oficial era laica, pero los centros privados tendrían el derecho de impartir la enseñanza religiosa que quisieren; así como otros debates relativos la libertad de sindicación, en materia de trabajo, a la proscripción y regulación de los latifundios en materia agraria, a la implantación del régimen semiparlamentario, a la moratoria hipotecaria, problema coyuntural que dio lugar a una de las disposiciones transitorias de la Constitución y otros muchos que sería imposible enumerar en el marco de este estudio introductorio.

El texto constitucional

El texto constitucional contiene 19 títulos, divididos en secciones y artículos hasta alcanzar el número de 286.[18] Contiene además, 20 disposiciones transitorias y una disposición final. En cuanto a sus características, es escrita, codificada, libre e íntegra como la Constitución de 1901.

Su parte dogmática contiene todos los derechos y libertades individuales que contenía la anterior, e incluye la explicitación de las garantías jurídicas para su ejercicio, más amplia y pormenorizada. Por otra parte, cambia de lugar en el *ordo* constitucional la afirmación y regulación del ejercicio de algunos de esos derechos fundamentales que aparecen ahora insertos en otras secciones como las dedicadas a la cultura, el trabajo, la propiedad y la familia, secciones que podríamos catalogar como de nueva planta. También ocurre que un mismo derecho aparece en una o más secciones, debido al carácter mixto del mismo. Es en estas secciones de nueva planta donde encontramos los rasgos que han permitido catalogar a la Constitución de 1940 como un texto fundamental de carácter socialdemócrata. Un ejemplo típico es la regulación de la propiedad considerado un derecho individual en el art. 24, pero regulado en los arts. 87 y ss. como "en su más amplio concepto de función social y sin más limitaciones que aquellas que por motivos de necesidad pública o interés social establezca la ley".

En cuanto a la parte orgánica, la Constitución diseñó un Estado basado en el principio de la división de poderes y de la coordinación entre éstos. Las novedades en relación con la Constitución anterior fue definirlo

---

[18] Sus títulos son: T. 1. De la nación, su territorio y forma de gobierno; T. 2. De la nacionalidad; T. 3. De la extranjería; T. 4. Derechos fundamentales; T. 5. De la familia y la cultura; T. 6. Del trabajo y de la propiedad; T.7. Del sufragio y de los oficios públicos; T. 8. De los órganos del Estado; T. 9. Del Poder Legislativo; T. 10. Del Poder Ejecutivo; T. 11. Del Vicepresidente de la República; T. 12. Del Consejo de Ministros; T. 13. De las relaciones entre el Congreso y el Gobierno; T. 14. Del Poder Judicial; T. 15. Del régimen municipal; T. 16. Del régimen provincial; T. 16. Del Régimen Provincial; T. 17. Hacienda Nacional; T. 18. Del estado de emergencia; T. 19. De la reforma de la Constitución.

como régimen semiparlamentario, a medio camino entre el presidencialismo norteamericano y el parlamentarismo europeo, y la inclusión de las figuras del Vicepresidente y del Primer Ministro, figura esta última que nunca se puso en práctica. Y en cuanto al régimen provincial, se mantuvo la división en provincias y municipios, dirigidos por autoridades electivas (Gobernador y Consejo Provincial, así como Alcalde y concejales de Ayuntamiento) que perseguían una cierta descentralización en el ejercicio de los poderes económico, político y sobre todo administrativo.

Por último, debido al ambiente político internacional antes mencionado, la Constitución de 1940 bebió en las fuentes doctrinales de la social democracia que propugnaba el Estado social y democrático de derecho. Desde un punto de vista constitucional debió inspirarse en las constituciones alemana de Weimar de 1919, la mexicana de 1917 (primera en regular los derechos sociales y laborales) y la española de 1931, de ahí que trataran los derechos sociales y laborales con tal profusión. Sin embargo, no pudieron garantizar lo que ofrecían, convirtiéndose en constituciones programáticas, en meros ideales de vida en sociedad.

Vigencia y valoración de la Constitución de 1940

El período de vigencia de la Constitución del 40 abarca desde el 10 de octubre de 1940 hasta el 10 de marzo de 1952. Hernández Corujo [19] otorga a este período de la historia constitucional cubana las siguientes características: 1) vigencia de un nuevo derecho constitucional de tendencias más sociales, aunque con el respeto irrestricto de los derechos individuales; 2) ensayo de un nuevo sistema de gobierno, el semiparlamentario y de nuevas instituciones como el Tribunal de Garantías Constitucionales y el Tribunal de Cuentas, así como de nuevos procedimientos como el Estado de Emergencia Nacional; 3) multiplicidad de partidos políticos y uso de las coaliciones electorales; 4) ritmo normal de carácter electoral. Durante este período se realizaron elecciones nacionales cada cuatro años (1940, elección de Fulgencio Batista; 1944, elección de Ramón Grau San Martín y 1948, elección de Carlos Prío Socarrás) y elecciones parciales para renovar las cámaras en 1942, 1946 y 1950, pero también destaca una cierta inoperancia de la Constitución en algunos extremos por falta de leyes complementarias; inoperancia que sería posteriormente subsanada en el gobier-

---

[19] *Ob. cit.*, t. II, p. 228.

no de Prío Socarrás a través de medidas legislativas que desarrollaron las instituciones, las figuras y los procedimientos jurídicos establecidos en la Constitución.

En las elecciones de 1940, donde sale electo limpiamente Fulgencio Batista, se pone fin al interregno postmachadista. El país se moderniza y se celebran, también limpiamente, elecciones cuatro años después, en las que sale electo Grau San Martín, al prohibir sabiamente la Constitución la reelección inmediata del presidente en turno. El gobierno de Grau se caracteriza por una acertada conducción económica y un contexto internacional (la postguerra mundial) que le da un buen impulso en esa área. Sin embargo, hay también una gran corrupción en todos los niveles de la administración pública, así como una alta dosis de violencia política tolerada desde el Estado.

La administración de Prío Socarrás fue mejor que la de Grau, pero no pudo frenar ni la corrupción ni la violencia. El 10 de marzo de 1952, Batista dio un golpe militar y rompió el proceso constitucional iniciado por la Constitución de 1940. En los siete años (1952-1959) que duró el gobierno *de facto* de Batista hasta su caída como consecuencia del triunfo de la revolución castrista el 31 de diciembre de 1959, se dictaron los Estatutos Constitucionales del viernes de Dolores (4 de abril de 1952) que suplantaron a la Constitución del 40. Estos Estatutos reprodujeron en lo fundamental dicha Constitución, aunque establecieron curiosos cambios en la parte orgánica. Se suprimió el cargo de Vicepresidente y también el Poder Legislativo. A partir de entonces este último se constituyó con el propio Presidente asistido del Consejo de Ministros y por un Consejo Consultivo designado por el primero. Al Congreso se le declaró definitivamente en receso.

La Constitución del 40 entró en vigor otra vez, aunque sólo formalmente, el 24 de febrero de 1955, después de las elecciones amañadas de noviembre de 1954, y de la toma de posesión, supuestamente legítima de Batista como presidente de la República. Posteriormente hubo una reforma constitucional iniciada por el Congreso en octubre de 1956 y ratificada en junio de 1957.

Lo más sorprendente del golpe de Estado del 10 de marzo de 1952 fue la pasividad con que las clases vivas del país aceptaron el gobierno *de facto*. Los grandes fracasos en el área política, tanto de la primera como de la segunda repúblicas, crearon en la conciencia de las clases media y profesional del país la idea de que la política era una cosa sucia y a veces sangrienta a la cual no debía dedicarse la "gente decente". Los únicos que se mostraron belicosos frente a la nueva dictadura fueron los estudiantes universitarios. Luego, pasados los primeros meses del golpe de Estado, la oposición al régimen tomó dos derroteros: el electoralista y el insurreccional. Lo inadecuado del primero se demostró en las elecciones de 1954 en las cuales Grau le hizo el juego al gobierno, y en la farsa electoral de 1958 en la cual se presentó otra vez Grau San Martín junto a Carlos Márquez Sterling, irónicamente, los dos expresidentes de la Asamblea Constituyente de 1940.

El derrotero insurreccional comenzó con el Movimiento Nacional Revolucionario de Rafael García Bárcena y tomó fuerza con el desembarco de Fidel Castro Ruz en la provincia de Oriente y el posterior establecimiento de dos frentes de guerra en la Sierra Maestra y la Sierra del Escambray. Activos estuvieron en él, el Movimiento 26 de Julio, que debe su nombre a la fecha del ataque al Cuartel Moncada, y la Resistencia Cívica. Ambos llevaron el peso del sabotaje urbano. Con gran habilidad y gracias a una inteligente manipulación de la propaganda internacional, Castro se hizo el más conocido y prestigioso líder de la oposición. Por otra parte, al retirarle los Estados Unidos el suministro de armas a Batista y al negarse los miembros de su ejército a combatir contra los insurgentes, se intensificó la guerra. La toma de la ciudad de Santa Clara por Ernesto Che Guevara a finales de 1958 trajo como consecuencia la huida de Batista el 1 de enero de 1959.

Y en este contexto, ¿qué pasó con la Constitución de 1940? Pues que a pesar de que el movimiento revolucionario triunfante que tomó el poder en enero de 1959 no la derogó en sus inicios, y de que sus representantes más destacados afirmaron en todo momento que la respetarían y que solo harían los ajustes necesarios para el nuevo orden, la realidad es que la mítica Carta Magna nunca más estuvo en vigor.

En cuanto a su valoración, la Constitución de 1940 ha sido criticada por su excesivo casuismo. Los constituyentes del 40 pecaron de excesiva reglamentación, quizás con el propósito de evitar que las conquistas sociales que se consagraban en el texto fundamental estuviesen sujetas a los vaivenes propios de las legislaciones secundarias. Son muchos los ejemplos que podrían darse sobre todo en los temas laborales, de educación, cultura y familia. Sin embargo, esa era la tendencia de las cartas magnas de la época, sobre todo en el contexto latinoamericano. Se trataba de constituciones, como ya he dicho, que propugnaban un ideal de vida que en la mayoría de los casos el Estado era incapaz de ofrecer a sus ciudadanos. Mirada ahora, a la luz de las corrientes capitalistas en boga, el régimen socioeconómico de la Constitución de 1940, incluyendo la sección correspondiente al trabajo y la seguridad social, resulta demasiado dirigista, nacionalista y gravoso. Sin embargo, ese régimen permitió, durante su vigencia, el crecimiento de la economía cubana, el establecimiento de una amplia clase media y el que Cuba figurase entre los tres países de mayor *standard* de vida de América Latina. Con gran acierto lo expresa Carbonell:

> Varios factores contribuyeron a esos notables resultados. La intervención estatal no suplantó, sino complementó la iniciativa empresarial. La defensa de los intereses nacionales, sin posturas extremistas que ahuyentasen al capital extranjero, hizo posible que dos tercios de los centrales azucareros pasasen a manos cubanas [...] los derechos sociales y laborales, que algunos consideraban excesivos, tuvieron como contrapartida la garantía máxima de los derechos individuales.[20]

Tanto fue así que la Comisión Internacional de Juristas de la ONU afirmó que la mítica Constitución:

> ...en cuya redacción colaboraron prácticamente todos los sectores de la opinión pública cubana, se caracteriza por reproducir un raro equilibrio entre las estructuras republicanas, liberales y democráticas y los postulados de justicia social y promoción económica.[21]

Mucho se ha discutido sobre la posibilidad de reinstaurar la Constitución del 40 cuando se produzca, ojalá que pronto, el cambio de régimen en Cuba. Esto se debe al carácter mítico que los cubanos, sobre todo los del exilio, le han dado a la misma. Ya desde el invierno de 1974, Carlos Márquez Sterling, presidente de la Convención que la elaboró, comparándola con otro de nuestros mitos, José Martí, decía:

> Fue necesario que José Martí se inmolara [...] para que [...] se comprendiera a plenitud su vida, su obra y sus grandes sacrificios [...] Con la Constitución de 1940 ha sucedido algo parecido. Se precisó el desconocimiento de sus mandatos, la traición y el ultraje de todo su contenido para que los cubanos, una vez que ha dejado de regir en nuestra patria, tuvieran conciencia de que eran poseedores de una de las leyes más fundamentales de estos tiempos. [...] Tal vez sea por eso que nuestro Apóstol y la Ley Fundamental [...] se mencionen tanto y resulten en nuestro triste y amargo destierro dos puntos luminosos hacia los cuales vuelven los cubanos sus

---

[20] *Grandes debates..., Ob. cit.*, pp. 20-21.
[21] *El imperio de la ley en Cuba*, Ginebra, Comisión Internacional de Juristas, 1962, p. 87.

ojos cargados de esperanza en esta lucha por la nueva independencia de la patria.[22]

Pero lo interesante es que ahora, cuando nos vemos cercanos al cambio, se siga debatiendo sobre su posible puesta en vigor. Néstor Carbonell, desde Miami, y Carlos Manuel de Céspedes, desde La Habana, la ven todavía viable, aunque con cambios. El primero, en respuesta a un artículo del economista Jorge A. Sanguinety,[23] quien critica duramente a la Constitución del 40 por la excesiva intervención en la economía por parte del Estado, basado en la ya desfasada doctrina keynesiana, por su excesivo nacionalismo y por su incapacidad para establecer una república estable, llega a la conclusión que dicha Constitución: "...puede y debe jugar un papel importante en la transición democrática después de Castro". Y añade:

> Es nuestra única Carta legítima, no abrogada debidamente, que puede ponerle fin a la usurpación y servir de puente con garantías para todos. Algunos de sus preceptos serán inaplicables, pero habría los suficientes para pacificar y levantar el país, y sentar las bases institucionales necesarias para celebrar elecciones pluripartidistas.[24]

El segundo, De Céspedes, opina que: "...como texto constitucional es válido, perfectible pero válido para sustentar el Estado de derecho en nuestro país".[25] Y añade, refiriéndose a sus mecanismos de reforma:

> Me resulta evidente que si la Constitución de 1940 volviese a entrar en vigor en alguna situación futura, requeriría reformas que tuviesen en cuenta todo lo sucedido en el país después que dejó de regir [...] en 1952. Dichas reformas, posibilitadas por el propio texto constitucional, trazarían el rumbo para encarar realista, positiva y serenamente las situaciones creadas y para adecuar al país a una nueva condición, interna e internacional, propia del momento en que entrase en vigor nuestro texto.[26]

A pesar del respeto que me merecen ambos tratadistas en esta temática, yo disiento. Creo que durante el período de transición que tendrá lugar en Cuba cuando los Castro, de una forma u otra, dejen el poder, debe

---

[22] Ver el prólogo de Márquez Sterling al libro de Néstor Carbonell ya citado: *El espíritu de la Constitución de 1940, Ob. cit.*, p. 38.

[23] Ver su artículo: "El fetiche de la Constitución del 40", *El Nuevo Herald*, 3 de octubre de 2001.

[24] Ver su artículo: "Redescubrimiento de la Constitución", *El Nuevo Herald*, 8 de septiembre de 2002.

[25] *Ob. cit.*, pp. 188-9.

[26] *Ibidem.*

seguir por un tiempo en vigor la Constitución comunista de 1976-92. Primero, porque la historia nunca vuelve hacia atrás. Segundo, porque con sus múltiples defectos, que analizaré en el próximo apartado, dicha Constitución cuenta con un artículo, el 137, que no sólo permite su reforma en un período de transición, sino que permitió también, a través de algunos de sus resquicios (artículo 88 y otros) una iniciativa de la ciudadanía para cambios legislativos que, de haberse dado, hubiera traído como consecuencia la apertura democrática del Estado cubano: iniciativa que trataré al final de este estudio y que se conoce como Proyecto Varela.

Como bien dice uno de los principales redactores de la Constitución española de 1976, Miguel Herrero y Rodríguez de Miñón, para asegurar una transición pacífica en Cuba, que es lo que queremos todos, bastaría, en el ámbito constitucional, además de la apertura de un proceso de revisión constitucional sin quiebra de la legalidad existente con:

> a) una reforma de la legislación electoral y de partidos según el art. 76 de la Constitución; b) la celebración de unas elecciones democráticas a la Asamblea Nacional [...] y c) la formación de un nuevo Gobierno capaz de dirigir el proceso de revisión constitucional diseñado en el art. 137.[27]

Luego, más pronto que tarde, llegaría el momento de convocar a otra Asamblea Constituyente que dé lugar a una cuarta Carta Magna propia de las necesidades de la Cuba libre y democrática que todos deseamos para este siglo XXI.

La Constitución de 1976-1992

Antecedentes [28]

El triunfo de la revolución castrista llevó a la presidencia de la República, el 3 de enero de 1959, al magistrado de la Audiencia de Oriente Manuel Urrutia, después de un intento fallido, de carácter legalista, de otorgar la misma al magistrado más antiguo del Tribunal Supremo de Justicia: Carlos M. Piedra y Piedra. La designación de Urrutia se debió a su famo-

---

[27] Herrero y Rodríguez de Miñón, Miguel, "Modelos de transición del autoritarismo a la democracia: ideas para Cuba" en: *Ideas jurídicas para la Cuba futura*, Fundación Liberal José Martí, Madrid, 1993.

[28] Lo relativo a la Constitución de 1976-92 está basado en los capítulos: "Cuba ¿Estado de Derecho?" y "La administración de justicia" en el libro de Beatriz Bernal, *Cuba y sus Leyes*, UNAM, México, 2002, y en el estudio introductorio del libro de Leonel de la Cuesta: *Constituciones cubanas*, Ediciones Exilio, Madrid, 1974.

so voto particular en el juicio sobre el asalto al cuartel Moncada donde alegó el art. 40 de la Constitución vigente entonces, referido al derecho de resistencia a la opresión. Dos días después de su toma de posesión en Santiago, Urrutia, ya en La Habana, dictaba una proclama en que declaraba que era necesario "proveer al ejercicio de la potestad legislativa que corresponde al Congreso, según la Constitución de 1940".

En ella se reconocía la intención de restaurar la Constitución, pero se hacía evidente que la misma tendría que ser adaptada a las nuevas circunstancias políticas. Y así sucedió. El Ejecutivo, al igual que en el régimen dictatorial de Batista, asumió la función constituyente, y entre el 13 de enero y el 7 de febrero de ese mismo año la Carta Magna del 40 fue modificada 5 veces hasta ser sustituida por una nueva Ley Fundamental. En la primera modificación, sobre el mínimo de edad e inamovilidad de los funcionarios del Tribunal de Cuentas, la función constituyente pasó al Consejo de Ministros, esto es, al Ejecutivo. Y así siguió. La segunda reforma suspendió la inamovilidad de los funcionarios del Poder Judicial (incluyendo los del Ministerio Fiscal) así como a los de la administración del Estado, con el fin de depurar a las administraciones de justicia y pública de los colaboradores del régimen derrocado. La tercera estableció la retroactividad de la ley penal y dio legalidad a la pena de muerte proscrita por la Constitución del 40. Aumentó, además, el número de delitos que se hacían acreedores a ella y estableció la confiscación de bienes como pena accesoria de múltiples delitos, proscrita también en la anterior carta constitucional. La cuarta reorganizó los regímenes provincial y municipal en forma similar al organizado por los Estatutos Constitucionales batistianos de 1952, con la única diferencia de que ahora los titulares del poder local se llamarían comisionados y no gobernadores y alcaldes. La quinta suspendió por 90 días el derecho de *habeas corpus* a los colaboradores del régimen de Batista y creó tribunales de excepción para conocer de los delitos de colaboración con la tiranía. Además, suspendió las acciones procesales en materia de inconstitucionalidad, con lo que se eliminó la posibilidad de discutir la legalidad de las reformas constitucionales decretadas por el gobierno revolucionario.

Estas medidas, algunas de ellas provisionales, acabaron convirtiéndose en permanentes. Por último, treinta y siete días después de la huida de Fulgencio Batista, el Consejo de Ministros otorgó una nueva carta constitucional que reprodujo en gran parte el articulado de la Constitución del 40. Sin embargo, como bien observó en Ginebra la Comisión Internacional de Juristas, lo importante de esta nueva carta "no es lo que mantiene del viejo texto constitucional, sino lo que cambia".[29] Tanto fue ese cambio que, como dice Leonel de la Cuesta [30] se le ha llamado la legislación del "no obstante", porque en su parte dogmática modifica el contenido y el sentido de los derechos y libertades consagrados en la Constitución de 1940.[31]

En cuanto a la parte orgánica, la nueva ley fundamental mantuvo formalmente la división de poderes, pero convirtió al Ejecutivo en un "superpoder" al otorgarle tanto las funciones legislativas corrientes como las constituyentes. En este orden de ideas, el Poder Judicial, a pesar de la declaración nominal de su independencia, quedó también supeditado al Ejecutivo.

La Ley Fundamental castrista fue modificada en multitud de ocasiones hasta la promulgación de la Constitución comunista de 1976. La mayoría de dichas reformas afectaron al Poder Judicial y a la administración de justicia: desde la que extendió en el tiempo la suspensión del *habeas corpus*, manteniendo al país en un constante estado de suspensión de garantías constitucionales, hasta la que elevó a rango constitucional los tribunales revolucionarios y amplió el número de delitos que conllevaban la pena de muerte.

Cabe destacar entre dichas reformas, la que creó los delitos calificados como "contrarrevolucionarios", entendiéndose como tales los que lesionaban la economía nacional y la hacienda pública, los cometidos por quienes habían abandonado el país para escapar de la justicia revolucionaria, los atribuidos a quienes, desde el extranjero, conspiraban para derrocar al nuevo régimen, así como todos aquellos que determinara una ley posterior, dejando el camino libre para la creación de muchos más. Todos quedarían bajo la jurisdicción de tribunales del mismo nombre.

Asimismo, estas reformas ampliaron la pena de "confiscación de bienes" —erradicada, como ya he dicho de la tradición constitucional cubana por la Carta Magna de 1940— considerando ahora susceptibles de ella a quienes cometieran los delitos "contrarrevolucionarios" antes mencionados; delitos que se definieron en la ley como aquellos que se ejecutaban contra la integridad y estabilidad de la nación, contra la paz y contra los poderes

---

[29] *El imperio de la ley*, Ob. cit., p. 93.
[30] *Constituciones cubanas*, Ob. cit., p. 69.
[31] De la Cuesta pone como ejemplo la irretroactividad de la ley penal. Dice que toda ley fundamental, como la Constitución del 40, establece que las leyes penales son irretroactivas cuando favorecen al reo, pero que "no obstante" se autoriza a aplicarla en un número tan crecido de delitos que el gobierno revolucionario no queda limitado en su acción por la declaración restrictiva inicial. *Ibidem*.

del Estado, y que autorizaron al Ministerio de Hacienda a confiscar los bienes que considerasen necesarios para contrarrestar los actos de sabotaje, terrorismo y cualquiera otra actividad contra la revolución. Estas medidas estuvieron acordes con la creación de un nuevo ministerio: el Ministerio de Recuperación de Bienes Malversados.

Además, dejaron casi vacía la jurisdicción ordinaria debido a que la legislación castrista dejó a cargo de una ley posterior "la jurisdicción de los tribunales ordinarios, así como la de los tribunales, comisiones u organismos para conocer hechos, juicios, causas, expedientes, cuestiones o negocios", con lo que quedó sin efecto el art. 197 de la Constitución de 1940 que prohibía la creación de tribunales, comisiones u organismos que conociesen de hechos, juicios, causas, expedientes o negocios atribuidos a los tribunales ordinarios.

Más tarde, en enero de 1961, mediante la ley 923, se estableció la pena de muerte para la autoría, complicidad y encubrimiento de los delitos en conexión con el sabotaje en las ciudades y en los campos, y a finales del propio año se promulgó la ley 988 que abolió el arbitrio judicial en relación con varias figuras delictivas mientras: "por parte del imperialismo norteamericano subsista la amenaza desde el exterior y la promoción de actividades subversivas en el territorio nacional". Todo ello, en un momento histórico de una fuerte reacción popular —sabotajes, alzamiento de opositores en la provincia de Las Villas e invasión de Playa Girón— contra el totalitarismo que se estaba implantando en la Isla. Además, otra reforma terminó con la distinción entre delitos políticos y delitos comunes establecida en el antiguo y republicano Código de Defensa Social, considerando los primeros como delitos "contrarrevolucionarios".

En resumen, se endureció extraordinariamente la legislación penal, no sólo en comparación con la tradición legislativa cubana de la primera mitad del siglo, sino también en comparación con la de los países occidentales donde se encontraba enclavada la de Cuba, debido a que se triplicaron los mínimos y máximos establecidos para las sanciones por el delito de sedición, se decretaron iguales sanciones para los delitos consumados y en tentativa en caso de asesinato, se dispuso igual tratamiento para autores, cómplices y encubridores en los casos de terrorismo y tenencia de explosivos, se ordenó como sanción supletoria y accesoria la confiscación de bienes del sancionado y se abrió el camino para nuevas figuras delictivas a través de la analogía.

Otras reformas limitaron la competencia del Tribunal de Garantías Constitucionales que quedó convertido en una simple sala del Tribunal

Supremo. En cuanto a este último, se dictaron una serie de normas que alteraron el nombramiento, ascensos y traslados de sus miembros, a partir de los cuales, dichas funciones quedaban en manos del presidente de la República y del Consejo de Ministros. Asimismo, se suprimió el Gran Jurado que debía juzgarlos conforme a la Constitución del 40 y se eliminaron las disposiciones que prohibían simultanear los cargos del Poder Ejecutivo (Consejo de Ministros) con los de la judicatura. Y la que prohibía que la administración de justicia fuera ejercida por personas que no pertenecieran al Poder Judicial: medidas todas que tendían a suprimir la independencia y autonomía del mismo. Como atinadamente dice Leonel de la Cuesta, todas estas medidas tuvieron como objetivo establecer la

> dictadura del proletariado [...] y una fuerte centralización de las actividades estatales en torno al Consejo de Ministros con funciones de Convención soberana y con un Poder Judicial desprovisto [...] de independencia.[32]

Constitucionalización e institucionalización de la revolución castrista

En la década de los setenta, los líderes revolucionarios, con Fidel Castro a la cabeza, estimaron que había llegado el momento de organizar las estructuras políticas con el fin de mantenerse indefinidamente en el poder. El momento era propicio ya que, con una gran represión, habían sometido a la oposición urbana y rural, habían triunfado en Bahía de Cochinos y se habían estabilizado en el poder.

La institucionalización, que consistía en la creación de mecanismos de control social, había comenzado una década antes. Así, en distintas fechas, se fundaron las "organizaciones de masas": los Comités de Defensa de la Revolución (CDR), la Unión de Jóvenes Comunistas (UJC), la Asociación Nacional de Agricultores Pequeños (ANAP), la Federación de Mujeres Cubanas (FMC), la Confederación de Trabajadores Cubanos (CTC), la Organización de Pioneros José Martí (OPJM) y, en 1965, el Partido Comunista Cubano (PCC).

La constitucionalización comenzó ese mismo año cuando el Comité Central del nuevo partido designó a Blas Roca, viejo líder del Partido Socialista Popular, para presidir una Comisión de Estudios Constitucionales con el fin de elaborar una nueva carta magna. También para reformar los códigos civil y penal con el objetivo de unificar las diversas jurisdiccio-

---

[32] *Ob. cit.*, p. 79.

nes —ordinaria, revolucionaria, popular y militar— en un llamado "sistema judicial" que actuaría como órgano de poder del estado revolucionario. La Constitución encargada a Blas Roca no se promulgó hasta 1976. Fue redactada por una Comisión que se movía en el ámbito de las más radicales ideas filosófico-políticas del marxismo-leninismo [33] e inspirada en las Constituciones socialistas del bloque soviético, en especial, la de Bulgaria. Por consiguiente, a diferencia de las dos Constituciones anteriores, su texto no fue fruto de la concertación de filosofías políticas divergentes en Asamblea Constituyente alguna. Eso sí, fue aprobada, muy mayoritariamente, en un referéndum de carácter nacional.

Como bien dice Carlos Manuel de Céspedes:

> Para la mayoría del pueblo de Cuba, entendiera o no de técnicas constitucionales, se trataba de refrendar el gobierno presidido por el Dr. Fidel Castro, al que apoyaban. Algunas personas bien informadas y pensantes votaron "no" [...] fueron una minoría exigua. Otros que hubieran preferido para Cuba otro tipo de régimen social y de gobierno, sin embargo, votaron "sí" porque estimaron que, en el contexto de aquellos años, era el único tipo de Constitución posible [...] La situación constitucional fue, pues, muy distinta de la de 1940.[34]

Exégesis de la Constitución de 1976-1992 [35]

Antes que nada un par de aclaraciones. La primera: he trabajado sobre el texto de la Constitución de 1992. Sin embargo, considero que éste no es más que una reforma constitucional, un ligero maquillaje de la Constitución antecesora de 1976.[36] Aprobada también por referendo, el texto de 1992 incorpora en el Preámbulo el supuesto pensamiento martiano, junto a los de Marx, Engels y Lenin, así como algunas nuevas cláusulas entre las cuales destaca la del art. 8 que reconoce y garantiza la libertad religiosa, pero que en sustancia, no implica una modificación determinante a la estructura política establecida en la Constitución de 1976.

---

[33] Miguel Herrero y Rodríguez de Miñón opina que su articulado resulta incluso más radical que el de la Constitución búlgara que la inspiró. Ver: *Ob. cit.*, p. 101.

[34] *Ob. cit.*, p. 183.

[35] Además de los trabajos citados en la nota 27, baso este acápite en un artículo de Ricardo M. Rojas "La intrínseca violación de los derechos humanos en el sistema jurídico-constitucional de Cuba", *Documentos del Centro para la Apertura y el Desarrollo de América Latina*, www.cadal.org, agosto de 2001.

[36] Un punto de vista distinto puede verse en el trabajo del historiador Rafael Rojas, citado en la nota 1.

La segunda: creo que una Constitución, dentro de nuestra tradición, es la carta magna que regula lo que llamamos Estado de Derecho, así como lo que define a un sistema republicano. Es por tal razón por la que, al inicio de este estudio, dudaba en catalogar el régimen castrista como república. No obstante que el art. 2 de la Constitución actualmente vigente en Cuba sostiene que el nombre del Estado cubano es "República de Cuba", lo cierto es que el gobierno que esa Constitución organiza dista mucho de ser republicano. ¿Por qué? Porque un sistema republicano de gobierno, como acertadamente expresa Ricardo M. Rojas,[37] se caracteriza no sólo por una serie de instituciones y mecanismos políticos que tienden a garantizar un límite al poder del gobierno, sino también por el establecimiento de controles y contrapesos para evitar abusos o concentración de poder como son: el reconocimiento del carácter limitado de las atribuciones del gobierno, la división de poderes y su organización, de modo tal que produzcan un recíproco control, la periodicidad de las funciones, la responsabilidad de los funcionarios y la publicidad de los actos de gobierno. Y nada de esto encuentra Rojas, después de examinar los textos constitucionales y legales que rigen actualmente en Cuba. Es más, llega a la conclusión de que el régimen político en Cuba se basa en una estructura piramidal cuya cabeza, la Asamblea Nacional del Poder Popular, concentra el poder absoluto de decisión sobre la vida e integridad de los ciudadanos, debido a que no existen aquellas instituciones políticas que se han establecido en los países democráticos para garantizar la dispersión del poder político, el control de sus actos y las garantías de los ciudadanos frente a las decisiones de gobierno. Ese poder absoluto, además, y por mandato constitucional, tiene facultades para restringir las libertades esenciales como son las de opinión, de expresión de las ideas, de reunión y de locomoción, incluso, para abandonar el país.

Además, a ese poder político se le suma la explícita concentración del poder económico en manos del Estado, al hacer prácticamente inexistente la propiedad privada y al otorgar facultades de control absoluto del Estado sobre la actividad económica. Y todo ello se complementa con la facultad instrumental que el Código Penal cubano otorga al gobierno a través del llamado "estado de peligrosidad" que autoriza a detener a cualquier ciudadano sin ningún motivo objetivo.

---

[37] Ver su trabajo, citado en la nota 35.

Cuba: ¿Estado de Derecho?

Tampoco garantiza el Estado de Derecho, sea éste liberal o social, y eso lo digo [38] porque a éste le son necesarios los siguientes requisitos:

1) El imperio de la ley como expresión de la voluntad popular. Dicho en otras palabras, "el gobierno de las leyes" y no "el gobierno de los hombres". O, para mayor claridad, "el poder sometido a la norma jurídica", que es el que garantiza a los ciudadanos los principios de libertad, de igualdad y de justicia y que, además, les otorga ese bien indispensable para la consecución de dichos principios: la "seguridad jurídica".

2) La legalidad de los actos de la administración y su control judicial, así como la constitucionalidad de las normas secundarias o derivadas de la norma máxima en la jerarquía de las leyes: la Constitución.

3) La división de los poderes ejecutivo, legislativo y judicial, a la manera clásica, con su consecuente equilibrio y control entre ellos, así como la autonomía del poder judicial que interpretará y aplicará la norma jurídica con absoluta independencia de los otros dos poderes.

4) La garantía jurídica de los derechos y libertades fundamentales, que no es más que la garantía de la libertad y de la igualdad de todos los hombres ante la ley.

Ahora bien, ¿se cumplen estos requisitos en la Constitución actualmente vigente? Entrando únicamente en el ámbito *de iure* y no *de facto* trataré de demostrar si con base a la Constitución cubana vigente se cumplen los requisitos del Estado de Derecho antes mencionados.

Con respecto al primer requisito, esto es, al imperio de la ley, por encima de ésta, en la Cuba actual, se encuentran el poder político y el Partido Comunista. Así, según el Preámbulo, y el art. 5 antes mencionados, la ley está sometida al "Poder revolucionario" encarnado en el Partido Comunista "martiano y marxista-leninista" que es la "vanguardia organizada de la nación cubana y la fuerza dirigente superior de la Sociedad y el Estado". Otros artículos en conexión con el anterior son el 1 que define a Cuba como un "Estado socialista de trabajadores", el 9 *a*) que dice que el Estado "realiza la voluntad del pueblo trabajador y encauza los esfuerzos de la nación en la construcción del socialismo", así como "afianza la ideología y las normas de convivencia propias de la sociedad libre de la explo-

---

[38] Ver la nota 28.

tación del hombre por el hombre" y el 12 que, en varios incisos, entre otras aseveraciones de carácter dogmático, condena el imperialismo, basa sus relaciones con los países que edifican el socialismo, propugna la unidad de los países del tercer mundo y establece que la República hace suyos los principios antimperialistas e internacionalistas. Se trata pues de un Estado sometido a una ideología rígida y preconcebida, típica de las ya desfasadas dictaduras del proletariado. Es más, en el Preámbulo, la propia Constitución se apoya en el "internacionalismo proletario".

Requisito también indispensable de un Estado de Derecho es el control de la constitucionalidad de las leyes. En Cuba, antes de la revolución castrista, conforme a la Constitución de 1940, dicho control era ejercido por la Sala de Garantías Constitucionales del Tribunal Supremo de Justicia, entonces un poder independiente. Ahora radica en el mismo órgano que lo emite: el Poder Legislativo, violando flagrantemente el principio de la división de poderes. Así, según el art. 75 de la Constitución, corresponde a la Asamblea Nacional del Poder Popular (órgano máximo del nivel legislativo): "decidir acerca de la constitucionalidad de las leyes, decretos-leyes, decretos y demás disposiciones generales (inciso *c*); "revocar los decretos-leyes del Consejo de Estado y los decretos y disposiciones del Consejo de Ministros que contradigan la Constitución o las leyes" (inciso *r*); así como "revocar o modificar los acuerdos o disposiciones de los órganos del Poder Popular que violen la Constitución, las leyes, los decretos-leyes y demás disposiciones dictadas por un órgano de superior jerarquía de los mismos" (inciso *s*).

El control de la constitucionalidad de las leyes se atribuye también a la Fiscalía General de la República, pues según el artículo 127 ella:

> es el órgano del Estado al que corresponde, como objetivos fundamentales, el control y la preservación de la legalidad, sobre la base del estricto cumplimiento de la Constitución, las leyes y demás disposiciones legales, por los organismos del Estado, entidades económicas y sociales y por los ciudadanos.

En igual sentido se expresa el artículo 106 de la Ley de Organización del Sistema Judicial a pesar de que, como se verá posteriormente, la Fiscalía General está subordinada a la Asamblea Nacional del Poder Popular y al Consejo de Estado, organismo este último designado por la propia Asamblea y paralelo a ella en el organigrama estatal.

Por otra parte, no existen en Cuba (ni en la Constitución ni en la legislación derivada) instituciones o figuras jurídicas que controlen la legalidad de los actos de la administración como pueden ser el Defensor del

Pueblo (*Ombudsman*) o el recurso de amparo. Este control de la Constitución (art. 68, *b*) corresponde, nada más ni nada menos que a las masas populares que "controlan la actividad de los órganos estatales, de los diputados, de los delegados y de los funcionarios". Queda pues en manos de las organizaciones de masas (CDR, UJC, CTC, FMC, ANAP y otras), organismos todos politizados, ideologizados y carentes de conocimientos jurídicos, el control de los actos de la administración.

En cuanto a la separación de poderes, además de los comentarios ya expuestos, cabe añadir que no hay en la Constitución cubana mención expresa alguna sobre la división de poderes o de funciones. Aunque Juan Vega Vega,[39] jurista del régimen, en sus comentarios a la Constitución de 1992, al referirse al principio de la división de poderes expr ese que:

> Esta división de poderes ha sido siempre una falacia. En el Estado, en cualquier Estado, existe solamente un solo poder que en el caso de Cuba es el poder del pueblo trabajador. El pueblo cubano ejerce este poder a través de los órganos llamados Asambleas del Poder Popular y de los demás órganos estatales que de ella se derivan. Es un solo poder traducido en diversas funciones que realizan distintos órganos estatales.

Esto es, división de funciones en un solo poder.

Tan no hay división de poderes que analizando la parte orgánica de la Constitución lo que se observa es una total contaminación entre el legislativo, el ejecutivo y el judicial. El primero de ellos está compuesto por las asambleas Nacional, Provincial y Municipal del Poder Popular. Paralelo a la Asamblea Nacional está el Consejo de Estado que es el órgano que la representa (art. 89) entre uno y otro período de sesiones y ejecuta sus acuerdos. Tiene carácter colegiado y a los fines nacionales e internacionales ostenta la suprema representación del Estado cubano. Tanto la Asamblea como el Consejo tienen, además de funciones de carácter legislativo como la iniciativa, modificación, aprobación y derogación de las leyes, funciones de carácter ejecutivo y judicial. Tal es el caso de la posibilidad de declarar el estado de guerra, conceder indultos y amnistías y designar y remover a los ministros y a los representantes diplomáticos de Cuba ante otros estados, funciones propias del Ejecutivo; mientras que a éste, representado por el Presidente y el Consejo de Ministros se le atribuyen funciones de control de la legalidad, pues puede revocar decisiones de las

---

[39] Ver de este autor: *Cuba: su historia constitucional. Comentarios a la Constitución cubana reformada en 1992*, Ediciones Endymión, Madrid, 1998, p. 145.

administraciones central, provincial y local cuando contravengan normas superiores en rango.

Asimismo, la Asamblea Nacional y el Consejo de Estado tienen la facultad de interpretar las leyes y decidir sobre su constitucionalidad, funciones propias del Poder Judicial. Además, y esto es lo más significativo, una de las atribuciones de la Asamblea Nacional es el nombramiento de los miembros del Consejo de Estado cuyo Presidente es Jefe de Estado y de Gobierno y proviene de sus propias filas; cargos todos estos que recaen, desde hace décadas, en la persona de Fidel Castro.

No hay pues duda de la contaminación de funciones de los tres poderes. Y ¿cuál es la consecuencia? Pues que en la realidad, tanto la Asamblea Nacional como las asambleas provinciales y locales sólo sirven de "correas de transmisión" para recibir órdenes del Consejo de Estado que legisla por la vía de los decretos-leyes, ejecuta por la vía del Consejo de Ministros y además, debido a atribuciones expresas de la Constitución, interpreta las leyes. Solo las asambleas municipales tienen ciertos contenidos específicos en materia de salud, vivienda, educación y abastecimiento de las ciudades, aunque en la práctica es frecuente que sean amonestadas por el Presidente de Estado y de Gobierno. Esto es, por Fidel Castro.

En cuanto al tercer requisito, el sistema judicial cubano está compuesto por el Tribunal Supremo Popular que consta de cinco salas: la penal, la civil y de lo contencioso-administrativo, la laboral, la de los delitos contra la seguridad del Estado y la militar. Dichas salas se reúnen en pleno y cuentan con un Consejo de Gobierno que tiene la iniciativa de ley en su materia.

Corresponden también al sistema judicial la Fiscalía General del Estado y los tribunales provinciales, municipales y militares, todos, al igual que en el caso de las asambleas, con el apellido de populares. Dichos tribunales, siempre colegiados, están integrados por jueces profesionales y legos que son designados por la Asamblea Nacional de la siguiente manera: el Presidente y Vicepresidente del Tribunal Supremo Popular a propuesta del Presidente del Consejo de Estado y Jefe de Estado y de Gobierno, otra vez Fidel Castro; los de la Sala Militar a propuesta de los ministros de las Fuerzas Armadas y de Justicia; los de la Sala Laboral a propuesta de este último, quien deberá oír a la Confederación de Trabajadores Cubanos y al Comité Estatal del Trabajo y los demás jueces del Supremo a propuesta del Ministro de Justicia.

También los jueces de los tribunales provinciales y municipales son propuestos por el Ministro de Justicia. Además, por norma constitucional, dichos tribunales rinden cuentas de su trabajo judicial a los organismos del poder popular, esto es, a las asambleas nacionales, provinciales y municipales, según el caso. Expuesto lo anterior, resulta obvio destacar la injerencia del Ejecutivo y Legislativo en la designación de los miembros del Poder Judicial. Esto no es de extrañar, porque en Cuba, con la revolución, desapareció la carrera judicial.

Y ¿cuál es el perfil de los jueces, sobre todo de los jueces legos? La Ley de Organización del Sistema Judicial establece como requisito para ser juez lego —requisito que aunque no se exprese vale también para los jueces profesionales—, el tener una activa integración política. Debido a ello, casi el total de los jueces en Cuba, tanto legos como profesionales, son miembros del Partido Comunista. Por otra parte, aunque la Constitución (art. 122) dice "que los jueces, en su función de impartir justicia, son independientes y no deben obediencia más que a la ley", esto no corresponde a la verdad, ni siquiera en el nivel textual. En efecto, dicha aseveración se contradice con el artículo inmediatamente anterior (art. 121) que expresa que: "Los tribunales constituyen un sistema de órganos estatales, estructurado con independencia funcional de cualquier otro (pero) subordinado jerárquicamente a la Asamblea Nacional del Poder Popular y al Consejo de Estado". Además, y lo que es mucho más grave, una de las atribuciones del Consejo de Gobierno del Tribunal Supremo Popular, según la Ley de Organización del Sistema Judicial, es la de transmitir a los tribunales las instrucciones de carácter general recibidas, no sólo de su propio pleno, sino también de la Asamblea Nacional del Consejo de Estado. Y por si fuera poco (art. 108 de la Ley) el Fiscal General recibe instrucciones directas y "de obligatorio cumplimiento" del Consejo de Estado.

No hay duda pues de la dependencia y sometimiento del Poder Judicial al Legislativo y al Ejecutivo, no sólo por disposición expresa de la Constitución que establece (art. 128) que: "La Fiscalía General [...] constituye una unidad orgánica subordinada [...] a la Asamblea Nacional [...] y al Consejo de Estado", y por consiguiente que: "el Fiscal General [...] recibe instrucciones directas del Consejo de Estado", sino también por disposición de su legislación derivada.

En resumen, ninguna imparcialidad e independencia puede existir en tribunales que son controlados directamente por el poder estatal y cuya doctrina interpretativa de la ley puede serles impuestas por los demás poderes. La existencia de tribunales independientes del gobierno ha sido y es uno de los pilares del sistema republicano y una de las mayores garantías con las que puede contar un ciudadano para evitar la concentración y el abuso de poder por parte el Estado.

La ausencia de los derechos y garantías fundamentales

En cuanto a los derechos y libertades fundamentales, la Constitución 1976-92 los regula, junto a los sociales, en los capítulos V, VI y VII bajo los rubros de: "Educación y Cultura", "Igualdad" y "Derechos, deberes y garantías fundamentales". Quiero anticipar que todos ellos, incluidos los sociales, se violan en la Cuba actual.

En efecto, a pesar de que el art. 9 de la Constitución dice que ésta: "...garantiza la libertad y la dignidad plena del hombre, el disfrute de sus derechos, el ejercicio y cumplimiento de sus deberes y el desarrollo integral de su personalidad", no hay duda que esa libertad y esa dignidad se encuentran sometidas a la ideología imperante. Basta con leer el art. 53 que dice reconocer las libertades de palabra y prensa siempre que estén "conforme a los fines de la sociedad socialista" y añade que

> las condiciones para su ejercicio están dadas por el hecho de que la prensa, la radio, la televisión, el cine y otros medios de difusión masiva son propiedad estatal o social y no pueden ser objeto, en ningún caso de propiedad privada, lo que asegura su uso al servicio exclusivo del pueblo trabajador

o el 54 que limita los derechos de reunión, manifestación y asociación a las organizaciones de masas y sociales que, según el citado texto constitucional, "disponen de todas las facilidades para el desenvolvimiento de sus actividades en las que sus miembros gozan de la más amplia libertad de palabra y opinión, basadas en el derecho irrestricto a la iniciativa y a la crítica", aunque éste se contradiga con el inmediatamente anterior (art. 53) que, como ya se ha visto, concede a los ciudadanos "la libertad de palabra y prensa" sólo "conforme a los fines de la sociedad socialista".

Además, tanto la Constitución como la legislación secundaria se caracterizan por contar con conceptos imprecisos como, "defensa de la revolución", "defensa del socialismo", "construcción del socialismo", "seguridad del Estado", "intereses populares", "estado de peligrosidad" y otros, que resultan muy elásticos y que ofrecen los suficientes márgenes de vaguedad para que el Estado no sólo imponga límites, sino que también viole los derechos fundamentales.

Un caso que ejemplifica y horroriza al mismo tiempo es el de la figura predelictiva del "estado de peligrosidad" regulado en los artículos 72 y 73 del Código Penal que faculta a la autoridad para detener a cualquier persona sin necesidad de que existan indicios de que ha incurrido en un delito. Esta figura implica a personas que el Código considera proclives a cometer delitos porque se sospecha que su conducta no corresponde a la "moral socialista" o, lo que es peor, porque tienen vínculos con otras personas "proclives al delito". ¿Y quiénes son esas personas? No sólo los disidentes políticos, sino también quienes tienen vicios socialmente reprobables según la "moral socialista" como otra orientación sexual, no trabajar, usar ropajes distintos a los convencionales y un largo etcétera. En resumen, el ser diferente. Quien es declarado en "estado peligroso" puede ser sometido a medidas predelictivas que pueden ser terapéuticas, reeducativas o de vigilancia por los órganos de la Policía Nacional Revolucionaria. Esto somete al ciudadano a un virtual estado de sospecha permanente que lo hace susceptible de ser detenido en cualquier momento. Y lo peor es que al no tratarse de delitos, las facultades de detención no tienen los límites que establece el principio de legalidad, lo que hace que la detención se perpetúe en el tiempo.

Cuba, asimismo, en esta temática, viola casi todos los instrumentos internacionales que ha suscrito, como la Declaración Universal de los Derechos Humanos (San Francisco, 1948), la Declaración Americana de los Derechos y Deberes del Hombre (Bogotá, 1948), el Pacto Internacional de los Derechos Civiles y Políticos (Washington, 1966), la Convención Americana sobre los Derechos Humanos (San José, 1969) y otros. En este sentido, es importante destacar que la Carta Magna cubana no menciona el derecho a la vida: derecho reconocido como el primero y más importante en los instrumentos internacionales antes señalados.

Además, la pena de muerte está instituida por el Código Penal cubano nada más y nada menos que para 22 delitos, entre políticos y comunes, la mayoría de ellos correspondientes al libro II, título I: "Delitos contra la seguridad del Estado", que son muy numerosos y han sido utilizados como forma de perseguir a los disidentes políticos. La idea que la revolución ha mantenido durante más de cuarenta años de considerar a Cuba en "estado de guerra" contra los Estados Unidos ha justificado en el Código Penal la inclusión de normas que generalmente se tienen en cuenta solo en situaciones de guerra. Por ejemplo, los delitos de "ayuda al enemigo" (art. 94) y "propaganda enemiga" (art. 103), el primero de los cuales prevé incluso la pena de muerte.

En cuanto a la integridad de la persona y al trato humano que ésta debe de recibir, la Constitución en su art. 28 expone que: "La libertad e inviolabilidad de su persona están garantizadas a todos lo que residen en el territorio nacional. Nadie puede ser detenido sino en los casos, en la forma y con las garantías que prescriben las leyes", con lo cual parece estar de acuerdo con los instrumentos internacionales antes señalados, así como con otros que se refieren específicamente al tratamiento de los presos y a la prohibición de la tortura. Sin embargo, a pesar de que el gobierno ratificó en 1995 la Convención contra la Tortura de las Naciones Unidas, el Código Penal cubano no lo tipifica como delito, con lo cual la autoridad policial que la use con el fin de obtener una confesión queda impune. Además, es de todos conocido —hay suficientes testimonios que lo demuestran—, que en especial los presos políticos, antes y ahora, son sometidos a torturas físicas y psicológicas que van desde el aislamiento y la incomunicación hasta las más brutales golpizas, pasando por la desatención alimenticia y médica.

El habeas corpus *y las libertades de expresión, reunión, manifestación y asociación*

La legislación cubana reconoce, en teoría, el *habeas corpus*. La Ley de Procedimiento Penal, en su art. 254 establece los términos de la detención y supuestamente obliga a la policía a dar cuenta al Instructor, quien en 72 horas deberá ponerlo en libertad o a disposición del fiscal. Este, por su parte, en otras 72 horas puede dejar sin efecto la detención o imponer una medida cautelar. Sin embargo, cuando se trata de delitos políticos, estos preceptos generalmente no se cumplen. Tal fue el caso de los redactores del documento "La Patria es de todos" quienes estuvieron detenidos casi dos años sin ser presentados a las autoridades competentes y el Tribunal Supremo Popular rechazó los recursos de *habeas corpus* promovidos por sus familiares y abogados, además de que a estos últimos se les amenazó hasta el extremo de que algunos de ellos optaron por abandonar el país.

Ya se ha apuntado, en párrafos anteriores, cómo la Constitución regula las libertades de palabra y prensa dejando a la ley secundaria la facultad de regular dichas libertades. Pues bien, el Código Penal cubano, siguiendo las pautas de la Carta Magna, no sólo restringe, sino que castiga severamente la libertad de expresión al tipificar en su art. 103 el delito de "propaganda enemiga". Incurren en él aquellos que de forma oral o escrita —mediante la confección, distribución o simple posesión— difundan noticias falsas o predicciones maliciosas que tiendan a causar alarma, descontento o desorden público en la población. La pena se agrava hasta 15 años de privación de libertad si se utilizan medios de difusión masiva.

Ahora bien, las medidas represivas del Código Penal que limitan la libertad de expresión van más allá. Así, el art. 115 dispone que "el que difunda noticias falsas con el propósito de perturbar la paz internacional o poner en peligro el prestigio o el crédito del Estado cubano o sus buenas relaciones con otros Estados", incurre en una sanción de hasta 4 años de cárcel. Y el art. 144 que tipifica el delito de "desacato" impone penas de hasta nueve meses de cárcel —agravadas en el caso de Fidel Castro y demás altos funcionarios—, a quien "amenace, calumnie, insulte o injurie o de cualquier modo ultraje u ofenda, de palabra o por escrito", a una autoridad o miembro de la alta burocracia cubana.

También se vulneran en Cuba las libertades de reunión, manifestación y asociación. Estas, como ya se ha visto, quedan limitadas al "pueblo trabajador", y a los "medios que les ofrece el Estado", que son, ni más ni menos, que las organizaciones de masas y, desde 1985, las "sociales", creadas por la Ley 54 de diciembre del mismo año. Se supone que en esta ley están comprendidas asociaciones científicas o técnicas, culturales, artísticas, deportistas, de amistad, de solidaridad y otras de interés social. Entre ellas cabrían, teóricamente, las de profesionales —de abogados, médicos, periodistas, etc.—, las sindicales y las de derechos humanos; asociaciones que han proliferado en los últimos años en Cuba. Sin embargo, para que estas sean legales necesitan, previa solicitud, de la aprobación del gobierno —en este caso del Ministerio de Justicia—, que no sólo les niega su autorización o simplemente no les contesta, sino que las reprime por considerarlas contrarrevolucionarias.

Y a eso hay que añadir la promulgación de las leyes 87 y 88, esta última llamada Ley de Protección de la Independencia Nacional y de la Economía de Cuba, vulgarmente "ley Mordaza", promulgada el 16 de febrero de 1999, que además de crear otros tipos delictivos e introducir la pena de "cadena perpetua", endurecen la represión contra los periodistas independientes en la Isla castigando severamente "el suministro, búsqueda y obtención de información", "la introducción en el país de materiales informativos subversivos, su reproducción y difusión", "la colaboración directa o mediante terceros con emisoras de radio o televisión, periódicos o revistas" y "la promoción, organización, inducción o participación en reuniones o manifestaciones", si con estas actividades se colabora con la "constante guerra económica, política, diplomática, propagandística o ideológica contra la Patria". Basándose en estas leyes fueron juzgados casi un centenar de disidentes y condenados en el mes de abril de 2003 a penas entre 15 y 18 años de cárcel, en una de las olas represivas más intensas de la dictadura castrista.

Con relación al derecho de libre circulación o tránsito, éste no se encuentra regulado en la Constitución; es más, el Código Penal sanciona con pena de privación de libertad de uno a tres años a quien "salga ilegalmente del país", delito que cometen frecuentemente los cubanos —no hay que olvidar la crisis de la Embajada del Perú que dio lugar a la salida de cientos de miles de cubanos por el puerto del Mariel, la de los balseros en el verano de 1994, y el continuo "gota a gota" que todavía persiste, así como las constantes solicitudes de asilo de intelectuales, artistas, deportistas y otros que tienen la posibilidad de viajar fuera de Cuba—, debido a que el Estado cubano, en contra de los tratados internacionales que ha sancionado, impide la salida y entrada libre de sus ciudadanos en el territorio nacional. Medida por demás ajena incluso a la tradición de los antiguos países socialistas de Europa del Este, que permitían la salida de sus disidentes políticos con el fin de mitigar en algo la ausencia de derechos y libertades civiles y políticas de sus ciudadanos. La cerrazón cubana en materia de libre circulación o tránsito ha dado lugar a que en el mes de abril de 2003 fueran ejecutados tres ciudadanos cubanos que secuestraron una barcaza para huir a los Estados Unidos: fueron condenados a pena de muerte en un juicio sumarísimo, por el delito de piratería.

La propiedad y los derechos sociales

Muchas Constituciones en el mundo, especialmente las redactadas a partir del siglo XX, entre ellas la cubana de 1940, contienen restricciones al derecho de propiedad. En el caso de Cuba la situación se agrava porque el propio concepto de propiedad privada carece de virtualidad por obra de la Constitución vigente que, siguiendo la ideología marxista que le da soporte, sostiene en su art. 14: "En la República de Cuba rige el sistema de economía basado en la propiedad socialista de todo el pueblo sobre los medios fundamentales de producción y la supresión de la explotación del hombre por el hombre". Y en los artículos posteriores relaciona cuáles y cómo se gestiona la propiedad socialista del pueblo. Sobre esto, y sin entrar a debatir teóricamente las ventajas o desventajas de la propiedad privada, uno de los derechos inalienables del hombre en la doctrina liberal, quiero destacar que al ser el Estado cubano el dueño de todos los recursos económicos y el administrador de toda la economía en su conjunto, todo trabajador cubano se ve afectado en sus derechos laborales, ya que obtiene su trabajo (salvo contadas excepciones) directamente del Estado. Eso hace que el control estatal del trabajo se convierta en control del ciudadano. Los cubanos saben que el Estado es su único empleador y, por lo tanto, que sus posibilidades de subsistir dependen de que no tenga problemas con el único órgano capaz de garantizar dicha subsistencia. A esto hay que añadir que el Estado cubano se beneficia de la plusvalía del trabajo en el caso de las inversiones extranjeras, ya que cobra en divisas al empleador foráneo y paga al trabajador en moneda nacional conforme al cambio irreal que el propio Estado establece. De ahí que la política del "pleno empleo" establecida en el art. 9 de la Constitución no sea más que una falacia. Y lo que es peor, que se haya establecido en Cuba un régimen de cuasi esclavitud.

Por último, en cuanto a los derechos sociales, el "gran avance" en materia de educación y cultura que junto a la salud han constituido la base de la propaganda castrista por más de cuarenta años, estos tienen también sus obstáculos constitucionales que convierten a ambos en dogmáticos y dirigistas, esto es, carentes de libertad. En efecto, de acuerdo con el art. 39 *b*) de la Constitución, la enseñanza es función del Estado y es gratuita, pero el Estado la dirige acorde con sus propios fines.

Entre los postulados de la política educativa desarrollados en este artículo están los siguientes: 1) fundamentar la política educacional y cultural conforme al ideario marxista, 2) promover la educación patriótica y la formación comunista de las nuevas generaciones, y 3) postular la libre creación artística siempre que su contenido no sea contrario a la revolución. Pueden encontrarse similitudes entre estos postulados y los de cualquier régimen totalitario de cualquier momento histórico. Son bastante similares, por poner un ejemplo, con los postulados educativos del nacionalsocialismo alemán.

En resumen, la educación general, pública y gratuita que el régimen invoca como uno de sus máximos logros en pos del bienestar del pueblo cubano, en realidad constituye uno de los pilares fundamentales del sistema para el control y la opresión de los ciudadanos de Cuba.

Valoración de la Constitución 1976-92

De lo antes dicho se deduce que en la Cuba actual no impera la ley como expresión de la voluntad popular, ni hay control judicial de los actos de la administración, ni garantía de la constitucionalidad de las leyes secundarias o derivadas. Tampoco existe división de poderes con su consecuente equilibrio entre ellos ni, por supuesto, independencia del Poder Judicial. Si a eso le añadimos la falta de garantía jurídica de los derechos y libertades fundamentales, que no es, ni más ni menos, que la garantía de la libertad y la igualdad de todos los ciudadanos ante la ley, es fácil llegar a la conclusión de que en Cuba no hay Estado de Derecho, tal como se entiende en las verdaderas democracias de corte occidental.

Por otra parte, ha sido en Occidente, principalmente en Europa y en los Estados Unidos de Norteamérica donde se han establecido los principios básicos de una Constitución tal como la entendemos hoy en día. Es también en esos países donde se han desarrollado los más importantes movimientos constitucionalistas y codificadores, desde el siglo XVIII hasta el momento actual, todos ellos dentro del pensamiento liberal del siglo XIX y social y democrático del XX. Esto se debe a que el constitucionalismo aparece históricamente como un instrumento típico de la modernización política, que no es, ni más ni menos, como acertadamente expresa Herrero y Rodríguez de Miñón, que: "la expresión resumida de una sociedad igualitaria, dinámica, democrática, cientifista y económicamente desarrollada".[40] Por las razones anteriormente expuestas, podríamos llegar a la conclusión que el texto vigente en Cuba, como todos sus parientes de la antigua Unión Soviética y de Europa del Este, no son Constituciones, aunque se les llame así en la medida en que constituyen la norma básica que fundamenta la estructura jurídica de un Estado, aunque se trate de estados totalitarios, estáticos y económicamente retrasados.

Ahora bien, sea Constitución o no, es menester evaluarla debido a que, como dije anteriormente, partes de la misma pueden dar lugar a la transición política y económica tan esperada por los cubanos. Sin embargo, la Constitución comunista de 1976, modificada en 1992, no sirve para un sistema democrático de corte occidental. Para que sirviera habría que modificar sustancialmente o derogar gran parte de su articulado: el Preámbulo, los arts. 1, 5, 6, 8a, 10 al 24, 29, 45, 53, 54, 62, 65, 68 y los capítulos XII y XIII, entre otros. Por otra parte, otros artículos relativos a los derechos fundamentales (arts. 56, 57, 61 y 62 e instituciones reguladas en el capítulo XIV, relativo al sistema electoral, en especial el art. 136) remiten a leyes posteriores que en la Cuba socialista presumen la limitación o violación de dichos derechos y libertades. Un ejemplo es la legislación en materia penal, el negativo de los derechos fundamentales establecidos por la Constitución.

---

[40] *Ob. cit.*, p. 81.

El Proyecto Varela [41]

En el mes de mayo del año 2002, después de casi un lustro de preparación y recogida de firmas, se presentó ante la Asamblea Nacional del Poder Popular un proyecto, auspiciado por "Todos Unidos", un grupo de organizaciones disidentes dentro de Cuba, llamado: Proyecto Varela, en honor del presbítero Félix Varela, creador, en los inicios del siglo XIX, de la primera cátedra de Constitución en Cuba. Dicho proyecto tiene como propósito hacer cambios sustanciales en la legislación secundaria cubana con el fin de obtener una mayor apertura democrática en la Isla a través de un referendo o plebiscito y basándose, entre otros, en los artículos 88 g) de la Constitución vigente que establece que: "La iniciativa de las leyes compete a los ciudadanos. En este caso será requisito indispensable que ejerciten la iniciativa diez mil ciudadanos, por lo menos, que tengan la condición de electores", y 75 u) que atribuye a la Asamblea Nacional del Poder Popular la facultad de convocar a referendo en los casos previstos en la Constitución o en otros que la propia Asamblea considere procedentes.

Los otros artículos de la Constitución en que se fundamenta el proyecto son: el 1, que aunque cataloga a Cuba como un "Estado socialista de trabajadores", añade, utilizando una frase martiana, que está organizado "con todos y para el bien de todos, como república unitaria y democrática, para el disfrute de la libertad política, la justicia social, el bienestar individual y colectivo y la solidaridad humana"; el 63, que estipula que todo ciudadano tiene derecho a dirigir quejas y peticiones a las autoridades y a recibir la atención o respuestas pertinentes y en plazo adecuado conforme a la ley; el 75, que establece entre las atribuciones de la Asamblea Nacional del Poder Popular la de aprobar, modificar y derogar las leyes y someterlas previamente a la consulta popular, así como conceder amnistías y disponer la convocatoria de referendo; el 53, que reconoce a los ciudadanos la libertad de palabra y prensa, aunque conforme a los fines socialistas; el 54, que establece, aunque limitado a las asociaciones de masas, los derechos de reunión, manifestación y asociación; el 9, que "garantiza la libertad y dignidad plena del hombre, el disfrute de sus derechos, el ejercicio y cumplimiento de sus deberes y el desarrollo integral de su personalidad"; el 41, que contiene el principio de igualdad de derechos y de-

---

[41] Lo he consultado en la revista digital:
www.contactomagazine.com/proyectavarelahtm, 24, 3, 2002.

beres; el 42, que prohibe la discriminación por motivo de raza, color, sexo, origen nacional, creencias religiosas y "cualquier otra lesiva a la dignidad humana", y el 66, que obliga a todos los ciudadanos al cumplimiento estricto de la Constitución.

Con esta base jurídica, débil por el dogmatismo ya expresado que permea la Constitución, pero la única con que cuentan, los impulsores del Proyecto Varela solicitaron de la Asamblea Nacional del Poder Popular, una legislación derivada que garantizase los derechos de libre expresión y asociación de todos los cubanos, independientemente de si pertenecen o no a las organizaciones de masas. Lo fundamentaron en que son derechos humanos que persiguen el bien común, y en que con ello "se reconocería el hecho de la diversidad de opiniones presentes en la sociedad, se abrirían espacios de crítica (y) se potenciaría la creatividad y el diálogo en torno a una democracia más participativa".[42]

También solicitaban el derecho de los cubanos a crear empresas privadas con una orientación social, tanto individuales como colectivas, a la manera que el gobierno cubano la ha permitido a los extranjeros. Con ello, además de reactivar la economía de un país en crisis económica crónica, se eliminarían en gran medida:

> las malversaciones, las apropiaciones indebidas y los robos, la corrupción de empleados y funcionarios, los privilegios por abuso de poder, el parasitismo, la especulación y muchas de las causas de las diferencias, hasta ahora insalvables, entre el trabajador que trata de sobrevivir con su salario y aquel que por la especulación o posición de autoridad se da un nivel de vida económicamente muy superior.[43]

Pedían, asimismo, una amnistía para todos los presos de conciencia actualmente en las cárceles cubanas. Y, por último, una nueva Ley Electoral que obstaculizase la candidatura única y garantizase la participación, no solo como electores sino también como elegidos, de todos los cubanos en los tres tipos de asambleas del Poder Popular.

En resumen, lo que el Proyecto Varela solicitaba era un plebiscito donde los cubanos votaran libremente sobre: 1. la garantía jurídica de los derechos fundamentales de expresión y asociación; 2. la posibilidad de los cubanos de crear empresas privadas, tanto individuales como colectivas, a la manera en que el gobierno revolucionario se lo ha permitido a los extranjeros; 3. una amnistía general para todos los presos políticos o de con-

---

[42] *Ibidem*.
[43] *Ibidem*.

ciencia, y 4. una nueva ley electoral que permitiera elecciones libres en el plazo de sesenta días posteriores a la celebración del plebiscito.

El más ferviente defensor de dicho proyecto es el disidente Osvaldo Payá Sardiñas, líder del Movimiento Cristiano de Liberación y premio Sajarov 2002.[44] Sin embargo, a pesar de que más de diez mil electores lo firmaron antes de su presentación a la Asamblea Nacional del Poder Popular, lo cierto es que la mayoría de los cubanos que viven en la Isla (no así los del exilio que cuentan con una prensa libre y un indiscutible interés por los acontecimientos que suceden en Cuba) sólo supieron de éste cuando el expresidente norteamericano Jimmy Carter lo mencionó y alabó en su discurso del 14 de mayo en la Universidad de La Habana, transmitido por la televisión nacional.[45]

A partir de entonces, el Proyecto Varela ha tenido una amplia cobertura en los medios de comunicación internacional y, por supuesto, ha sido analizado por especialistas cubanos en el exilio. De ahí han surgido quienes lo rechazan y quienes lo apoyan. Los detractores del proyecto creen que, además de que éste da legitimidad al gobierno de Fidel Castro, no tiene como objetivo cambiar la Constitución comunista. No hay que olvidar que, desde hace más o menos una década, además de los especialistas que promueven una adaptación de la Constitución de 1940, se han presentado algunos proyectos de una futura Constitución para Cuba. Entre ellos cabe destacar los trabajos de René Gómez Manzano,[46] desde Cuba, y los de Alfred G. Cuzán [47] y Alberto Luzárraga [48] desde el exilio. Quienes apoyan el proyecto, entre ellos el Partido Demócrata-Cristiano de Cuba, íntimamente ligado al Movimiento Cristiano de Liberación de

---

[44] El premio le fue entregado el 17 de diciembre de 2002 en Estrasburgo, y en esa misma fecha se le propuso para el premio Nobel de la Paz. En marzo de 2003 se le ha propuesto también para el premio español Príncipe de Asturias de la Concordia, a petición de la Internacional Liberal.

[45] En marzo de 2003, el expresidente James Carter, en una conferencia sobre cómo financiar la democracia en las Américas, auspiciada por el Centro Carter, decía: "Me ha decepcionado que la Asamblea Nacional no haya aceptado la petición Varela".

[46] "Constitución y cambio democrático en Cuba", ASCE, 1997.

[47] "Sugerencias para la confección de una Constitución en una Cuba libre", Centro de Estudios para una Opción Nacional, http://:www.ceoncuba.org/SugerenciasParaLaConfeccion.html, 13, 6, 2002.

[48] "Derecho constitucional cubano. Un análisis de los cambios necesarios para restaurar el Estado de Derecho", http://futurodeCuba.org/DERECHO%20CONSTITUCIONAL%20CUBANO%201%20.htm, 30,5,2002, "El tribunal constitucional y su organización: una propuesta de reforma", http://f.../El%Tribunal%20Constitucional%20Propuesta%20de%20Reforma.ht., 30, 5, 2002 .

Payá, han señalado que los autores del mismo no pueden operar dentro de la Isla legalmente, si no es valiéndose de las garantías que la Constitución otorga, aunque sean limitadas y sólo *de iure*.

Los propios redactores del Proyecto Varela, en un documento titulado "Ahora el Referendo, Ahora la Libertad",[49] hacen referencia a las críticas que tanto dentro como fuera de Cuba ha recibido su proyecto. "Por una parte —dicen—, tratan de demostrar que la Constitución no contiene los derechos demandados por el Proyecto Varela y por otra acusan al proyecto de reconocer la Constitución". Y añaden:

> Hemos escogido el camino legal, no para consagrar leyes injustas, sino para que a partir de algunos derechos que reconoce la Constitución de Cuba, el pueblo pueda iniciar las transformaciones necesarias en el país y también cambiar las leyes para que estas correspondan con sus derechos y aspiraciones.

Y todo con el propósito de dar "un primer paso" para un cambio pacífico en Cuba. Es por eso que el Proyecto Varela fue apoyado por destacados líderes y grupos políticos, sociales y culturales del exilio y por personas, como la que esto escribe.

Es por eso también que la reacción de las autoridades revolucionarias fue tan absurda como extrema. En efecto, el gobierno revolucionario convocó una consulta popular, realizada en junio de 2002, con el fin de promulgar una reforma constitucional que determinase que el sistema político, económico y social establecido por la Constitución era "Intocable",[50] a la manera de los emperadores romanos y de los tiranos que les han sucedido en el tiempo y en el espacio, que prohibían el comentario y modificación de sus leyes *per aeternis*, como si las circunstancias de los pueblos no cambiaran nunca y por consiguiente, tampoco el marco jurídico que las regula. Tres días bastaron para recolectar más de 8 millones de firmas de ciudadanos cubanos —el 99.25% de la población con derecho a voto—, para apoyar la petición gubernamental y, además, avalar una propuesta de reforma gubernamental. Dicha propuesta vio la luz el 26 de junio del 2002, a través de la promulgación de la Ley de Reforma Constitucional por la Asamblea Nacional del Poder Popular que declaró de "carácter

---

[49] Emitido en La Habana, Cuba, el 21 de mayo del 2001 y publicado en www.contactomagazine.com.

[50] El Proyecto de Enmienda Constitucional decía en su apartado segundo: "Consignar expresamente la voluntad del pueblo de que el régimen económico, político y social consagrado en la Constitución de la República es intocable".

irrevocable" al sistema político, económico y social establecido en la Constitución.[51]

Y, ¿qué pasó con el Proyecto Varela? Pues que estuvo por meses olvidado en alguno de los cajones de los archivos de la Asamblea Nacional, desde mayo de 2002 hasta noviembre del mismo año,[52] fecha en la que fue rechazado por "inconstitucional" en la susodicha asamblea, después de ser analizado por la Comisión de Asuntos Constitucionales y Jurídicos. La mencionada Comisión, en un amplio informe, alegó que la iniciativa vulneraba principios constitucionales, así como presentaba numerosos vicios jurídicos y técnicos. Fue esto, sin lugar a dudas, lo que provocó la decepción, fuera de Cuba, de uno de sus más firmes valedores: Jimmy Carter.[53]

Aunque fui escéptica respecto a la acogida que el Proyecto Varela tendría de las autoridades de Cuba, en su momento lo apoyé por considerar que constituía un "primer paso", como decían sus impulsores, para iniciar una transición democrática en Cuba, utilizando los resquicios que ofrecía la Constitución comunista cubana. Luego llegaría el tiempo, pensé, de plantearse una Constitución que, respetando los derechos individuales y sociales, diera forma jurídica a las necesidades, intereses e ilusiones del pueblo cubano. Hasta ahora, a pesar del rechazo al proyecto, no he cambiado de opinión.

DRA. BEATRIZ BERNAL

---

[51] Ver de Orlando Gómez González: "Reforma constitucional", en *Revista Hispano Cubana*, núm. 14, Madrid, 2002, pp. 63 y ss.

[52] En octubre de 2002, ante el silencio de la Asamblea, los promotores del Proyecto Varela solicitaron una respuesta a su solicitud en un documento que le enviaron a Ricardo Alarcón, presidente de la asamblea, bajo el nombre de: "Carta del Comité Gestor del Proyecto Varela al Presidente de la Asamblea General del Poder Popular". Buscar en: http://webstc.com/sajarov.htm

[53] Ver nota 45.

BIBLIOGRAFÍA

BERNAL, Beatriz, "Estudio histórico-jurídico de la Constitución de 1901" y "Cuba ¿Estado de Derecho?" en: *Cuba y sus Leyes*, UNAM, México, 2002 y *Encuentro de la Cultura Cubana*, núm. 24, primavera de 2002.
———, "La administración de justicia", *40 años de revolución. El legado de Castro*, Ediciones Universal, Miami, Fl, 1999 y *Cuba y sus Leyes*, UNAM, México, 2002.
———, "Cuba ¿Estado de Derecho?", *Próximo*, Madrid, núm. 7, verano, 1978.
CARBONELL CORTINA, Néstor, *El espíritu de la Constitución de 1940*, Editorial Playor, Madrid, 1974.
———, *Grandes debates de la Constituyente cubana de 1940*, Ediciones Universal, Miami, Florida, 2001.
———, "Redescubrimiento de la Constitución", *El Nuevo Herald*, 8 de septiembre, 2002.
CÉSPEDES, Carlos Manuel de, "Aproximación a la Constitución de 1940", *Encuentro de la Cultura Cubana*, núm. 24, Madrid, primavera, 2002.
COMISIÓN INTERNACIONAL DE JURISTAS DE LA ONU, *El imperio de la ley en Cuba*, Ginebra, 1962.
CUESTA, Leonel Antonio de la, *Constituciones cubanas*, Ediciones Exilio, Madrid, 1974.
CUZÁN, Alfred G., "Sugerencias para la confección de una Constitución en una Cuba libre", Centro de Estudios para una Opción Nacional (CEON), http://www.ceoncuba.org/SugerenciasParaLaConfeccion.html, 13, 6, 2002.
GÓMEZ GONZÁLEZ, Orlando, "Reforma constitucional", *Revista Hispano Cubana*, núm., 14, Madrid, 2002.
GÓMEZ MANZANO, René, "Constitución y cambio democrático en Cuba", ASCE, 1997.
HERNÁNDEZ CORUJO, Enrique, *Historia constitucional de Cuba*, La Habana, 1960.
HERRERO Y RODRÍGUEZ DE MIÑÓN, Miguel, "Modelos de transición del autoritarismo a la democracia: ideas para Cuba", *Ideas jurídicas para la Cuba del futuro*, Fundación Liberal José Martí, Madrid, 1993.
INFIESTA, Ramón, *Historia constitucional de Cuba*, La Habana, 1942.
LAZCANO Y MAZÓN, *Las Constituciones de Cuba*, Ediciones Cultura Hispánica, Madrid, 1952.
LUZÁRRAGA, Alberto, "Derecho constitucional cubano. Un análisis de los cambios necesarios para restaurar el Estado de Derecho. Primera Parte". http://deCuba.org/DERECHO%20CONSTITUCIONAL%20CUBANO %201%20. htm, 30, 5, 2002.
———, "Constitución Cubana: Reflexiones sobre el Futuro". II Parte. Los Objetivos Generales", http://futurodecuba.org/DERECHO5%20% 20CUBANO% 20II.htm, 30, 5, 2002.
———, "El Tribunal Constitucional y su organización: una propuesta de reforma", http://f...EL%20Tribunal%20Constitucional.%20UNA%20Propuesta%20 de%20Reforma.ht, 30, 5, 2002
MÁRQUEZ STERLING, Carlos, "Prólogo", *El espíritu de la Constitución cubana de 1940*, Playor, S. A., Madrid, 1974.

MONTANER, Carlos Alberto, "Las tres Repúblicas", *El Nuevo Herald*, 22, 6, 2002.
———, "Por qué fracasó la República", http://www.firmaspress.com/191.htm, 20, 6, 2002.
PAYÁ SARDIÑAS, Osvaldo, y otros, *Proyecto Varela*, www.Contactomagazine.com/proyectovarela.htm, 24, 3, 2002.
PICHARDO, Hortensia, *Documentos para la historia de Cuba*, La Habana, 1971-80.
RIVERO CARO, Adolfo, "El período republicano intermedio y la crisis de la democracia (1920-933)", *Cien años de historia de Cuba*, Editorial Verbum, Madrid, 2000.
ROJAS, RICARDO, "La intrínseca violación de los derechos humanos en el sistema jurídico-constitucional de Cuba", Documentos del Centro para la Apertura y el Desarrollo de América Latina, www.cadal.org, agosto, 2001.
ROJAS, Rafael, "Meditación en Key West", *Nexos*, núm. 292, abril, 2002.
SANGUINETY, Jorge A., "El fetiche de la Constitución del 40", *El Nuevo Herald*, 3 de octubre, 2001.
VEGA VEGA, Juan, *Cuba: su historia constitucional. Comentarios a la Constitución cubana reformada en 1992*, Ediciones Endymión, Madrid, 1998.

CONSTITUCIÓN DE GUÁIMARO
(1869)

Los Representantes del pueblo libre de la Isla de Cuba, en uso de la soberanía nacional, establecemos provisionalmente la siguiente Constitución política, que regirá lo que dure la guerra de la Independencia.

Artículo 1.° El Poder Legislativo residirá en una Cámara de Representantes del pueblo.

Art. 2.° A esta Cámara concurrirá igual representación por cada uno de los cuatro Estados en que queda desde este instante dividida la Isla.

Art. 3.° Estos Estados son: Oriente, Camagüey, Las Villas y Occidente.

Art. 4.° Sólo pueden ser Representantes los ciudadanos de la República mayores de veinte años.

Art. 5.° El cargo de Representante es incompatible con todos los demás de la República.

Art. 6.° Cuando ocurran vacantes en la representación de algún Estado, el Ejecutivo del mismo dictará las medidas necesarias para la nueva elección.

Art. 7.° La Cámara de Representantes nombrará el Presidente encargado del Poder Ejecutivo, el General en Jefe, el Presidente de las sesiones y demás empleados suyos.

El General en Jefe está subordinado al Ejecutivo y debe darle cuenta de sus operaciones.

Art. 8.° Ante la Cámara de Representantes deben ser acusados cuando hubiere lugar, el Presidente de la República, el General en Jefe y los miembros de la Cámara. Esta acusación puede hacerse por cualquier ciudadano. Si la Cámara la encuentra atendible, someterá al acusado al Poder Judicial.

Art. 9.° La Cámara de Representantes puede deponer libremente a los funcionarios cuyo nombramiento le corresponde.

Art. 10. Las decisiones legislativas de la Cámara necesitan para ser obligatorias la sanción del Presidente.

Art. 11. Si no la obtuvieren, volverán inmediatamente a la Cámara para nueva deliberación, en la que se tendrán en cuenta las objeciones que el Presidente presentare.

Art. 12. El Presidente está obligado, en el término de diez días, a impartir su aprobación a los proyectos de ley o a negarla.

Art. 13. Acordada por segunda vez una resolución de la Cámara, la sanción será forzosa para el Presidente.

Art. 14. Deben ser objeto indispensablemente de ley las contribuciones, los empréstitos públicos, la ratificación de los tratados, la declaración y conclusión de la guerra, la autorización al Presidente para conceder patentes de corso, levantar tropas y mantenerlas, proveer y sostener una Armada y la declaración de represalias con respecto al enemigo.

Art. 15. La Cámara de Representantes se constituye en sesión permanente desde el momento en que los representantes del pueblo ratifiquen esta Ley fundamental hasta que termine la guerra.

Art. 16. El Poder Ejecutivo residirá en el Presidente de la República.

Art. 17. Para ser Presidente se requiere la edad de treinta y dos años y haber nacido en la Isla de Cuba.

Art. 18. El Presidente puede celebrar tratados con la ratificación de la Cámara.

Art. 19. Designará los Embajadores, Ministros Plenipotenciarios y Cónsules de la República en los países extranjeros.

Art. 20. Recibirá los Embajadores, cuidará de que se ejecuten fielmente las leyes y expedirá sus despachos a todos los empleados de la República.

Art. 21. Los Secretarios del Despacho serán nombrados por la Cámara a propuesta del Presidente.

Art. 22. El Poder Judicial es independiente. Su organización será objeto de una ley especial.

Art. 23. Para ser elector se requieren las mismas condiciones que para ser elegido.

Art. 24. Todos los habitantes de la República son enteramente libres.

Art. 25. Todos los ciudadanos de la República se consideran soldados del ejército libertador.

Art. 26. La República no reconoce dignidades, honores especiales ni privilegio alguno.

Art. 27. Los ciudadanos de la República no podrán admitir honores ni distinciones de un país extranjero.

Art. 28. La Cámara no podrá atacar las libertades de culto, imprenta, reunión pacífica, enseñanza y petición, ni derecho alguno inalienable del pueblo.

Art. 29. Esta Constitución podrá enmendarse cuando la Cámara unánimemente lo determine.

Guáimaro, 10 de abril de 1869.

Carlos Manuel de Céspedes.—Salvador Cisneros Betancourt.—Francisco Sánchez Betancourt.—Miguel Betancourt Guerra.—Jesús Rodríguez.—Antonio Alcalá.—José María Izaguirre.—Honorato del Castillo.—Miguel Gerónimo Gutiérrez.—Arcadio García.— Tranquilino Valdés.—Antonio Lorda.—Eduardo Machado.—Ignacio Agramonte.—Antonio Zambrana.

CONSTITUCIÓN DE BARAGUÁ
(1878)

Artículo 1° La Revolución se regirá por un Gobierno Provisional, compuesto de cuatro individuos.

Art. 2.° El Gobierno Provisional nombrará un General en Jefe que dirija las operaciones militares.

Art. 3.° El Gobierno queda facultado para hacer la paz, bajo las bases de independencia.

Art. 4.° No podrá hacer la paz con el Gobierno español bajo otras bases sin el conocimiento y consentimiento del pueblo.

Art. 5.° El Gobierno pondrá en vigor todas las leyes de la República que sean compatibles con la presente situación.

Art. 6.° El Poder Judicial es independiente, y residirá, conforme a las leyes antiguas, en Consejos de Guerra.

Baraguá, 15 de marzo de 1878.

Félix Figueredo.—Fernando Figueredo.—Pedro Martínez.—Modesto Fonseca.—Juan Rius Rivera.

CONSTITUCIÓN DE JIMAGUAYÚ
(1895)

La Revolución por la independencia y creación de Cuba en República democrática, en su nuevo período de guerra iniciada en 24 de febrero último, solemnemente declara la separación de Cuba de la Monarquía española y su constitución como Estado libre e independiente con Gobierno propio, por autoridad suprema, con el nombre de República de Cuba, y confirma su existencia entre las divisiones políticas de la tierra, y en su nombre y por delegación que al efecto les han conferido los cubanos en armas, declarando previamente ante la patria la pureza de sus pensamientos libres de violencias, de ira o de prevención y sólo inspirados en el propósito de interpretar en bien de Cuba los votos populares para la institución del régimen y gobierno provisionales de la República, los representantes electos de la Revolución, en Asamblea Constituyente, han pactado ante Cuba y el mundo civilizado, con la fe de su honor empeñado en el cumplimiento, los siguientes artículos de Constitución:

Artículo 1.° El Gobierno Supremo de la República residirá en un Consejo de Gobierno, compuesto de un Presidente, un Vicepresidente y cuatro Secretarios de Estado, para el despacho de los asuntos de Guerra, de lo Interior, de Relaciones Exteriores y de Hacienda.

Art. 2.° Cada Secretario tendrá un Subsecretario para suplir los casos de vacante.

Art. 3.° Serán atribuciones del Consejo de Gobierno:

1) Dictar todas las disposiciones relativas a la vida civil y política de la revolución. 2) Imponer y percibir contribuciones, contraer empréstitos públicos, emitir papel moneda, invertir los fondos recaudados en la Isla por cualquier título que sean y los que a título oneroso se obtengan en el extranjero. 3) Conceder patentes de corso, levantar tropas y mantenerlas, declarar represalias respecto al enemigo y ratificar tratados. 4) Conceder autorización, cuando así lo estime oportuno, para someter al Poder Judicial al Presidente y demás miembros del Consejo si fuesen acusados. 5) Resol-

ver las reclamaciones de toda índole, excepto judicial, que tienen derecho a presentarle todos los hombres de la revolución. 6) Aprobar la ley y organización militar y ordenanzas del Ejército que propondrá el General en Jefe. 7) Conferir los grados militares de Coronel en adelante, previos informes del Jefe superior inmediato y del General en Jefe y designar el nombramiento de este último y del Lugarteniente General, en caso de vacantes de ambos. 8) Ordenar la elección de cuatro representantes por cada Cuerpo de Ejército cada vez que, conforme con esta Constitución, sea necesaria la convocatoria de Asamblea singular.

Art. 4.º El Consejo de Gobierno solamente intervendrá en la dirección de las operaciones militares cuando a su juicio sea absolutamente necesario a la realización de otros fines políticos.

Art. 5.º Es requisito para la validez de los acuerdos del Consejo de Gobierno el haber tomado parte en la deliberación los dos tercios de los miembros del mismo y haber resuelto aquellos por voto de la mayoría de los concurrentes.

Art. 6.º El cargo de Consejero es incompatible con los demás de la República y requiere la edad mayor de veintiún años.

Art. 7.º El Poder Ejecutivo residirá en el Presidente o, en su defecto, en el Vicepresidente.

Art. 8.º Los acuerdos del Consejo de Gobierno serán sancionados y promulgados por el Presidente, quien dispondrá lo necesario para su cumplimiento en un término que no excederá de diez días.

Art. 9.º El Presidente puede celebrar tratados con la ratificación del Consejo de Gobierno.

Art. 10. El Presidente recibirá a los Embajadores y expedirá sus despachos a todos los funcionarios.

Art. 11. El tratado de paz con España, que ha de tener precisamente por base la independencia absoluta de la Isla de Cuba, deberá ser ratificado por el Consejo de Gobierno y la Asamblea de Representantes, convocada expresamente para ese fin.

Art. 12. El Vicepresidente sustituirá al Presidente en caso de vacante.

Art. 13. En el caso de resultar vacantes los cargos de Presidente y Vicepresidente, por renuncia, deposición, muerte u otra causa, se reunirá una Asamblea de Representantes para la elección de los que hayan de desempeñar los cargos vacantes, que interinamente ocuparán los Secretarios de más edad.

Art. 14. Los Secretarios tomarán parte, con voz y voto, en las deliberaciones de los acuerdos, de cualquier índole que fuesen.

Art. 15. Es atribución de los Secretarios proponer todos los empleados de sus respectivos despachos.

Art. 16. Los Subsecretarios sustituirán en los casos de vacantes a los Secretarios de Estado, teniendo entonces voz y voto en las deliberaciones.

Art. 17. Todas las fuerzas armadas de la República y la dirección de las operaciones de la guerra estarán bajo el mando directo del General en Jefe, que tendrá a sus órdenes como segundo en el mando un Lugarteniente General, que le sustituirá en caso de vacante.

Art. 18. Los funcionarios, de cualquier orden que sean, se prestarán recíproco auxilio para el cumplimiento de las resoluciones del Consejo de Gobierno.

Art. 19. Todos los cubanos están obligados a servir a la revolución con su persona e intereses según sus aptitudes.

Art. 20. Las fincas y propiedades de cualquier clase pertenecientes a extranjeros estarán sujetas al pago del impuesto en favor de la revolución, mientras sus respectivos Gobiernos no reconozcan la beligerancia de Cuba.

Art. 21. Todas las deudas y compromisos contraídos desde que se inició el actual período de guerra hasta ser promulgada esta Constitución por los jefes de Cuerpo de Ejército en beneficio de la revolución serán válidos, como los que en lo sucesivo corresponda al Consejo de Gobierno efectuar.

Art. 22. El Consejo de Gobierno podrá deponer a cualquiera de sus miembros por causa justificada, a juicio de dos tercios de los Consejeros, y dará cuenta en la primera Asamblea que se convoque.

Art. 23. El Poder Judicial procederá con entera independencia de todos los demás; su organización y reglamentación estarán a cargo del Consejo de Gobierno.

Art. 24. Esta Constitución regirá a Cuba durante dos años, a contar desde su promulgación, si antes no termina la guerra de independencia. Transcurrido este plazo se convocará a Asamblea de Representantes, que podrá modificarla y procederá a la elección de nuevo Consejo de Gobierno y a la censura del saliente.

Así lo ha pactado, y en nombre de la República lo ordena, la Asamblea Constituyente en Jimaguayú, a dieciséis de septiembre de mil ochocientos noventa y cinco, y en testimonio firmamos los representantes delegados por el pueblo cubano en armas.

Salvador Cisneros y B., Presidente.—Rafael Manduley, Vicepresidente.—Pedro Piñán de Villegas.—Lope Recio L.—Fermín Valdés Domínguez.—Francisco Díaz Silveira.—Doctor Santiago García Cañizares.—Rafael Pérez.—F. López Leiva.—Enrique Céspedes.—Marcos Padilla.— Raimundo Sánchez.—J. D. Castillo.—Mariano Sánchez.—Pedro Aguilera.—Rafael M. Portuondo.—Orencio Nodarse.—José Clemente Vivanco.—Enrique Loinaz del Castillo.—Severo Pina.

CONSTITUCIÓN DE LA YAYA
(1897)

Nosotros, Representantes del pueblo de Cuba, reunidos libremente en Asamblea Constituyente, en obedecimiento a lo mandado en la Constitución de 16 de septiembre de 1895, ratificamos nuestra firme e inquebrantable resolución de obtener la independencia absoluta e inmediata de la Isla y establecer en ella una República democrática, e inspirándonos en las actuales necesidades de la Revolución, decretamos lo siguiente:

CONSTITUCIÓN DE LA REPÚBLICA DE CUBA

TÍTULO I
Del territorio y la ciudadanía

Artículo 1.° La República de Cuba comprende todo el territorio de la Isla de Cuba y de las islas y cayos adyacentes. Una ley dictada al efecto proveerá con respecto a su división territorial.

Art. 2.° Son cubanos: 1) Los nacidos en territorio cubano. 2) Los hijos de padre o madre cubana, aunque hayan nacido en el extranjero. 3) Los que están sirviendo directamente a la revolución, cualquiera que sea su nacionalidad de origen.

Art. 3.° Todos los ciudadanos están obligados a servir a su país con sus personas y bienes, según lo que dispongan las leyes y permita su aptitud. El servicio militar es obligatorio e irredimible.

TÍTULO II
De los derechos políticos individuales

Art. 4.° Nadie podrá ser arrestado, juzgado o sentenciado sino por hechos que son punibles en virtud de leyes dictadas anteriormente a su comisión; y el arresto, juicio y sentencia habrán de ser siempre en la forma prescrita por las leyes.

Art. 5.° Ninguna autoridad podrá detener o abrir la correspondencia oficial o privada sino por razón de delito y llenando las formalidades que el derecho establece.

Art. 6.° Los cubanos y los extranjeros serán protegidos en sus creencias religiosas y en la práctica de sus respectivos cultos, siempre que éstos no se opongan a la moral pública.

Art. 7.° A nadie se obligará a pagar otros impuestos que los establecidos por la autoridad competente.

Art. 8.° La educación será libre en todo el territorio de la República.

Art. 9 ° Los cubanos podrán libremente dirigir peticiones a las autoridades, teniendo el derecho de obtener sobre ellas la correspondiente decisión; las fuerzas armadas se ajustarán en el uso de este derecho a lo que se determine en las leyes y reglamentos relativos a la organización militar.

Art. 10. El derecho electoral será reglamentado por el Gobierno sobre la base del sufragio universal.

Art. 11. Nadie podrá penetrar en un domicilio a menos que sea para evitar la consumación de un delito o cuando se tenga para ello la debida autorización.

Art. 12. Ningún cubano podrá ser compelido a cambiar su residencia, a no ser por sentencia judicial.

Art. 13. Todos los cubanos tendrán el derecho de expresar libremente sus ideas y el de reunirse y asociarse para todo lícito propósito.

Art. 14. Los derechos cuyo ejercicio está garantizado por los tres artículos precedentes, podrán ser suspendidos, en todo o en parte, por el Consejo de Gobierno mientras dure el presente estado de guerra.

TÍTULO III

Del gobierno de la República

SECCIÓN PRIMERA

De los poderes políticos

Art. 15. El Poder Ejecutivo está investido en un Consejo de Gobierno, que tendrá la facultad de dictar leyes y reglamentos de carácter general conforme a la Constitución.

Art. 16. La administración de justicia en lo criminal corresponde a la jurisdicción de guerra y será ejercida en la manera que determinen las leyes.

Art. 17. La administración de justicia en lo civil corresponde a las autoridades civiles y sus procedimientos se regularán por una ley.

SECCIÓN SEGUNDA

Del Consejo de Gobierno

Art. 18. El Consejo de Gobierno se compondrá de un Presidente, un Vicepresidente y cuatro Secretarios de Estado para el despacho de los negocios de Guerra, Hacienda, Relaciones extranjeras y Gobernación. Todos los miembros del Consejo tendrán voz y voto en las deliberaciones.

Art. 19. Para ser Presidente o Vicepresidente se necesita ser cubano de nacimiento, o ciudadano de Cuba con más de diez años de servicio en la causa de la independencia de Cuba y ser además de treinta años de edad. Para ser Secretario de Estado se necesita sólo la edad de veinticinco años.

Art. 20. El Consejo de Gobierno nombrará su Secretario, a quien podrá remover libremente.

Art. 21. Cada Secretario de Estado tendrá un Subsecretario que lo sustituirá en casos de vacante, ausencia o enfermedad y que desempeñará cualquier encargo que le sea confiado por el Consejo de Gobierno.

Art. 22. Además de los poderes conferidos al Consejo de Gobierno por otros artículos de esta Constitución, tendrá los siguientes:

1) Dictar leyes y reglamentos con respecto a la revolución y a la vida militar, civil y política del pueblo de Cuba.

2) Resolver las peticiones que se le dirijan, ordenando que tomen su curso debido las que no hayan sido tramitadas cual corresponde.

3) Deponer por justa causa y bajo su responsabilidad a cualquiera de sus miembros o a su Secretario. De esta resolución se dará cuenta a la primera Asamblea que se reúna. Para que tenga efecto esta resolución se necesitarán los votos de cuatro miembros del Consejo.

4) Nombrar en caso de vacante por dos meses de los empleos de Secretario y Subsecretario los que deben ocuparlos.

5) Nombrar y deponer en la forma legal los funcionarios públicos de todas clases, y ordenar, cuando proceda, que se les forme causa.

6) Fijar la política de la guerra y las líneas generales de la campaña, e intervenir, cuando a su juicio haya fundado motivo para ello, en las operaciones militares, pero siempre por el intermedio de los Generales de la Nación.

7) Levantar tropas, declarar represalias y conceder patentes de corso.

8) Conferir grados militares, desde el de Subteniente hasta el de Mayor General, siempre con arreglo a lo prevenido en las leyes sobre la organización militar.

9) Emitir papel moneda, acuñar moneda y fijar la calidad y valor de ésta.

10) Contraer empréstitos, determinando la época de su vencimiento, su interés, descuento, comisiones y garantías y hacer toda otra clase de negociaciones que demande el bien público. El Consejo quedará sujeto a estricta responsabilidad por el uso que haga de estas facultades y del de la concedida en el anterior inciso.

11) Imponer contribuciones, decretar la inversión de los fondos públicos y pedir y aprobar las cuentas de los hechos con estos últimos.

12) Determinar la política extranjera que deba seguirse y nombrar y deponer los agentes, representantes y delegados de todas clases.

13) Expedir pasaportes.

14) Expedir los salvoconductos que sean necesarios para el debido desempeño de las funciones del Gobierno.

15) Hacer Tratados con las demás Potencias, designando los Comisionados que deban negociarlos, pero sin poder delegar en ellos su aprobación final. El de paz con España habrá de ser ratificado por la Asamblea y no podrá iniciarse sino sobre la base de la independencia absoluta e inmediata de toda la Isla.

Art. 23. No podrán delegarse los poderes que esta Constitución concede al Consejo de Gobierno o a cualquiera de sus miembros.

Art. 24. Todas las resoluciones del Consejo de Gobierno serán tomadas por absoluta mayoría de votos. Han de encontrarse presentes cuando menos cuatro Consejeros, siendo uno de ellos el Secretario de Estado del Despacho a que corresponda el asunto.

Art. 25. Los Consejeros no podrán ejercer ningún otro empleo ni ser nombrados para él mientras estén desempeñando sus funciones propias; pero sí podrán ser nombrados representantes para la Asamblea en que se ratifique el tratado de paz con España.

Art. 26. No podrán ser encausados los Consejeros sin previa autorización para ello concedida por el Gobierno. No podrán tampoco ser arrestados sino en caso de *in fraganti* delito. Los Subsecretarios disfrutarán de la misma prerrogativa cuando estén desempeñando una Comisión expresa y definida del Gobierno.

SECCIÓN TERCERA

Del Presidente y Vicepresidente de la República

Art. 27. El Presidente de la República es el Presidente del Consejo de Gobierno, y en su carácter representativo es el superior jerárquico de todos los funcionarios.

Art. 28. Sus poderes son:

1) Representar la República en los actos y resoluciones oficiales.

2) Autorizar con su firma los documentos dirigidos a funcionarios extranjeros del mismo rango.

3) Firmar las proclamas y manifiestos en que se haya convenido por el Consejo de Gobierno.

4) Visar los despachos y certificados expedidos por los Secretarios de Estado y por el del Consejo de Gobierno.

5) Autorizar, en nombre del Consejo de Gobierno, los diplomas y nombramientos hechos por aquel Cuerpo.

Art. 29. El Vicepresidente tomará parte, con voz y voto, en todas las deliberaciones del Consejo de Gobierno y sustituirá al Presidente, con todas sus facultades, en caso de vacante, ausencia o enfermedad.

SECCIÓN CUARTA

De los Secretarios de Estado

Art. 30. Los Secretarios de Estado tendrán la exclusiva facultad de conocer de los negocios que correspondan a sus respectivos departamentos y serán jefes de todos sus funcionarios y empleados, cuyo nombramiento será propuesto por ellos, cuando el hacerlo sea atribución, conforme a la ley, del Consejo de Gobierno.

Art. 31. El Secretario de la Guerra será el Jefe de grado superior en el Ejército Libertador.

Art. 32. El servicio administrativo del Ejército dependerá del Secretario de la Guerra, conforme a lo que determine la Ley de organización militar.

Art. 33. El Secretario de Hacienda tendrá la custodia de los fondos nacionales y tendrá a su cargo todo lo relativo a la Deuda Pública y la rendición de cuentas.

Art. 34. El Secretario de Negocios Extranjeros será el jefe superior inmediato de todos los Agentes, Representantes y Delegados en el exterior.

Art. 35. El Secretario de Gobernación tendrá a su cargo todos los asuntos de carácter civil y será el jefe superior de las autoridades y empleados del ramo.

SECCIÓN QUINTA
Del Secretario del Consejo de Gobierno

Art. 36. El Secretario del Consejo de Gobierno asistirá, sin voz ni voto, a todas las sesiones del Cuerpo. Redactará sus actas y las autorizará con su firma, después que hayan sido aprobadas y firmadas por todos los Consejeros que se hallaren presentes.

Art. 37. Expedirá, según las constancias de sus archivos, los certificados que le ordene el Presidente o el Consejo de Gobierno.

TÍTULO IV
De la Asamblea de Representantes

Art. 38. La Asamblea de Representantes se reunirá a los dos años de haberse promulgado esta Constitución y tendrá el poder de hacer una nueva o de modificar la presente, de censurar los actos del Gobierno y de proveer a todas las necesidades de la República.

El Consejo de Gobierno adoptará, con la debida anticipación y bajo su más estricta responsabilidad, las medidas que sean oportunas para que sea cumplida esta resolución constitucional.

Art. 39. La Asamblea de Representantes se reunirá también cuando resulten vacantes los puestos de Presidente y Vicepresidente, o cuando dos de los Secretarios de Estado no tengan Jefe nombrado por la Asamblea para el despacho de sus asuntos, o cuando los Secretarios se encuentren impedidos de desempeñar sus destinos. El objeto exclusivo de esta Asamblea será la provisión de los empleos que están vacantes o servidos por personas nombradas conforme al inciso 4.°, artículo 22, de esta Constitución.

Art. 40. Si el Gobierno, de conformidad con lo que expresa el inciso 15 del citado artículo 22, hiciere la paz con España, tendrá el deber de convocar la Asamblea para la ratificación del Tratado. Esta Asamblea proveerá provisionalmente lo necesario para el Gobierno y Administración de la República hasta que se reúna definitivamente la que ha de ser constituyente.

Art. 41. Si España, sin acuerdo previo con el Consejo de Gobierno, evacúa todo el territorio, se convocará una Asamblea cuyos poderes serán los mismos especificados en la segunda parte del anterior artículo. Queda entendido que esto sucederá cuando los ejércitos cubanos ocupen permanentemente todo el territorio de la Isla, aun cuando el enemigo retenga en su poder algunas fortalezas.

Art. 42. La Asamblea se compondrá de cuatro Representantes por cada uno de los territorios en que un cuerpo del ejército está ahora operando.

En los casos expresados en los dos artículos anteriores, los representantes que deberán elegirse en cada territorio serán ocho en número.

Art. 43. La Asamblea de Representantes, mientras otra cosa no se resuelva, se constituirá y gobernará conforme a los Reglamentos que ahora rigen.

Art. 44. Los Representantes serán inviolables por sus opiniones y votos en el cumplimiento de sus deberes y no serán encausados por motivo alguno sin previa autorización de la Asamblea.

Podrá, sin embargo, arrestárseles en caso de delito *in fraganti* dando cuenta inmediatamente de ello a la Asamblea.

Art. 45. El cargo de Representante es incompatible con el desempeño de todo otro destino. A la disolución de la Asamblea sus miembros volverán a ocupar el empleo que servían al tiempo de su elección, a no ser que lo hubieren renunciado.

TÍTULO V

Disposiciones generales

Art. 46. La República de Cuba garantiza solamente las deudas reconocidas por la Constitución de 1895 y las que después de esa fecha se hayan contraído o contraigan legítimamente.

Art. 47. Los extranjeros no podrán reclamar indemnización alguna por los daños que las fuerzas cubanas les hayan causado con anterioridad a la fecha en que sus respectivos Gobiernos hayan reconocido la beligerancia o independencia de Cuba.

Art. 48. Esta Constitución permanecerá en observancia hasta que otra subsiguiente la derogue.

La Yaya, Camagüey, a veintinueve de octubre de mil ochocientos noventa y siete.

Domingo Méndez Capote, Presidente.—Lacret Morlot, Vicepresidente.—Cosme de la Torriente.—J. Fernández Rondán.—T. Padró Griñán.—Enrique Collazo.—J. Fernández de Castro.—Lope Recio L.—Manuel Rodríguez Fuentes.—Manuel R. Silva.—Dr. Nicolás Alberdi.—M. Despaigne.—Salvador Cisneros.—Dr. Lucas Álvarez Cerice.—Pedro Mendoza.—Andrés Moreno de la Torre.— Fernando Freyre.—Ernesto Fonts Sterling.—Dr. Manuel F. Alfonso.—José B. Alemán.—C. M. de Céspedes, Secretario.—Aurelio Hevia, Secretario.

CONSTITUCIÓN DE LA REPÚBLICA DE CUBA (1901)

Nosotros, los Delegados del pueblo de Cuba, reunidos en Convención Constituyente, a fin de redactar y adoptar la Ley Fundamental de su organización como Estado independiente y soberano, estableciendo un gobierno capaz de cumplir sus obligaciones internacionales, mantener el orden, asegurar la libertad y la justicia y promover el bienestar general, acordamos y adoptamos, invocando el favor de Dios, la siguiente Constitución:

TÍTULO I

De la Nación, de su forma de gobierno y del territorio nacional

Artículo 1.º El pueblo de Cuba se constituye en Estado Independiente y soberano y adopta como forma de gobierno la republicana.

Art. 2.º Componen el territorio de la República, la Isla de Cuba, así como las islas y cayos adyacentes que con ella estaban bajo la soberanía de España hasta la ratificación del Tratado de París, de 10 de diciembre de 1898.

Art. 3.º El territorio de la República se divide en las seis provincias que existen actualmente y con sus mismos límites, correspondiendo al Consejo Provincial de cada una determinar sus respectivas denominaciones.

Las Provincias podrán incorporarse unas a otras o dividirse para formar nuevas Provincias mediante acuerdo de los respectivos Consejos Provinciales y aprobación del Congreso.

TÍTULO II

De los cubanos

Art. 4.º La condición de cubano se adquiere por nacimiento o por naturalización.

Art. 5.° Son cubanos por nacimiento:

1. Los nacidos, dentro o fuera del territorio de la República, de padres cubanos.

2. Los nacidos en el territorio de la República de padres extranjeros, siempre que, cumplida la mayor edad, reclamen su inscripción como cubanos en el Registro correspondiente.

3. Los nacidos en el extranjero de padres naturales de Cuba que hayan perdido la nacionalidad cubana, siempre que, cumplida la mayor edad, reclamen su inscripción como cubanos en el mismo Registro.

Art. 6.° Son cubanos por naturalización:

1. Los extranjeros que, habiendo pertenecido al Ejército libertador, reclamen la nacionalidad cubana dentro de los seis meses siguientes a la promulgación de esta Constitución.

2. Los extranjeros que, establecidos en Cuba antes del 1 de enero de 1899, hayan conservado su domicilio después de dicha fecha, siempre que reclamen la nacionalidad cubana dentro de los seis meses siguientes a la promulgación de esta Constitución, o si fueren menores, dentro de un plazo igual desde que alcanzaren la mayoría de edad.

3. Los extranjeros que después de cinco años de residencia en el territorio de la República, y no menos de dos desde que declaren su intención de adquirir la nacionalidad cubana, obtengan carta de naturalización con arreglo a las leyes.

4. Los españoles residentes en el territorio de Cuba al 11 de abril de 1899 que no se hayan inscrito como tales españoles en los Registros correspondientes hasta igual mes y día de 1900.

5. Los africanos que hayan sido esclavos en Cuba y los emancipados comprendidos en el artículo 13 del Tratado de 28 de junio de 1835 celebrado entre España e Inglaterra.

Art. 7.° La condición de cubano se pierde:

1. Por adquirir ciudadanía extranjera.

2. Por adquirir empleo u honores de otro Gobierno sin licencia del Senado.

3. Por entrar al servicio de las armas de una Nación extranjera sin la misma licencia.

4. Por residir el cubano naturalizado cinco años continuos en el país de su nacimiento, a no ser por razón de empleo o comisión del Gobierno de la República.

Art. 8.° La condición de cubano podrá recobrarse con arreglo a lo que prescriban las leyes.

Art. 9.° Todo cubano está obligado:
1. A servir a la patria con las armas en los casos y forma que determinen las leyes.
2. A contribuir para los gastos públicos en la forma y proporción que dispongan las leyes.

TÍTULO III

De los extranjeros

Art. 10. Los extranjeros residentes en el territorio de la República se equiparan a los cubanos:
1. En cuanto a la protección de sus personas y bienes.
2. En cuanto al goce de los derechos garantizados en la Sección primera del Título siguiente, con excepción de los que en ella se reconocen exclusivamente a los nacionales.
3. En cuanto al goce de los derechos civiles, en las condiciones y con las limitaciones que establezca la Ley de Extranjería.
4. En cuanto a la obligación de observar y cumplir las leyes, decretos, reglamentos y demás disposiciones que estén en vigor en la República.
5. En cuanto a la sumisión a la potestad y a las resoluciones de los Tribunales y demás autoridades de la República.
6. Y en cuanto a la obligación de contribuir a los gastos públicos del Estado, la Provincia y el Municipio.

TÍTULO IV

De los derechos que garantiza esta Constitución

SECCIÓN PRIMERA

De los derechos individuales

Art. 11. Todos los cubanos son iguales ante la Ley. La República no reconoce fueros ni privilegios personales.
Art. 12. Ninguna ley tendrá efecto retroactivo, excepto las penales cuando sean favorables al delincuente o procesado.
Art. 13. Las obligaciones de carácter civil que nazcan de los contratos o de otros actos u omisiones que las produzcan no podrán ser anuladas ni alteradas por el Poder Legislativo ni por el Ejecutivo.

Art. 14. No podrá imponerse en ningún caso la pena de muerte por delitos de carácter político, los cuales serán definidos por la Ley.

Art 15. Nadie podrá ser detenido sino en los casos y en la forma que prescriban las leyes.

Art. 16. Todo detenido será puesto en libertad o entregado al Juez o Tribunal competente dentro de las veinticuatro horas siguientes al acto de la detención.

Art. 17. Toda detención se dejará sin efecto, o se elevará a prisión, dentro de las setenta y dos horas de haber sido entregado el detenido al Juez o Tribunal competente.

Dentro del mismo plazo se notificará al interesado la providencia que se dictare.

Art. 18. Nadie podrá ser preso sino en virtud de mandamiento de Juez o Tribunal competente.

El auto en que se haya dictado el mandamiento se ratificará o repondrá, oído el presunto reo, dentro de las setenta y dos horas siguientes al acto de la prisión.

Art. 19. Nadie podrá ser procesado ni sentenciado sino por Juez o Tribunal competente, en virtud de leyes anteriores al delito y en la forma que éstas establezcan.

Art. 20. Toda persona detenida o presa sin las formalidades legales, o fuera de los casos previstos en esta Constitución o en las leyes, será puesta en libertad a petición suya o de cualquier ciudadano.

La Ley determinará la forma de proceder sumariamente en este caso.

Art. 21. Nadie está obligado a declarar contra sí mismo, ni contra su cónyuge o sus parientes dentro del cuarto grado de consanguinidad o segundo de afinidad.

Art. 22. Es inviolable el secreto de la correspondencia y demás documentos privados, y ni aquélla ni éstos podrán ser ocupados ni examinados sino por disposición de Autoridad competente y con las formalidades que prescriban las leyes. En todo caso se guardará secreto respecto de los extremos ajenos al asunto que motiva la ocupación o examen.

Art. 23. El domicilio es inviolable y, en consecuencia, nadie podrá penetrar de noche en el ajeno sin el consentimiento de su morador, a no ser para auxiliar o socorrer víctimas de delito o desastre; ni de día, sino en los casos y en la forma determinados por las leyes.

Art. 24. Nadie podrá ser compelido a mudar de domicilio o residencia sino por mandato de autoridad competente y en los casos previstos por las leyes.

Art. 25. Toda persona podrá libremente, y sin sujeción a censura previa, emitir su pensamiento, de palabra o por escrito, por medio de la imprenta o por cualquier otro procedimiento, sin perjuicio de las responsabilidades que impongan las leyes, cuando por alguno de aquellos medios se atente contra la honra de las personas, el orden social o la tranquilidad pública.

Art. 26. Es libre la profesión de todas las religiones, así como el ejercicio de todos los cultos, sin otra limitación que el respeto a la moral cristiana y al orden público.

La Iglesia estará separada del Estado, el cual no podrá subvencionar en caso alguno ningún culto.

Art. 27. Toda persona tiene el derecho de dirigir peticiones a las Autoridades, de que sus peticiones sean resueltas y de que se la comunique la resolución que a ellas recaiga.

Art. 28. Todos los habitantes de la República tienen el derecho de reunirse pacíficamente y sin armas y el de asociarse para todos los fines lícitos de la vida.

Art. 29. Toda persona podrá entrar en el territorio de la República, salir de él, viajar dentro de sus límites y mudar de residencia sin necesidad de carta de seguridad, pasaporte u otro requisito semejante, salvo lo que se disponga en las leyes sobre inmigración y las facultades atribuidas a la Autoridad en caso de responsabilidad criminal.

Art. 30. Ningún cubano podrá ser expatriado ni a ninguno podrá prohibírsele la entrada en el territorio de la República.

Art. 31. La enseñanza primaria es obligatoria, y así ésta como la de Artes y Oficios serán gratuitas. Ambas estarán a cargo del Estado mientras no puedan sostenerlas, respectivamente, por carecer de recursos suficientes, los Municipios y las Provincias.

La segunda enseñanza y la superior estarán a cargo del Estado. No obstante, toda persona podrá aprender o enseñar libremente cualquier ciencia, arte o profesión y fundar o sostener establecimientos de educación y enseñanza, pero corresponde al Estado la determinación de las profesiones en que exija títulos especiales, la de las condiciones para su ejercicio, la de los requisitos necesarios para obtener los títulos y la expedición de los mismos, de conformidad con lo que establezcan las leyes.

Art. 32. Nadie podrá ser privado de su propiedad sino por Autoridad competente y por causa justificada de utilidad pública, previa la correspondiente indemnización. Si no procediere este requisito, los Jueces y Tribunales ampararán y, en su caso, reintegrarán al expropiado.

Art. 33. No podrá imponerse en ningún caso la pena de confiscación de bienes.

Art. 34. Nadie está obligado a pagar contribución ni impuesto que no estuvieren legalmente establecidos y cuya cobranza no se hiciere en la forma prescrita por las leyes.

Art. 35. Todo autor o inventor gozará de la propiedad exclusiva de su obra o invención por el tiempo y en la forma que determine la ley.

Art. 36. La enumeración de los derechos garantizados expresamente por esta Constitución no excluye otros que se deriven del principio de la soberanía del pueblo y de la forma republicana de gobierno.

Art. 37. Las leyes que regulen el ejercicio de los derechos que esta Constitución garantiza serán nulas si los disminuyen, restringen o adulteran.

SECCIÓN SEGUNDA

Derecho de sufragio

Art. 38. Todos los cubanos, varones, mayores de veintiún años, tienen derecho de sufragio, con excepción de los siguientes: Primero: Los asilados. Segundo: Los incapacitados mentalmente, previa declaración judicial de su incapacidad. Tercero: Los inhabilitados judicialmente por causa de delito. Cuarto: Los individuos pertenecientes a las Fuerzas de Mar y Tierra que estuvieren en servicio activo.

Art. 39. Las leyes establecerán reglas y procedimientos que aseguren la intervención de las minorías en la formación del Censo de electores y demás operaciones electorales y su representación en la Cámara de Representantes, en los Consejos Provinciales y en los Ayuntamientos.

Art. 40. Las garantías establecidas en los artículos decimoquinto, decimosexto, decimoséptimo, decimonono, vigesimosegundo, vigesimotercero, vigesimocuarto y vigesimoséptimo de la sección primera de este Título, no podrán suspenderse en toda la República ni en parte de ella, sino temporalmente y cuando lo exija la seguridad del Estado, en caso de invasión del territorio o de grave perturbación del orden que amenace la paz.

Art. 41. El territorio en que fueren suspendidas las garantías que se determinan en el artículo anterior se regirán durante la suspensión por la Ley de Orden Público, dictada de antemano. Pero ni en dicha Ley, ni en otra alguna, podrá disponerse la suspensión de más garantías que las ya mencionadas.

Tampoco podrá hacerse durante la suspensión declaración de nuevos delitos ni imponerse otras penas que las establecidas en las leyes vigentes al decretarse la suspensión.

Queda prohibido al Poder Ejecutivo el extrañamiento o la deportación de los ciudadanos, sin que pueda desterrarlos a más de ciento veinte kilómetros de su domicilio, ni detenerlos por más de diez días, sin hacer entrega de ellos a la Autoridad judicial ni repetir la detención durante el tiempo de suspensión de garantías. Los detenidos no podrán serlo sino en departamentos especiales de los establecimientos públicos destinados a la detención de procesados por causa de delitos comunes.

Art. 42. La suspensión de garantías de que se trata en el artículo cuadragésimo sólo podrá dictarse por medio de una ley o, cuando no estuviere reunido el Congreso, por un Decreto del Presidente de la República. Pero éste no podrá decretar la suspensión más de una vez durante el período comprendido entre dos legislaturas, ni por tiempo indefinido, ni mayor de treinta días, sin convocar al Congreso en el mismo decreto de suspensión. En todo caso debe darle cuenta para que resuelva lo que estime procedente.

TÍTULO V

De la soberanía y los Poderes públicos

Art. 43. La soberanía reside en el pueblo de Cuba y de éste dimanan todos los Poderes públicos.

TÍTULO VI

Del Poder Legislativo

SECCIÓN PRIMERA

De los Cuerpos colegisladores

Art. 44. El Poder Legislativo se ejerce por dos Cuerpos electivos que se denominan: "Cámara de Representantes" y "Senado", y conjuntamente reciben el nombre de "Congreso".

SECCIÓN SEGUNDA

Del Senado, su composición y atribuciones

Art. 45. El Senado se compondrá de cuatro Senadores por provincia, elegidos, en cada una, para un período de ocho años, por los Consejeros Provinciales y por doble número de Compromisarios, constituidos con aquéllos en Junta electoral.

La mitad de los Compromisarios serán mayores contribuyentes, y la otra mitad reunirán las condiciones de capacidad que determine la Ley; debiendo ser todos, además, mayores de edad y vecinos de términos municipales de la provincia.

La elección de los Compromisarios se hará por los electores de la Provincia, cien días antes de la de Senadores.

El Senado se renovará, por mitad, cada cuatro años.

Art. 46. Para ser Senador se requiere:

1. Ser cubano por nacimiento.
2. Haber cumplido treinta y cinco años.
3. Hallarse en el pleno goce de los derechos civiles y políticos.

Art. 47. Son atribuciones propias del Senado:

1. Juzgar, constituido en Tribunal de Justicia, al Presidente de la República cuando fuere acusado por la Cámara de Representantes de delito contra la seguridad exterior del Estado, contra el libre funcionamiento de los Poderes Legislativo o Judicial o de infracción de los preceptos constitucionales.

2. Juzgar, constituido en Tribunal de Justicia, a los Secretarios del Despacho cuando fueren acusados por la Cámara de Representantes de delitos contra la seguridad exterior del Estado, contra el libre funcionamiento de los Poderes Legislativo o Judicial, de infracción de los preceptos constitucionales o de cualquier otro delito de carácter político que las leyes determinen.

3. Juzgar, constituido en Tribunal de Justicia, a los Gobernadores de las Provincias cuando fueren acusados por el Consejo Provincial o por el Presidente de la República de cualquiera de los delitos expresados en el párrafo anterior.

Cuando el Senado se constituya en Tribunal de Justicia será presidido por el Presidente del Tribunal Supremo y no podrá imponer a los acusados otras penas que la de destitución o las de destitución e inhabilitación para el ejercicio de cargos públicos, sin perjuicio de que los Tribunales que las leyes declaren competentes les impongan cualquier otra en que hubieren incurrido.

4. Aprobar los nombramientos que haga el Presidente de la República del Presidente y Magistrados del Tribunal Supremo de Justicia; de los Representantes diplomáticos y Agentes consulares de la Nación, y de los demás funcionarios cuyo nombramiento requiere su aprobación, según las leyes.

5. Autorizar a los nacionales para admitir empleos u honores de otro Gobierno o para servirlo con las armas.

6. Aprobar los Tratados que negociare el Presidente de la República con otras naciones.

Art. 48. La Cámara de Representantes se compondrá de un Representante por cada veinticinco mil habitantes o fracción de más de doce mil quinientos, elegido para un período de cuatro años, por sufragio directo y en la forma que determine la Ley.

La Cámara de Representantes se renovará, por mitad, cada dos años.

Art. 49. Para ser Representante se requiere:

1. Ser cubano por nacimiento o naturalizado con ocho años de residencia en la República, contados desde la naturalización.

2. Haber cumplido veinticinco años de edad.

3. Hallarse en el pleno goce de los derechos civiles y políticos.

Art. 50. Corresponde a la Cámara de Representantes acusar ante el Senado al Presidente de la República y a los Secretarios del Despacho en los casos determinados en los párrafos 1 y 2 del artículo 47, cuando las dos terceras partes del número total de Representantes acordaren en sesión secreta la acusación.

SECCIÓN CUARTA

Disposiciones comunes a los Cuerpos colegisladores

Art. 51. Los cargos de Senador y de Representante son incompatibles con cualesquiera otros retribuidos de nombramiento del Gobierno, exceptuándose el de catedrático por oposición de Establecimiento oficial, obtenido con anterioridad a la elección.

Art. 52. Los Senadores y Representantes recibirán del Estado una dotación igual para ambos cargos y cuya cuantía podrá ser alterada en todo tiempo, pero no surtirá efecto la alteración hasta que sean renovados los Cuerpos colegisladores.

Art. 53. Los Senadores y Representantes serán inviolables por las opiniones y votos que emitan en el ejercicio de sus cargos. Los Senadores y

Representantes sólo podrán ser detenidos o procesados con autorización del Cuerpo a que pertenezcan si estuviese reunido el Congreso, excepto en el caso de ser hallados *in fraganti* en la comisión de algún delito. En este caso, y en el de ser detenidos o procesados cuando estuviese cerrado el Congreso, se dará cuenta, lo más pronto posible, al Cuerpo respectivo para la resolución que corresponda.

Art. 54. Las Cámaras abrirán y cerrarán sus sesiones en un mismo día, residirán en una misma población y no podrán trasladarse a otro lugar, ni suspender sus sesiones por más de tres días, sino por acuerdo de ambas.

Tampoco podrán comenzar sus sesiones sin la presencia de las dos terceras partes del número total de sus miembros; ni continuarlas sin la mayoría absoluta de ellos.

Art. 55. Cada Cámara resolverá sobre la validez de la elección de sus respectivos miembros y sobre las renuncias que presenten. Ningún Senador o Representante podrá ser expulsado de la Cámara a que pertenezca sino en virtud de causa previamente determinada y por acuerdo de las dos terceras partes, por lo menos, del número total de sus miembros.

Art. 56. Cada Cámara formará su Reglamento, y elegirá entre sus miembros su Presidente, Vicepresidentes y Secretarios. No obstante, el Presidente del Senado sólo ejercerá su cargo cuando falte el Vicepresidente de la República, o esté ejerciendo la Presidencia de la misma.

SECCIÓN QUINTA

Del Congreso y sus atribuciones

Art. 57. El Congreso se reunirá, por derecho propio, dos veces al año y permanecerá funcionando durante cuarenta días hábiles, por lo menos, en cada legislatura. Una empezará el primer lunes de abril y la otra el primer lunes de noviembre.

Se reunirá en sesiones extraordinarias en los casos y en la forma que determinen los Reglamentos de los Cuerpos colegisladores y cuando el Presidente de la República lo convoque con arreglo a lo establecido en esta Constitución. En dichos casos sólo se ocupará del asunto o asuntos que motiven su reunión.

Art. 58. El Congreso se reunirá en un solo Cuerpo para proclamar al Presidente y Vicepresidente de la República previa rectificación y comprobación del escrutinio.

En este caso desempeñará la Presidencia del Congreso el Presidente del Senado, y en su defecto, el de la Cámara de Representantes, a título de Vicepresidente del propio Congreso.

Si del escrutinio para Presidente resultare que ninguno de los candidatos reúne mayoría absoluta de votos, o hubiese empate, el Congreso, por igual mayoría, elegirá el Presidente de entre los dos candidatos que hubieren obtenido mayor número de votos.

Si fuesen más de dos los que se encontraren en este caso, por haber obtenido dos o más candidatos igual número de votos, elegirá entre todos ellos el Congreso.

Si en el Congreso resultare también empate, se repetirá la votación; y si el resultado de ésta fuese el mismo, el voto del Presidente decidirá.

El procedimiento establecido en el párrafo anterior se aplicará a la elección del Vicepresidente de la República.

El escrutinio se efectuará con anterioridad a la expiración del término presidencial.

Art. 59. Son atribuciones propias del Congreso:

1. Formar los Códigos y las leyes de carácter general; determinar el régimen que deba observarse para las elecciones generales, provinciales y municipales; dictar las disposiciones que regulen y organicen cuanto se relacione con la administración general, la provincial y la municipal; y todas las demás leyes y resoluciones que estimare convenientes sobre cualesquiera otros asuntos de interés público.

2. Discutir y aprobar los presupuestos de gastos e ingresos del Estado. Dichos gastos e ingresos, con excepción de los que se mencionarán más adelante, se incluirán en presupuestos anuales y sólo regirán durante el año para el cual hubieren sido aprobados.

Los gastos del Congreso, los de la Administración de Justicia, los de intereses y amortización de empréstitos, y los ingresos con que deben ser cubiertos, tendrán el carácter de permanentes y se incluirán en presupuesto fijo, que regirá mientras no sea reformado por leyes especiales.

3. Acordar empréstitos pero con la obligación de votar al mismo tiempo los ingresos permanentes necesarios para el pago de intereses y amortización.

Todo acuerdo sobre empréstitos requiere el voto de las dos terceras partes del número total de los miembros de cada Cuerpo colegislador.

4. Acuñar moneda, determinando su patrón, ley, valor y denominación.

5. Regular el sistema de pesas y medidas.

6. Dictar disposiciones para el régimen y fomento del comercio interior y exterior.

7. Regular los servicios de comunicaciones de ferrocarriles, caminos, canales y puertos, creando los que exija la conveniencia pública.

8. Establecer las contribuciones e impuestos de carácter nacional que sean necesarios para las atenciones del Estado.

9. Fijar las reglas y procedimientos para obtener la naturalización.

10. Conceder amnistías.

11. Fijar el número de las fuerzas de mar y tierra y determinar su organización.

12. Declarar la guerra y aprobar los Tratados de paz que el Presidente de la República haya negociado.

13. Designar, por medio de una ley especial, quién debe ocupar la Presidencia de la República, en el caso de que el Presidente y el Vicepresidente sean destituidos, fallezcan, renuncien o se incapaciten.

Art. 60. El Congreso no podrá incluir en las leyes de presupuestos disposiciones que ocasionen reformas legislativas o administrativas de otro orden ni podrá reducir o suprimir ingresos de carácter permanente sin establecer al mismo tiempo otros que los sustituyan, salvo el caso que la reducción o supresión procedan de reducción o supresión de gastos permanentes equivalentes, ni asignar a ningún servicio que deba ser dotado en el presupuesto anual mayor cantidad que la propuesta en el proyecto del Gobierno; pero sí podrá crear nuevos servicios y reformar o ampliar los existentes por medio de leyes especiales.

SECCIÓN SEXTA

De la iniciativa y formación de las leyes, su sanción y promulgación

Art. 61. La iniciativa de las leyes se ejercerá por cada uno de los Cuerpos colegisladores indistintamente.

Art. 62. Todo proyecto de Ley que haya obtenido la aprobación de los dos Cuerpos colegisladores y toda resolución de los mismos que haya de ser ejecutada por el Presidente de la República deberán presentarse a éste para su sanción. Si los aprueba, los autorizará desde luego, devolviéndolos, en otro caso, con las objeciones que hiciere, al Cuerpo colegislador que los hubiere propuesto, el cual consignará las referidas objeciones íntegramente en acta, discutiendo de nuevo el proyecto o resolución.

Si después de esta discusión dos terceras partes del número total de los miembros del Cuerpo colegislador votasen en favor del proyecto o resolución, se pasará, con las objeciones del Presidente, al otro Cuerpo, que también lo discutirá, y si por igual mayoría lo aprueba será ley. En todos estos casos las votaciones serán nominales.

Si dentro de los diez días hábiles siguientes a la remisión del proyecto o resolución del Presidente éste no lo devolviere se tendrá por sancionado y será ley.

Si dentro de los últimos diez días de una legislatura se presentare un proyecto de ley al Presidente de la República y éste se propusiere utilizar todo el término que al efecto de la sanción se le concede en el párrafo anterior, comunicará su propósito en el mismo día al Congreso, a fin de que permanezca reunido, si lo quisiere, hasta el vencimiento del expresado término. De no hacerlo así el Presidente se tendrá por sancionado el proyecto y será ley.

Ningún proyecto de ley desechado totalmente por alguno de los Cuerpos colegisladores podrá discutirse de nuevo en la misma legislatura.

Art. 63. Toda ley será promulgada dentro de los diez días siguientes al de su sanción, proceda ésta del Presidente o del Congreso, según los casos mencionados en el artículo precedente.

TÍTULO VII

Del Poder Ejecutivo

SECCIÓN PRIMERA

Del ejercicio del Poder Ejecutivo

Art. 64. El Poder Ejecutivo se ejerce por el Presidente de la República.

SECCIÓN SEGUNDA

Del Presidente de la República y de sus atribuciones y deberes

Art. 65. Para ser Presidente de la República se requiere:

1. Ser cubano por nacimiento o naturalización, y en este último caso haber servido con las armas a Cuba en sus guerras de Independencia diez años por lo menos.
2. Haber cumplido cuarenta años de edad.
3. Hallarse en el pleno goce de los derechos civiles y políticos.

Art. 66. El Presidente de la República será elegido por sufragio de segundo grado, en un solo día, y conforme al procedimiento que establezca la ley.

El cargo durará cuatro años y nadie podrá ser Presidente en tres períodos consecutivos.

Art. 67. El Presidente jurará o prometerá ante el Tribunal Supremo de Justicia, al tomar posesión de su cargo, desempeñarlo fielmente, cumpliendo y haciendo cumplir la Constitución y las leyes.

Art. 68. Corresponde al Presidente de la República:

1. Sancionar y promulgar las leyes, ejecutarlas y hacerlas ejecutar; dictar, cuando no lo hubiere hecho el Congreso, los reglamentos para la mejor ejecución de las leyes, y expedir además los decretos y las órdenes que para este fin y para cuanto incumba al gobierno y administración del Estado creyere convenientes, sin contravenir en ningún caso lo establecido en dichas leyes.

2. Convocar a sesiones extraordinarias al Congreso, o solamente al Senado, en los casos que señala esta Constitución o cuando, a su juicio, fuere necesario.

3. Suspender las sesiones del Congreso cuando, tratándose en éste de su suspensión, no hubiere acuerdo acerca de ella entre los Cuerpos colegisladores.

4. Presentar al Congreso, al principio de cada legislatura y siempre que lo estimase oportuno, un Mensaje referente a los actos de la Administración y demostrativo del estado general de la República, y recomendar además la adopción de las leyes y resoluciones que creyere necesarias o útiles.

5. Presentar al Congreso, en cualquiera de sus Cámaras y antes del 15 de noviembre, el Proyecto de los Presupuestos anuales.

6. Facilitar al Congreso los informes que éste solicitare sobre toda clase de asuntos que no exijan reserva.

7. Dirigir las negociaciones diplomáticas y celebrar tratados con las otras naciones, debiendo someterlos a la aprobación del Senado, sin cuyo requisito no tendrán validez ni obligarán a la República.

8. Nombrar y remover libremente a los Secretarios del Despacho, dando cuenta al Congreso.

9. Nombrar, con la aprobación del Senado, al Presidente y Magistrados del Tribunal Supremo de Justicia y a los Representantes diplomáticos y Agentes consulares de la República, pudiendo hacer nombramientos interinos de dichos funcionarios cuando en caso de vacante no esté reunido el Senado.

10. Nombrar, para el desempeño de los demás cargos instituidos por la Ley a los funcionarios correspondientes cuyo nombramiento no esté atribuido a otras Autoridades.

11. Suspender el ejercicio de los derechos que se enumeran en el artículo 40 de esta Constitución, en los casos y en la forma que se expresan en los artículos 41 y 42.

12. Suspender los acuerdos de los Consejos Provinciales y de los Ayuntamientos, en los casos y en la forma que determina esta Constitución.

13. Decretar la suspensión de los Gobernadores de Provincia, en los casos de extralimitación de funciones y de infracción de las leyes, dando cuenta al Senado, según lo que se establezca, para la resolución que corresponda.

14. Acusar a los Gobernadores de Provincia en los casos expresados en el párrafo tercero del artículo 47.

15. Indultar a los delincuentes con arreglo a lo que prescriba la Ley, excepto cuando se trate de funcionarios públicos penados por delitos cometidos en el ejercicio de sus funciones.

16. Recibir a los Representantes diplomáticos y admitir a los Agentes consulares de las otras Naciones.

17. Disponer, como Jefe Supremo, de las fuerzas de mar y tierra de la República. Proveer a la defensa de su territorio, dando cuenta al Congreso, y a la conservación del orden interior. Siempre que hubiere peligro de invasión o cuando alguna rebelión amenazare gravemente la seguridad pública, no estando reunido el Congreso, el Presidente lo convocará sin demora para la resolución que corresponda.

Art. 69. El Presidente no podrá salir del territorio de la República sin autorización del Congreso.

Art. 70. El Presidente será responsable ante el Tribunal Supremo de Justicia por los delitos de carácter común que cometiere durante el ejercicio de su cargo; pero no podrá ser procesado sin previa autorización del Senado.

Art. 71. El Presidente recibirá del Estado una dotación, que podrá ser alterada en todo tiempo; pero no surtirá efecto la alteración sino en los dos períodos presidenciales siguientes a aquel en que se acordare.

TÍTULO VIII

Del Vicepresidente de la República

Art. 72. Habrá un Vicepresidente de la República, que será elegido en la misma forma y por igual período de tiempo que el Presidente, y conjuntamente con éste; requiriéndose para ser Vicepresidente las mismas condiciones que prescribe esta Constitución para ser Presidente.

Art. 73. El Vicepresidente de la República ejercerá la Presidencia del Senado, pero sólo tendrá voto en los casos de empate.

Art. 74. Por falta, temporal o definitiva, del Presidente de la República, le sustituirá el Vicepresidente en el ejercicio del Poder Ejecutivo. Si la falta fuere definitiva, durará la sustitución hasta la terminación del período presidencial.

Art. 75. El Vicepresidente recibirá del Estado una dotación, que podrá ser alterada en todo tiempo; pero no surtirá efecto la alteración sino en los períodos presidenciales siguientes a aquel en que se acordare.

TÍTULO IX

De los Secretarios del Despacho

Art. 76. Para el ejercicio de sus atribuciones tendrá el Presidente de la República los Secretarios del Despacho que determine la Ley, debiendo recaer el nombramiento de éstos en ciudadanos cubanos que se hallen en el pleno goce de los derechos civiles y políticos.

Art. 77. Todos los decretos, órdenes y resoluciones del Presidente de la República habrán de ser refrendados por el Secretario del Ramo correspondiente, sin cuyo requisito carecerán de fuerza obligatoria y no serán cumplidos.

Art. 78. Los Secretarios serán personalmente responsables de los actos que refrenden, y, además, solidariamente, de los que, juntos, acuerden o autoricen. Esta responsabilidad no excluye la personal y directa del Presidente de la República.

Art. 79. Los Secretarios del Despacho serán acusados por la Cámara de Representantes ante el Senado, en los casos que se mencionan en el párrafo segundo del artículo 47.

Art. 80. Los Secretarios del Despacho recibirán del Estado una dotación que podrá ser alterada en todo tiempo; pero no surtirá efecto la alteración sino en los períodos presidenciales siguientes a aquel en que se acordare.

TÍTULO X

Del Poder Judicial

SECCIÓN PRIMERA

Del ejercicio del Poder Judicial

Art. 81. El Poder Judicial se ejerce por un Tribunal Supremo de Justicia y por los demás Tribunales que las leyes establezcan. Éstas regularán sus respectivas organización y facultades, el modo de ejercerlas y las condiciones que deban concurrir en los funcionarios que los compongan.

SECCIÓN SEGUNDA

Del Tribunal Supremo de Justicia

Art. 82. Para ser Presidente o Magistrado del Tribunal Supremo de Justicia se requiere:

1.° Ser cubano por nacimiento.

2.° Haber cumplido treinta y cinco años de edad.

3.° Hallarse en el pleno goce de los derechos civiles y políticos y no haber sido condenado a pena aflictiva por delito común.

4.° Reunir, además, alguna de las circunstancias siguientes:

Haber ejercido, en Cuba, durante diez años por lo menos, la profesión de abogado, o desempeñado, por igual tiempo, funciones judiciales; o explicado, el mismo número de años, una Cátedra de Derecho en Establecimiento Oficial de enseñanza.

Podrán ser también nombrados para los cargos de Presidente y Magistrados del Tribunal Supremo, siempre que reúnan las condiciones de los números 1.°, 2.° y 3.° de este artículo:

a) Los que hubieren ejercido, en la Magistratura, cargo de categoría igual o inmediatamente inferior, por el tiempo que determine la ley.

b) Los que, con anterioridad a la promulgación de esta Constitución, hubieren sido Magistrados del Tribunal Supremo de la Isla de Cuba.

El tiempo de ejercicio de funciones judiciales se computará como de ejercicio de la Abogacía, al efecto de capacitar a los Abogados para poder ser nombrados Magistrados del Tribunal Supremo.

Art. 83. Además de las atribuciones que le estuvieren anteriormente señaladas y de las que en lo sucesivo le confieran las leyes, corresponden al Tribunal Supremo las siguientes:

1.ª Conocer de los recursos de casación.

2.ª Dirimir las competencias entre los Tribunales que le sean inmediatamente inferiores o no tengan un superior común.

3.ª Conocer de los juicios en que litiguen entre sí el Estado, las Provincias y los Municipios.

4.ª Decidir sobre la constitucionalidad de las leyes, decretos y reglamentos, cuando fuere objeto de controversia entre partes.

SECCIÓN TERCERA

Disposiciones generales acerca de la Administración de Justicia

Art. 84. La justicia se administrará gratuitamente en todo el territorio de la República.

Art. 85. Los Tribunales conocerán de todos los juicios, ya sean civiles, criminales o contencioso-administrativos.

Art. 86. No se podrán crear, en ningún caso ni bajo ninguna denominación, Comisiones judiciales ni Tribunales extraordinarios.

Art. 87. Ningún funcionario del orden judicial podrá ser suspendido ni separado de su destino o empleo sino por razón de delito u otra causa grave, debidamente acreditada, y siempre con su audiencia.

Tampoco podrá ser trasladado sin su consentimiento, a no ser por motivo evidente de conveniencia pública.

Art. 88. Todos los funcionarios del orden judicial serán personalmente responsables, en la forma que determinen las leyes, de toda infracción de ley que cometieren.

Art. 89. La dotación de los funcionarios del orden judicial no podrá ser alterada sino en períodos mayores de cinco años, y por medio de una Ley. Ésta no podrá asignar distintas dotaciones a cargos cuyo grado, categoría y funciones sean iguales.

Art. 90. Los Tribunales de las fuerzas de mar y tierra se regularán por una ley orgánica especial.

TÍTULO XI

Del régimen provincial

SECCIÓN PRIMERA

Disposiciones generales

Art. 91. La Provincia comprende los Términos Municipales enclavados dentro de sus límites.

No se podrán anexar al Distrito Central más de tres Municipios.

Art. 92. En cada Provincia habrá un Gobernador y un Consejo Provincial, elegidos por sufragio de primer grado, en la forma que prescriba la ley.

El número de Consejeros, en cada una, no será menor de ocho ni mayor de veinte.

SECCIÓN SEGUNDA

De los Consejos Provinciales y de sus atribuciones

Art. 93. Corresponde a los Consejos Provinciales:

1.º Acordar sobre todos los asuntos que conciernan a la Provincia y que, por la Constitución, por los Tratados o por las leyes, no correspondan a la competencia general del Estado o a la privativa de los Ayuntamientos.

2.º Formar sus presupuestos, estableciendo los ingresos necesarios para cubrirlos, sin otra limitación que la de hacerlos compatibles con el sistema tributario del Estado.

3.º Acordar empréstitos para obras públicas de interés provincial, pero votando al mismo tiempo los ingresos permanentes necesarios para el pago de sus intereses y amortización.

Para que dichos empréstitos puedan realizarse habrán de ser aprobados por las dos terceras partes de los Ayuntamientos de la Provincia.

4.º Acusar ante el Senado al Gobernador, en los casos determinados en el párrafo tercero del artículo 47, cuando los dos tercios del número total de los Consejeros Provinciales acordaren, en sesión secreta, la acusación.

5.º Nombrar y remover los empleados provinciales con arreglo a lo que establezcan las leyes.

Art. 94. Los Consejos Provinciales no podrán reducir o suprimir ingresos de carácter permanente, sin establecer al mismo tiempo otros que los sustituyan, salvo en el caso de que la reducción o supresión procedan de reducción o supresión de gastos permanentes equivalentes.

Art. 95. Los acuerdos de los Consejos Provinciales serán presentados al Gobernador de la Provincia. Si éste los aprobare, los autorizará con su firma. En otro caso, los devolverá con sus objeciones al Consejo, el cual discutirá de nuevo el asunto. Y si después de la segunda discusión las dos terceras partes del número total de Consejeros votaren en favor del acuerdo, éste será ejecutivo.

Cuando el Gobernador, transcurridos diez días desde la presentación de un acuerdo, no lo devolviere, se tendrá por aprobado y será también ejecutivo.

Art. 96. Los acuerdos de los Consejos Provinciales podrán ser suspendidos por el Gobernador de la Provincia o por el Presidente de la República cuando, a su juicio, fueren contrarios a la Constitución, a los Tratados, a las leyes o a los acuerdos adoptados por los Ayuntamientos, dentro de sus atribuciones propias. Pero se reservará a los Tribunales el conocimiento y la resolución de las reclamaciones que se promuevan con motivo de la suspensión.

Art. 97. Ni los Consejos Provinciales ni ninguna Sección o Comisión de su seno o por ellos designada fuera de él, podrán tener intervención en las operaciones que correspondan al procedimiento electoral para cualquier clase de elecciones.

Art. 98. Los Consejeros Provinciales serán personalmente responsables, ante los Tribunales, en la forma que las leyes prescriban, de los actos que ejecuten en el ejercicio de sus funciones.

SECCIÓN TERCERA

De los Gobernadores de Provincias y sus atribuciones

Art. 99. Corresponde a los Gobernadores de Provincia:

1.° Cumplir y hacer cumplir, en los extremos que les conciernan, las leyes, decretos y reglamentos de la Nación.

2.° Publicar los acuerdos del Consejo Provincial que tengan fuerza obligatoria, ejecutándolos y haciéndolos ejecutar.

3.° Expedir órdenes y dictar además las instrucciones y reglamentos para la mejor ejecución de los acuerdos del Consejo Provincial, cuando éste no los hubiere hecho.

4.° Convocar al Consejo Provincial a sesiones extraordinarias cuando, a su juicio, fuere necesario, expresándose en la convocatoria el objeto de las sesiones.

5.° Suspender los acuerdos del Consejo Provincial y de los Ayuntamientos, en los casos que determina esta Constitución.

6.° Acordar la suspensión de los Alcaldes en los casos de extralimitación de facultades, violación de la Constitución o de las leyes, infracción de los acuerdos de los Consejos Provinciales, o incumplimiento de sus deberes, dando cuenta al Consejo Provincial, en los términos que establezcan las leyes.

7.º Nombrar y remover los empleados de su despacho conforme a lo que establezcan las leyes.

Art. 100. El Gobernador será responsable ante el Senado, en los casos que en esta Constitución se señalan, y ante los Tribunales en los demás casos de delito, con arreglo a lo que prescriban las leyes.

Art. 101. El Gobernador recibirá del Tesoro Provincial una dotación que podrá ser alterada en todo tiempo, pero no surtirá efecto la alteración sino después que se verifique nueva elección de Gobernador.

Art. 102. Por falta, temporal o definitiva, del Gobernador de la Provincia, le sustituirá en el ejercicio de su cargo el Presidente del Consejo Provincial. Si la falta fuere definitiva, durará la sustitución hasta que termine el período para que hubiere sido electo el Gobernador.

TÍTULO XII

Del régimen municipal

SECCIÓN PRIMERA

Disposiciones generales

Art. 103. Los Términos Municipales serán regidos por Ayuntamientos, compuestos de Concejales elegidos por sufragio de primer grado, en el número y en la forma que la Ley prescriba.

Art. 104. En cada Término Municipal habrá un Alcalde, elegido por sufragio de primer grado, en la forma que establezca la Ley.

SECCIÓN TERCERA

De los Ayuntamientos y sus atribuciones

Art. 105. Corresponde a los Ayuntamientos:

1.º Acordar sobre todos los asuntos que conciernan exclusivamente al Término Municipal.

2.º Formar sus presupuestos, estableciendo los ingresos necesarios para cubrirlos, sin otra limitación que la de hacerlos compatibles con el sistema tributario del Estado.

3.º Acordar empréstitos, pero votando al mismo tiempo los ingresos permanentes necesarios para el pago de sus intereses y amortización.

Para que dichos empréstitos puedan realizarse habrán de ser aprobados por las dos terceras partes de los electores del Término Municipal.

4.° Nombrar y remover los empleados municipales conforme a lo que establezcan las leyes.

Art. 106. Los Ayuntamientos no podrán reducir o suprimir ingresos de carácter permanente sin establecer al mismo tiempo otros que los sustituyan, salvo en el caso de que la reducción o supresión procedan de reducción o supresión de gastos permanentes equivalentes.

Art. 107. Los acuerdos de los Ayuntamientos serán presentados al Alcalde. Si éste los aprobare, los autorizará con su firma. En otro caso, los devolverá, con sus objeciones, al Ayuntamiento, el cual discutirá de nuevo el asunto. Y si después de la segunda discusión, las dos terceras partes del número total de Concejales votaren en favor del acuerdo, éste será ejecutivo.

Art. 108. Los acuerdos de los Ayuntamientos podrán ser suspendidos por el Alcalde, por el Gobernador de la Provincia o por el Presidente de la República, cuando, a su juicio, fueren contrarios a la Constitución, a los Tratados, a las leyes o a los acuerdos adoptados por el Consejo Provincial dentro de sus atribuciones propias. Pero se reservará a los Tribunales el conocimiento y la resolución de las reclamaciones que se promuevan con motivo de la suspensión.

Art. 109. Los Concejales serán personalmente responsables, ante los Tribunales de Justicia, en la forma que las leyes prescriban, de los actos que ejecuten en el ejercicio de sus funciones.

SECCIÓN TERCERA

De los Alcaldes y sus atribuciones y deberes

Art. 110. Corresponde a los Alcaldes:

1.° Publicar los acuerdos de los Ayuntamientos que tengan fuerza obligatoria, ejecutándolos y haciéndolos ejecutar.

2.° Ejercer las funciones activas de la administración municipal, expidiendo al efecto órdenes y dictando además instrucciones y reglamentos para la mejor ejecución de los acuerdos del Ayuntamiento, cuando éste no los hubiere hecho.

3.° Nombrar y remover los empleados de su despacho, conforme a lo que establezcan las leyes.

Art. 111. El Alcalde será personalmente responsable, ante los Tribunales de Justicia, en la forma que las leyes prescriban, de los actos que ejecute en el ejercicio de sus funciones.

Art. 112. El Alcalde recibirá del Tesoro Municipal una dotación que podrá ser alterada en todo tiempo, pero no surtirá efecto la alteración sino después que se verifique nueva elección de Alcalde.

Art. 113. Por falta, temporal o definitiva, del Alcalde, le sustituirá en el ejercicio de su cargo el Presidente del Ayuntamiento.

Si la falta fuere definitiva, durará la sustitución hasta que termine el período para que hubiere sido elegido el Alcalde.

TÍTULO XIII

De la Hacienda Nacional

Art. 114. Pertenecen al Estado todos los bienes existentes en el territorio de la República, que no correspondan a las Provincias o a los Municipios, ni sean, individual o colectivamente, de propiedad particular.

TÍTULO XIV

De la reforma de la Constitución

Art. 115. La Constitución no podrá reformarse, total ni parcialmente, sino por acuerdo de las dos terceras partes del número total de los miembros de cada Cuerpo colegislador.

Seis meses después de acordada la reforma, se procederá a convocar una Convención Constituyente, que se limitará a aprobar o desechar la reforma votada por los Cuerpos colegisladores; los cuales continuarán en el ejercicio de sus funciones con entera independencia de la Convención.

Los Delegados a dicha Convención serán elegidos por provincias en la proporción de uno por cada cincuenta mil habitantes y en la forma que establezcan las leyes.

DISPOSICIONES TRANSITORIAS

Primera. La República de Cuba no reconoce más deudas y compromisos que los contraídos legítimamente, en beneficio de la Revolución, por los Jefes de Cuerpo del Ejército Libertador, después del 24 de febrero de 1895, y con anterioridad al 19 de septiembre del mismo año, fecha en que se promulgó la Constitución de Jimaguayú; y las deudas y compromisos que el Gobierno Revolucionario hubiere contraído posteriormente, por sí o por sus legítimos representantes en el extranjero. El Congreso calificará dichas deudas y compromisos y resolverá sobre el pago de los que fueren legítimos.

Segunda. Los nacidos en Cuba o los hijos de naturales de Cuba que, al tiempo de promulgar esta Constitución, fueren ciudadanos de algún Estado extranjero, no podrán gozar de la nacionalidad cubana sin renunciar, previa y expresamente, la que tuvieren.

Tercera. El tiempo que los extranjeros hubieren servido en las guerras por la independencia de Cuba, se computará como tiempo de naturalización y de residencia para la adquisición del derecho que a los naturalizados reconoce el artículo 49.

Cuarta. La base de población que se establece, en relación con las elecciones de Representantes y de Delegados a la Convención Constituyente, en los artículos 48 y 115, podrá modificarse por una Ley cuando a juicio del Congreso lo exigiere el aumento de habitantes que resulte de los censos periódicamente formados.

Quinta. Al constituirse por primera vez el Senado, los Senadores, al efecto de su renovación, se dividirán en dos series. Los comprendidos en la primera, cesarán al fin del cuarto año, y los comprendidos en la segunda al terminar el octavo; decidiendo la suerte los dos Senadores que correspondan, por cada Provincia, a una y otra serie.

Sexta. Noventa días después de promulgada la Ley Electoral que habrá de redactar y adoptar la Convención Constituyente, se procederá a elegir los funcionarios creados por la Constitución, para el traspaso del Gobierno de Cuba a los que resulten elegidos, conforme a lo dispuesto en la Orden número 301 del Cuartel General de la División de Cuba, de 25 de julio del año 1900.

Séptima. Todas las leyes, decretos, reglamentos, órdenes y demás disposiciones que estuvieren en vigor al promulgarse esta Constitución, continuarán observándose en cuanto no se opongan a ella, mientras no fueren legalmente derogadas o modificadas.

Domingo Méndez Capote, Presidente.—Juan Rius Rivera, primer Vi-cepresidente.—José Gómez.—Eudaldo Tamayo.—José B. Alemán.—José J. Monteagudo.—Martín Morúa Delgado.—José Luis Robau.—Luis Fortún.—Manuel R. Silva.—Pedro Betancourt.—Eliseo Giberga.—Joaquín Quílez.—Gonzalo de Quesada.—Diego Tamayo.—Manuel Sanguily.—Alejandro Rodríguez.—Miguel Gener.—Emilio Núñez.—Leopoldo Berrier.—José Lacret.—Rafael Portuondo.—José Fernández de Castro.—Antonio Bravo Correoso.—José N. Ferrer.—Juan Gualberto Gómez.—Rafael Manduley.—Salvador Cisneros Betancourt.—Pedro González Llorente.—Alfredo Zayas, Secretario.—Enrique Villuendas, Secretario.

La Convención Constituyente procediendo de conformidad con la Orden del Gobierno Militar de la Isla de 25 de Julio de 1900, por la cual fue convocada, acuerda adicionar y adiciona la Constitución de la República de Cuba, adoptada el 21 de febrero último, con el siguiente

APÉNDICE

ARTÍCULO 1.º El Gobierno de Cuba nunca celebrará con ningún Poder o Poderes extranjeros ningún Tratado u otro pacto que menoscabe o tienda a menoscabar la independencia de Cuba, ni en manera alguna autorice o permita a ningún Poder o Poderes extranjeros obtener por colonización o para propósitos militares o navales o de otra manera asiento en, o jurisdicción sobre ninguna porción de dicha Isla.

ARTÍCULO 2.º Dicho Gobierno no asumirá o contraerá ninguna deuda pública para el pago de cuyos intereses y amortización definitiva, después de cubiertos los gastos corrientes del Gobierno, resulten inadecuados los ingresos ordinarios.

ARTÍCULO 3.º El Gobierno de Cuba consiente que los Estados Unidos puedan ejercer el derecho de intervenir para la preservación de la independencia, y el sostenimiento de un Gobierno adecuado a la protección de la vida, la propiedad y la libertad individual, y al cumplimiento de las obligaciones con respecto a Cuba, impuestas a los Estados Unidos por el Tratado de París y que deben ahora ser asumidas y cumplidas por el Gobierno de Cuba.

ARTÍCULO 4.º Todos los actos realizados por los Estados Unidos en Cuba durante su ocupación militar, serán ratificados y tenidos por válidos, y todos los derechos legalmente adquiridos a virtud de aquellos, serán mantenidos y protegidos.

ARTÍCULO 5.º El Gobierno de Cuba ejecutará y hasta donde fuere necesario ampliará los planes ya proyectados u otros que mutuamente se convengan para el saneamiento de las poblaciones de la Isla con el fin de evitar la recurrencia de enfermedades epidémicas e infecciosas, protegiendo así al pueblo y al comercio de Cuba, lo mismo que al comercio y al pueblo de los puertos del Sur de los Estados Unidos.

ARTÍCULO 6.º La Isla de Pinos queda omitida de los límites de Cuba propuestos por la Constitución, dejándose para un futuro Tratado la fijación de su pertenencia.

ARTÍCULO 7.º Para poner en condiciones a los Estados Unidos de mantener la independencia de Cuba y proteger al pueblo de la misma, así como para su propia defensa, el Gobierno de Cuba venderá o arrendará a los Estados Unidos las tierras necesarias para carboneras o estaciones navales en ciertos puntos determinados que se convendrán con el Presidente de los Estados Unidos.

ARTÍCULO 8.° El Gobierno de Cuba insertará las anteriores disposiciones en un Tratado permanente con los Estados Unidos.

Salón de Sesiones de la Convención Constituyente, en La Habana a 12 de junio de 1901.

LA CONVENCIÓN

CONSTITUCIÓN DE LA REPÚBLICA DE CUBA
(1940)

Nosotros, los delegados del pueblo de Cuba, reunidos en Convención Constituyente a fin de dotarlo de una nueva Ley fundamental que consolide su organización como Estado independiente y soberano, apto para asegurar la libertad y la justicia, mantener el orden y promover el bienestar general, acordamos, invocando el favor de Dios, la siguiente Constitución:

TÍTULO I
De la nación, su territorio y forma de gobierno

Art. 1.º Cuba es un Estado independiente y soberano organizado como República unitaria y democrática, para el disfrute de la libertad política, la justicia social, el bienestar individual y colectivo y la solidaridad humana.

Art. 2.º La soberanía reside en el pueblo y de éste dimanan todos los poderes públicos.

Art. 3.º El territorio de la República está integrado por la Isla de Cuba, la Isla de Pinos y las demás islas y cayos adyacentes que con ellas estuvieron bajo la soberanía de España hasta la ratificación del Tratado de París, de diez de diciembre de mil ochocientos noventa y ocho.

La República no concertará ni ratificará pactos o tratados que en forma alguna limiten o menoscaben la soberanía nacional o la integridad del territorio.

Art 4.º El territorio de la República se divide en provincias y éstas en términos municipales. Las actuales provincias se denominan: Pinar del Río, La Habana, Matanzas, Las Villas, Camagüey y Oriente.

Art 5.º La bandera de la República es la de Narciso López, que se izó en la fortaleza del Morro de La Habana el día veinte de mayo de mil novecientos dos, al transmitirse los Poderes públicos al pueblo de Cuba. El escudo nacional es el que como tal está establecido por la Ley. La República no reconocerá ni consagrará con carácter nacional otra bandera, himno o escudo que aquellos a que este artículo se refiere.

En los edificios, fortalezas y dependencias públicas y en los actos oficiales no se izará más bandera que la nacional, salvo las extranjeras en los casos y en la forma permitidos por el Protocolo y por los usos internacionales, los tratados y las Leyes. Por excepción podrá enarbolarse en la ciudad de Bayamo, declarada monumento nacional, la bandera de Carlos Manuel de Céspedes.

El himno nacional es el de Bayamo, compuesto por Pedro Figueredo, y será el único que se ejecute en todas las dependencias del Gobierno, cuarteles y actos oficiales. Los himnos extranjeros podrán ejecutarse en los casos expresados anteriormente en relación con las banderas extranjeras.

No obstante lo dispuesto en el párrafo segundo de este artículo, en las fortalezas y cuarteles se podrán izar banderas pertenecientes a las Fuerzas Armadas. Asimismo las sociedades, organizaciones o centros de cualquier clase podrán izar sus banderas o insignias en sus edificios, pero siempre el pabellón nacional ocupará lugar preferente.

Art. 6.º El idioma oficial de la República es el español.

Art. 7.º Cuba condena la guerra de agresión; aspira a vivir en paz con los demás Estados y a mantener con ellos relaciones y vínculos de cultura y de comercio.

El Estado cubano hace suyos los principios y prácticas del Derecho Internacional que propendan a la solidaridad humana, al respeto de la soberanía de los pueblos, a la reciprocidad entre los Estados y a la paz y la civilización universales.

TÍTULO II

De la nacionalidad

Art. 8.º La ciudadanía comporta deberes y derechos, cuyo ejercicio adecuado será regulado por la Ley.

Art. 9.º Todo cubano está obligado:

a) A servir con las armas a la patria en los casos y en la forma que establezca la Ley.

b) A contribuir a los gastos públicos en la forma y cuantía que la Ley disponga.

c) A cumplir la Constitución y las Leyes de la República y observar conducta cívica, inculcándola a los propios hijos y a cuantos estén bajo su abrigo, promoviendo en ellos la más pura conciencia nacional.

Art. 10. El ciudadano tiene derecho:

a) A residir en su patria sin que sea objeto de discriminación ni extorsión alguna, no importa cuáles sean su raza, clase, opiniones políticas o creencias religiosas.

b) A votar según disponga la Ley en las elecciones y referendos que se convoquen en la República.

c) A recibir los beneficios de la asistencia social y de la cooperación pública, acreditando previamente en el primer caso su condición de pobre.

d) A desempeñar funciones y cargos públicos.

e) A la preferencia que en el trabajo dispongan la Constitución y la Ley.

Art. 11. La ciudadanía cubana se adquiere por nacimiento o por naturalización.

Art. 12. Son cubanos por nacimiento:

a) Todos los nacidos en el territorio de la República, con excepción de los hijos de los extranjeros que se encuentren al servicio de su Gobierno.

b) Los nacidos en territorio extranjero, de padre o madre cubanos, por el solo hecho de avecindarse aquéllos en Cuba.

c) Los que habiendo nacido fuera del territorio de la República de padre o madre natural de Cuba que hubiesen perdido esta nacionalidad, reclamen la ciudadanía cubana en la forma y con sujeción a las condiciones que señale la Ley.

d) Los extranjeros que por un año o más hubiesen prestado servicios en el Ejército Libertador permaneciendo en éste hasta la terminación de la Guerra de Independencia, siempre que acrediten esta condición con documento fehaciente expedido por el Archivo Nacional.

Art. 13. Son cubanos por naturalización:

a) Los extranjeros que después de cinco años de residencia continua en el territorio de la República y no menos de uno después de haber declarado su intención de adquirir la nacionalidad cubana, obtengan la carta de ciudadanía con arreglo a la Ley, siempre que conozcan el idioma español.

b) El extranjero que contraiga matrimonio con cubana, y la extranjera que lo contraiga con cubano, cuando tuvieren prole de esa unión o llevaren dos años de residencia continua en el país después de la celebración del matrimonio, y siempre que hicieren previa renuncia de su nacionalidad de origen.

Art. 14. Las cartas de ciudadanía y los certificados de nacionalidad cubana estarán exentos de tributación.

Art. 15. Pierden la ciudadanía cubana:

a) Los que adquieran una ciudadanía extranjera.

b) Los que sin permiso del Senado entren al servicio militar de otra nación, o al desempeño de funciones que lleven aparejada autoridad o jurisdicción propia.

c) Los cubanos por naturalización que residan tres años consecutivos en el país de su nacimiento, a no ser que expresen cada tres años, ante la autoridad consular correspondiente, su voluntad de conservar la ciudadanía cubana.

La Ley podrá determinar delitos y causas de indignidad que produzcan la pérdida de la ciudadanía por naturalización, mediante sentencia firme de los Tribunales competentes.

d) Los naturalizados que aceptaren una doble ciudadanía.

La pérdida de la ciudadanía por los motivos consignados en los incisos *b)* y *c)* de este artículo no se hará efectiva sino por sentencia firme dictada en juicio contradictorio ante Tribunal de Justicia, según disponga la Ley.

Art. 16. Ni el matrimonio ni su disolución afectan a la nacionalidad de los cónyuges o de sus hijos.

La cubana casada con extranjero conservará la nacionalidad cubana.

La extranjera que se case con cubano y el extranjero que se case con cubana conservarán su nacionalidad de origen o adquirirán la cubana, previa opción regulada por la Constitución, la Ley o los tratados internacionales.

Art. 17. La ciudadanía cubana podrá recobrarse en la forma que prescriba la Ley.

Art. 18. Ningún cubano por naturalización podrá desempeñar, a nombre de Cuba, funciones oficiales en su país de origen.

TÍTULO III

De la extranjería

Art. 19. Los extranjeros residentes en el territorio de la República se equipararán a los cubanos:

a) En cuanto a la protección de su persona y bienes.

b) En cuanto al goce de los derechos reconocidos en esta Constitución, con excepción de los que se otorgan exclusivamente a los nacionales.

El Gobierno, sin embargo, tiene la potestad de obligar a un extranjero a salir del territorio nacional en los casos y forma señalados en la Ley.

Cuando se trate de extranjeros con familia cubana constituida en Cuba, deberá mediar fallo judicial para expulsión, conforme a lo que prescriben las Leyes en la materia.

La Ley regulará la organización de las asociaciones de extranjeros, sin permitir discriminación contra los derechos de los cubanos que formen parte de ellas.

c) En la obligación de acatar el régimen económico-social de la República.

d) En la obligación de observar la Constitución y la Ley.

e) En la obligación de contribuir a los gastos públicos en la forma y cuantía que la Ley disponga.

f) En la sumisión a la jurisdicción y resoluciones de los Tribunales de Justicia y autoridades de la República.

g) En cuanto al disfrute de los derechos civiles, bajo las condiciones y con las limitaciones que la Ley prescriba.

TÍTULO IV

Derechos fundamentales

SECCIÓN PRIMERA

De los derechos individuales

Art. 20. Todos los cubanos son iguales ante la Ley. La República no reconoce fueros ni privilegios.

Se declara ilegal y punible toda discriminación por motivo de sexo, raza, color o clase, y cualquiera otra lesiva a la dignidad humana.

La Ley establecerá las sanciones en que incurran los infractores de este precepto.

Art. 21. Las Leyes penales tendrán efecto retroactivo cuando sean favorables al delincuente. Se excluye de este beneficio, en los casos en que haya mediado dolo, a los funcionarios o empleados públicos que delincan en el ejercicio de su cargo y a los responsables de delitos electorales y contra los derechos individuales que garantiza esta Constitución. A los que incurriesen en estos delitos se les aplicarán las penas y calificaciones de la Ley vigente al momento de delinquir.

Art. 22 Las demás Leyes no tendrán efecto retroactivo, salvo que la propia Ley lo determine por razones de orden público, de utilidad social o de necesidad nacional, señaladas expresamente en la Ley con el voto conforme de las dos terceras partes del número total de los miembros de cada Cuerpo colegislador. Si fuera impugnado el fundamento de la retroactividad en vía de inconstitucionalidad, corresponderá al Tribunal de Garantías Constitucionales y Sociales decidir sobre el mismo, sin que pueda dejar de hacerlo por razón de forma y otro motivo cualquiera.

En todo caso, la propia Ley establecerá el grado, modo y forma en que se indemnizarán los daños, si los hubiere, que la retroactividad infiriese a los derechos adquiridos legítimamente al amparo de una legislación anterior.

La Ley acordada al amparo de este artículo no será válida si produce efectos contrarios a lo dispuesto en el artículo 24 de esta Constitución.

Art. 23. Las obligaciones de carácter civil que nazcan de los contratos o de otros actos u omisiones que las produzcan no podrán ser anuladas ni alteradas por el Poder Legislativo ni por el Ejecutivo, y por consiguiente, las Leyes no podrán tener efecto retroactivo respecto a dichas obligaciones. El ejercicio de las acciones que de éstas se deriven podrá ser suspendido, en caso de grave crisis nacional, por el tiempo que fuere razonablemente necesario, mediante los mismos requisitos y sujeto a la impugnabilidad a que se refiere el párrafo primero del artículo anterior.

Art. 24. Se prohíbe la confiscación de bienes. Nadie podrá ser privado de su propiedad sino por autoridad judicial competente y por causa justificada de utilidad pública o interés social, y siempre previo el pago de la correspondiente indemnización en efectivo fijada judicialmente. La falta de cumplimiento de estos requisitos determinará el derecho del expropiado a ser amparado por los Tribunales de Justicia, y en su caso reintegrado en su propiedad.

La certeza de la causa de utilidad pública o interés social y la necesidad de la expropiación corresponderá decidirlas a los Tribunales de Justicia en caso de impugnación.

Art. 25. No podrá imponerse la pena de muerte. Se exceptúan los miembros de las Fuerzas Armadas por delitos de carácter militar y las personas culpables de traición o de espionaje en favor del enemigo en tiempo de guerra con nación extranjera.

Art. 26. La Ley Procesal Penal establecerá las garantías necesarias para que todo delito resulte probado independientemente del testimonio del acusado, del cónyuge y también de sus familiares hasta el cuarto grado de consanguinidad y segundo de afinidad. Se considerará inocente a todo acusado hasta que se dicte condena contra él.

En todos los casos las autoridades y sus agentes levantarán acta de la detención, que firmará el detenido, a quien se le comunicará la autoridad que la ordenó, el motivo que la produce y el lugar adonde va a ser conducido, dejándose testimonio en el acta de todos estos particulares.

Son públicos los registros de detenidos y presos.

Todo hecho contra la integridad personal, la seguridad o la honra de un detenido será imputable a sus aprehensores o guardianes, salvo que se demuestre lo contrario. El subordinado podrá rehusar el cumplimiento de las órdenes que infrinjan esta garantía. El custodio que hiciere uso de las armas contra un detenido o preso que intentare fugarse será necesariamente inculpado y responsable, según las Leyes, del delito que hubiere cometido.

Los detenidos o presos políticos o sociales se recluirán en departamentos separados del de los delincuentes comunes y no serán sometidos a trabajo alguno, ni a la reglamentación del penal para los presos comunes.

Ningún detenido o preso será incomunicado.

Solamente la jurisdicción ordinaria conocerá de las infracciones de este precepto, cualesquiera que sean el lugar, circunstancias y personas que en la detención intervengan.

Art. 27. Todo detenido será puesto en libertad o entregado a la autoridad judicial competente dentro de las veinticuatro horas siguientes al acto de su detención.

Toda detención se dejará sin efecto, o se elevará a prisión, por auto judicial fundado, dentro de las setenta y dos horas de haberse puesto el detenido a la disposición del juez competente. Dentro del mismo plazo se notificará al interesado el auto que se dictare.

La prisión preventiva se guardará en lugares distintos y completamente separados de los destinados a la extinción de las penas, sin que puedan ser sometidos los que así guarden prisión a trabajo alguno, ni a la reglamentación del penal para los que extingan condenas.

Art. 28. Nadie será procesado ni condenado sino por juez o Tribunal competente, en virtud de Leyes anteriores al delito y con las formalidades y garantías que éstas establezcan. No se dictará sentencia contra el procesado rebelde ni será nadie condenado en causa criminal sin ser oído. Tampoco se le obligará a declarar contra sí mismo, ni contra su cónyuge o parientes dentro del cuarto grado de consanguinidad o segundo de afinidad.

No se ejercerá violencia ni coacción de ninguna clase sobre las personas para forzarlas a declarar. Toda declaración obtenida con infracción de este precepto será nula, y los responsables incurrirán en las penas que fije la Ley.

Art. 29. Todo el que se encuentre detenido o preso fuera de los casos o sin las formalidades y garantías que prevean la Constitución y las Leyes, será puesto en libertad, a petición suya o de cualquier otra persona, sin necesidad de poder ni de dirección letrada, mediante un sumarísimo procedimiento de *habeas corpus* ante los Tribunales ordinarios de Justicia.

El Tribunal Supremo no podrá declinar su jurisdicción ni admitir cuestiones de competencia en ningún caso ni por motivo alguno, ni aplazar su resolución, que será preferente a cualquier otro asunto.

Es absolutamente obligatoria la presentación ante el Tribunal que haya expedido el *habeas corpus* de toda persona detenida o presa, cualquiera que sea la autoridad o funcionario, persona o entidad que la retenga, sin que pueda alegarse obediencia debida.

Serán nulas, y así lo declarará de oficio la autoridad judicial, cuantas disposiciones impidan o retarden la presentación de la persona privada de libertad, así como las que produzcan cualquier dilación en el procedimiento de *habeas corpus*.

Cuando el detenido o preso no fuere presentado ante el Tribunal que conozca de *habeas corpus,* éste decretará la detención del infractor, el que será juzgado de acuerdo con lo que disponga la Ley.

Los jueces o magistrados que se negaren a admitir la solicitud de mandamiento de *habeas corpus,* o no cumplieren las demás disposiciones de este artículo, serán separados de sus respectivos cargos por la Sala de Gobierno del Tribunal Supremo.

Art. 30. Toda persona podrá entrar y permanecer en el territorio nacional, salir de él, trasladarse de un lugar a otro y mudar de residencia, sin necesidad de carta de seguridad, pasaporte u otro requisito semejante, salvo lo que se disponga en las Leyes sobre inmigración y las atribuciones de la autoridad en caso de responsabilidad criminal.

A nadie se obligará a mudar de domicilio o residencia sino por mandato de autoridad judicial y en los casos y con los requisitos que la Ley señale.

Ningún cubano podrá ser expatriado ni se le prohibirá la entrada en el territorio de la República.

Art. 31. La República de Cuba brinda y reconoce el derecho de asilo a los perseguidos políticos, siempre que los acogidos a él respeten la soberanía y las Leyes nacionales.

El Estado no autorizará la extradición de reos de delitos políticos ni intentará extraditar a los cubanos reos de esos delitos que se refugiaren en territorio extranjero.

Cuando procediere, conforme a la Constitución y la Ley, la expulsión de un extranjero del territorio nacional, esta no se verificará si se tratare de asilado político hacia el territorio del Estado que pueda reclamarlo.

Art. 32. Es inviolable el secreto de la correspondencia y demás documentos privados, y ni aquella ni éstos podrán ser ocupados ni examinados sino a virtud de auto fundado de juez competente y por los funcionarios o agentes oficiales. En todo caso, se guardará secreto respecto de los extremos ajenos al asunto que motivare la ocupación o examen. En los mismos términos se declara inviolable el secreto de la comunicación telegráfica, telefónica y cablegráfica.

Art. 33. Toda persona podrá, sin sujeción a censura previa, emitir libremente su pensamiento de palabra, por escrito o por cualquier otro medio gráfico u oral de expresión, utilizando para ello cualesquiera o todos los procedimientos de difusión disponibles.

Sólo podrá ser recogida la edición de libros, folletos, discos, películas, periódicos o publicaciones de cualquier índole cuando atente contra la honra de las personas, el orden social o la paz pública, previa resolución fundada de autoridad judicial competente y sin perjuicio de las responsabilidades que se deduzcan del hecho delictuoso cometido.

En los casos a que se refiere este artículo no se podrá ocupar ni impedir el uso y disfrute de los locales, equipos o instrumentos que utilice el órgano de publicidad de que se trate, salvo por responsabilidad civil.

Art. 34. El domicilio es inviolable y, en su consecuencia, nadie podrá entrar de noche en el ajeno sin el consentimiento de su morador, a no ser para socorrer a víctimas de delito o desastre, ni de día, sino en los casos y en la forma determinados por la Ley.

En caso de suspensión de esta garantía será requisito indispensable para penetrar en el domicilio de una persona que lo haga la propia autoridad competente, mediante orden o resolución escrita, de la que se dejará copia auténtica al morador, a su familia o al vecino más próximo, según proceda. Cuando la autoridad delegue en alguno de sus agentes se procederá del mismo modo.

Art. 35. Es libre la profesión de todas las religiones, así como el ejercicio de todos los cultos, sin otra limitación que el respeto a la moral cristiana y al orden público.

La Iglesia estará separada del Estado, el cual no podrá subvencionar ningún culto.

Art. 36. Toda persona tiene derecho a dirigir peticiones a las autoridades y a que le sean atendidas y resueltas en término no mayor de cuarenta y cinco días, comunicándosele lo resuelto.

Transcurrido el plazo de la Ley, o, en su defecto, el indicado anteriormente, el interesado podrá recurrir, en la forma que la Ley autorice, como si su petición hubiese sido denegada.

Art. 37. Los habitantes de la República tienen el derecho de reunirse pacíficamente y sin armas, y el de desfilar y asociarse para todos los fines lícitos de la vida, conforme a las normas legales correspondientes, sin más limitación que la indispensable para asegurar el orden público.

Es ilícita la formación y existencia de organizaciones políticas contrarias al régimen de gobierno representativo democrático de la República, o que atenten contra la plenitud de la soberanía nacional.

Art. 38. Se declara punible todo acto por el cual se prohíba o limite al ciudadano participar en la vida política de la nación.

Art. 39. Solamente los ciudadanos cubanos podrán desempeñar funciones públicas que tengan aparejada jurisdicción.

Art. 40. Las disposiciones legales, gubernativas o de cualquier otro orden que regulen el ejercicio de los derechos que esta Constitución garantiza, serán nulas si los disminuyen, restringen o adulteran.

Es legítima la resistencia adecuada para la protección de los derechos individuales garantizados anteriormente.

La acción para perseguir las infracciones de este Título es pública, sin caución ni formalidad de ninguna especie y por simple denuncia.

La enumeración de los derechos garantizados en este Título no excluye los demás que esta Constitución establezca, ni otros de naturaleza análoga o que se deriven del principio de la soberanía del pueblo y de la forma republicana de gobierno.

SECCIÓN SEGUNDA

De las garantías constitucionales

Art. 41. Las garantías constitucionales de los derechos reconocidos en los artículos veintiséis, veintisiete, veintiocho, veintinueve, treinta (párrafos primero y segundo), treinta y dos, treinta y tres, treinta y seis y treinta y siete (párrafo primero) de esta Constitución, podrán suspenderse, en todo o en parte del territorio nacional, por un período no mayor de cuarenta y cinco días naturales, cuando lo exija la seguridad del Estado, o en caso de guerra o invasión del territorio nacional, grave alteración del orden u otros que perturben hondamente la tranquilidad pública.

La suspensión de las garantías constitucionales sólo podrá dictarse mediante una Ley especial acordada por el Congreso, o mediante Decreto del Poder Ejecutivo; pero en este último caso en el mismo Decreto de suspensión se convocará al Congreso para que, dentro de un plazo de cuarenta y ocho horas y reunido en un solo Cuerpo, ratifique o no la suspensión, en votación nominal y por mayoría de votos. En el caso de que el Congreso así reunido votase en contra de la suspensión, las garantías quedarán automáticamente restablecidas.

Art. 42. El territorio en que fueron suspendidas las garantías a que se refiere el artículo anterior se regirá por la Ley de Orden Público dictada con anterioridad; pero ni en dicha Ley ni en otra alguna podrá disponer la suspensión de más garantías que las mencionadas. Tampoco podrá hacerse declaración de nuevos delitos ni imponerse otras penas que las establecidas por la Ley al disponerse la suspensión.

Los detenidos por los motivos que hayan determinado la suspensión deberán ser recluidos en lugares especiales destinados a los procesados o penados por delitos políticos o sociales.

Queda prohibida al Poder Ejecutivo la detención de persona alguna por más de diez días sin hacer entrega de ella a la autoridad judicial.

TÍTULO V

De la familia y la cultura

SECCIÓN PRIMERA

Familia

Art. 43. La familia, la maternidad y el matrimonio tienen la protección del Estado.

Sólo es válido el matrimonio autorizado por funcionarios con capacidad legal para realizarlo. El matrimonio judicial es gratuito y será mantenido por la Ley.

El matrimonio es el fundamento legal de la familia y descansa en la igualdad absoluta de derechos para ambos cónyuges; de acuerdo con este principio se organizará su régimen económico.

La mujer casada disfruta de la plenitud de la capacidad civil, sin que necesite de licencia o autorización marital para regir sus bienes, ejercer libremente el comercio, la industria, profesión, oficio o arte, y disponer del producto de su trabajo.

El matrimonio puede disolverse por acuerdo de los cónyuges o a petición de cualquiera de los dos, por las causas y en la forma establecidas en la Ley.

Los Tribunales determinarán los casos en que por razón de equidad la unión entre personas con capacidad legal para contraer matrimonio será equiparada, por su estabilidad y singularidad, al matrimonio civil.

Las pensiones por alimentos a favor de la mujer y de los hijos gozarán de preferencia respecto a cualquier obligación, y no podrá oponerse a esa preferencia la condición de inembargable de ningún bien, sueldo, pensión o ingreso económico de cualquier clase que sea. Salvo que la mujer tuviera medios justificados de subsistencia, o fuere declarada culpable, se fijará en su beneficio una pensión proporcionada a la posición económica del marido y teniendo en cuenta a la vez las necesidades de la vida social. Esta pensión será pagada y garantizada por el marido divorciado y subsistirá hasta que su excónyuge contrajere nuevo matrimonio, sin perjuicio de la pensión que se fijará a cada hijo, la cual deberá ser también garantizada.

La ley impondrá adecuadas sanciones a los que en caso de divorcio, de separación o cualquiera otra circunstancia, traten de burlar o eludir esa responsabilidad.

Art. 44. Los padres están obligados a alimentar, asistir, educar e instruir a sus hijos, y éstos a respetar y asistir a sus padres. La ley asegurará el cumplimiento de estos deberes con garantías y sanciones adecuadas.

Los hijos nacidos fuera del matrimonio de personas que al tiempo de la concepción estuvieren en aptitud de contraerlo, tienen los mismos derechos y deberes que se señalan en el párrafo anterior, salvo lo que la Ley prescribe en cuanto a la herencia. A este efecto tendrán iguales derechos los habidos fuera del matrimonio por persona casada cuando ésta los reconociere o cuando recayere sentencia declarando la filiación. La Ley regulará la investigación de la paternidad.

Queda abolida toda calificación sobre la naturaleza de la filiación. No se consignará declaración alguna diferenciando los nacimientos, ni sobre el estado civil de los padres, en las actas de inscripción de aquéllos, ni en ningún atestado, partida de bautismo o certificado referente a la filiación.

Art. 45. El régimen fiscal, los seguros y la asistencia social se aplicarán de acuerdo con las normas de protección a la familia establecidas en esta Constitución.

La niñez y la juventud estarán protegidas contra la explotación y el abandono moral y material. El Estado, la Provincia y el Municipio organizarán instituciones adecuadas al efecto.

Art. 46. Dentro de las restricciones señaladas en esta Constitución, el cubano tendrá libertad de testar sobre la mitad de la herencia.

SECCIÓN SEGUNDA

Cultura

Art. 47. La cultura, en todas sus manifestaciones, constituye un interés primordial del Estado. Son libres la investigación científica, la expresión artística y la publicación de sus resultados, así como la enseñanza, sin perjuicio, en cuanto a ésta, de la inspección y reglamentación que al Estado corresponda y que la Ley establezca.

Art. 48 La instrucción primaria es obligatoria para el menor en edad escolar, y su dispensación lo será para el Estado, sin perjuicio de la cooperación encomendada a la iniciativa municipal.

Tanto esta enseñanza como la preprimaria y las vocaciones serán gratuitas cuando las impartan el Estado, la Provincia o el Municipio. Asimismo lo será el material docente necesario.

Será gratuita la segunda enseñanza elemental y toda enseñanza superior que impartan el Estado o los Municipios, con exclusión de los estudios preuniversitarios especializados y los universitarios.

En los Institutos creados o que se crearen en lo sucesivo con categoría de preuniversitarios, la Ley podrá mantener o establecer el pago de una matrícula módica de cooperación, que se destinará a las atenciones de cada establecimiento.

En cuanto le sea posible, la República ofrecerá becas para el disfrute de las enseñanzas oficiales no gratuitas a los jóvenes que, habiendo acreditado vocación y aptitud sobresalientes, se vieren impedidos, por insuficiencia de recursos, de hacer tales estudios por su cuenta.

Art. 49. El Estado mantendrá un sistema de escuelas para adultos, dedicadas particularmente a la eliminación y prevención del analfabetismo; escuelas rurales predominantemente prácticas, organizadas con vista de los intereses de las pequeñas comunidades agrícolas, marítimas o de cualquier clase, y escuelas de artes y oficios y de técnica agrícola, industrial y comercial, orientadas de modo que respondan a las necesidades de la economía nacional. Todas estas enseñanzas serán gratuitas, y a su sostenimiento colaborarán las Provincias y los Municipios en la medida de sus posibilidades.

Art. 50. El Estado sostendrá las escuelas normales indispensables para la preparación técnica de los maestros encargados de la enseñanza primaria en las escuelas públicas. Ningún otro centro podrá expedir títulos de maestros primarios, con excepción de las Escuelas de Pedagogía de las Universidades.

Lo anteriormente dispuesto no excluye el derecho de las escuelas creadas por la Ley para la expedición de títulos docentes en relación con las materias especiales objeto de sus enseñanzas.

Estos títulos docentes de capacidad especial darán derecho a ocupar con toda preferencia las plazas vacantes o que se creen en las respectivas escuelas y especialidades.

Para la enseñanza de la economía doméstica, corte y costura e industria para la mujer, deberá de poseerse el título de maestra de economía, artes, ciencias domésticas e industriales, expedido por la Escuela del Hogar.

Art. 51. La enseñanza pública se constituirá en forma orgánica, de modo que exista una adecuada articulación y continuidad entre todos sus grados, incluyendo el superior. El sistema oficial proveerá al estímulo y desarrollo vocacionales, atendiendo a la multiplicidad de las profesiones y teniendo en cuenta las necesidades culturales y prácticas de la nación.

Toda enseñanza, pública o privada, estará inspirada en un espíritu de cubanidad y de solidaridad humana, tendiendo a formar en la conciencia de los educandos el amor a la patria, a sus instituciones democráticas y a todos los que por una y otras lucharon.

Art. 52. Toda enseñanza pública será dotada en los presupuestos del Estado, la Provincia o el Municipio, y se hallará bajo la dirección técnica y administrativa del Ministerio de Educación, salvo aquellas enseñanzas que por su índole especial dependan de otros Ministerios.

El Presupuesto del Ministerio de Educación no será inferior al ordinario de ningún otro Ministerio, salvo caso de emergencia declarada por la Ley.

El sueldo mensual del maestro de instrucción primaria no deberá ser, en ningún caso, inferior a la millonésima parte del presupuesto total de la Nación.

El personal docente oficial tiene los derechos y deberes de los funcionarios públicos.

La designación, ascensos, traslados y separación de los maestros y profesores públicos, inspectores, técnicos y demás funcionarios escolares se regulará de modo que en ello no influyan consideraciones ajenas a las estrictamente técnicas, sin perjuicio de la vigilancia sobre las condiciones morales que deban concurrir en tales funcionarios.

Todos los cargos de dirección y supervisión de la enseñanza primaria oficial serán desempeñados por técnicos graduados de la Facultad universitaria correspondiente.

Art. 53. La Universidad de La Habana es autónoma y estará gobernada de acuerdo con sus Estatutos y con la Ley a que los mismos deban atemperarse.

El Estado contribuirá a crear el patrimonio universitario y al sostenimiento de dicha Universidad, consignando a este último fin, en sus presupuestos nacionales, la cantidad que fije la Ley.

Art. 54. Podrán crearse Universidades oficiales o privadas y cualesquiera otras instituciones y centros de altos estudios. La Ley determinará las condiciones que hayan de regularlos.

Art. 55. La enseñanza oficial será laica. Los centros de enseñanza privada estarán sujetos a la reglamentación e inspección del Estado; pero en todo caso conservarán el derecho de impartir, separadamente de la instrucción técnica, la educación religiosa que deseen.

Art. 56. En todos los centros docentes, públicos o privados, la enseñanza de la Literatura, la Historia y la Geografía cubanas, y de la Cívica y de la Constitución, deberán ser impartidas por maestros cubanos por nacimiento y mediante textos de autores que tengan esa misma condición.

Art. 57. Para ejercer la docencia se requiere acreditar la capacidad en la forma que la Ley disponga.

La Ley determinará qué profesiones, artes u oficios no docentes requieren títulos para su ejercicio, y la forma en que deben obtenerse. El Estado asegurará la preferencia en la provincia de los servicios públicos a los ciudadanos preparados oficialmente para la respectiva especialidad.

Art. 58. El Estado regulará por medio de la Ley la conservación del tesoro cultural de la Nación, su riqueza artística e histórica, así como también protegerá especialmente los monumentos nacionales y lugares notables por su belleza natural o por su reconocido valor artístico o histórico.

Art. 59. Se creará un Consejo Nacional de Educación y Cultura que, presidido por el Ministro de Educación, estará encargado de fomentar, orientar técnicamente o inspeccionar las actividades educativas, científicas y artísticas de la Nación.

Su opinión será oída por el Congreso en todo proyecto de ley que se relacione con materias de su competencia.

Los cargos del Consejo Nacional de Educación y Cultura serán honoríficos y gratuitos.

TÍTULO VI

Del trabajo y de la propiedad

SECCIÓN PRIMERA

Trabajo

Art. 60. El trabajo es un derecho inalienable del individuo. El Estado empleará los recursos que estén a su alcance para proporcionar ocupación a todo el que carezca de ella y asegurará a todo trabajador, manual o intelectual, las condiciones económicas necesarias a una existencia digna.

Art. 61. Todo trabajador manual o intelectual de empresas públicas o privadas, del Estado, la Provincia o el Municipio, tendrá garantizado un salario o sueldo mínimo, que se determinará atendiendo a las condiciones de cada región y a las necesidades normales del trabajador en el orden material, moral y cultural y considerándolo como jefe de familia.

La Ley establecerá la manera de regular periódicamente los salarios o sueldos mínimos por medio de comisiones paritarias para cada rama del trabajo, de acuerdo con el nivel de vida y con las peculiaridades de cada región y de cada actividad industrial, comercial o agrícola.

En los trabajos a destajo, por ajuste o precio alzado, será obligatorio que quede racionalmente asegurado el salario mínimo por jornada de trabajo.

El mínimo de todo salario o sueldo es inembargable, salvo las responsabilidades por pensiones alimenticias en la forma que establezca la Ley. Son también inembargables los instrumentos de labor de los trabajadores.

Art. 62. A trabajo igual en idénticas condiciones, corresponderá siempre igual salario, cualesquiera que sean las personas que lo realicen.

Art. 63 No se podrá hacer en el sueldo o salario de los trabajadores manuales e intelectuales ningún descuento que no esté autorizado por la Ley.

Los créditos a favor de los trabajadores por haberes y jornales devengados en el último año, tendrán preferencia sobre cualesquiera otros.

Art. 64. Queda totalmente prohibido el pago en vales, fichas, mercancías o cualquier otro signo representativo con que se pretenda sustituir la moneda de curso legal. Su contravención será sancionada por la Ley.

Los jornaleros percibirán su salario en plazo no mayor de una semana.

Art. 65. Se establecen los seguros sociales como derecho irrenunciable e imprescindible de los trabajadores, con el concurso equitativo del Estado, los patronos y los propios trabajadores, a fin de proteger a estos de manera eficaz contra la invalidez, la vejez, el desempleo y demás contingencias del trabajo, en la forma que la Ley determine. Se establece asimismo el derecho de jubilación por antigüedad y el de pensión por causa de muerte.

La administración y el gobierno de las instituciones a que se refiere el párrafo primero de este artículo estarán a cargo de organismos paritarios, elegidos por patronos y obreros con la intervención de un representante del Estado, en la forma que determine la Ley, salvo el caso de que se creara por el Estado el Banco de Seguros Sociales.

Se declara igualmente obligatorio el seguro por accidentes del trabajo y enfermedades profesionales, a expensas exclusivamente de los patronos y bajo la fiscalización del Estado.

Los fondos o reservas de los seguros sociales no podrán ser objeto de transferencias, ni se podrá disponer de los mismos para fines distintos de los que determinaron su creación.

Art. 66. La jornada máxima de trabajo no podrá exceder de ocho horas al día. Este máximo podrá ser reducido hasta seis horas diarias para los mayores de catorce años y menores de dieciocho.

La labor máxima semanal será de cuarenta y cuatro horas, equivalentes a cuarenta y ocho en el salario, exceptuándose las industrias que, por su naturaleza, tienen que realizar su producción ininterrumpidamente dentro de cierta época del año, hasta que la Ley determine sobre el régimen definitivo de esta excepción.

Queda prohibido el trabajo y el aprendizaje a los menores de catorce años.

Art. 67. Se establece para todos los trabajadores manuales e intelectuales el derecho al descanso retribuido de un mes por cada once de trabajo dentro de cada año natural. Aquellos que, por la índole de su trabajo u otra circunstancia, no hayan laborado los once meses, tienen derecho al descanso retribuido de duración proporcional al tiempo trabajado.

Cuando por ser fiesta o duelo nacional los obreros vaquen en su trabajo, los patronos deberán abonarles los salarios correspondientes.

Sólo habrá cuatro días de fiestas y duelos nacionales en que sea obligatorio el cierre de los establecimientos industriales o comerciales o de los espectáculos públicos, en su caso. Los demás serán de fiesta o duelo oficial y se celebrarán sin que se suspendan las actividades económicas de la Nación.

Art. 68. No podrá establecerse diferencia entre casadas y solteras a los efectos del trabajo.

La Ley regulará la protección a la maternidad obrera, extendiéndola a las empleadas.

La mujer grávida no podrá ser separada de su empleo, ni se le exigirá efectuar, dentro de los tres meses anteriores al alumbramiento, trabajos que requieran esfuerzos físicos considerables.

Durante las seis semanas que precedan inmediatamente al parto, y las seis que le sigan, gozará de descanso forzoso, retribuido igual que su trabajo, conservando el empleo y todos los derechos anexos al mismo y correspondientes a su contrato de trabajo. En el período de lactancia se le concederán dos descansos extraordinarios al día, de media hora cada uno, para alimentar a su hijo.

Art. 69. Se reconoce el derecho de sindicación a los patronos, empleados privados y obreros, para los fines exclusivos de su actividad económico-social.

La autoridad competente tendrá un término de treinta días para admitir o rechazar la inscripción de un sindicato obrero o patronal. La inscripción determinará la personalidad jurídica del sindicato obrero patronal. La Ley regulará lo concerniente al reconocimiento del sindicato por los patronos y por los obreros, respectivamente.

No podrán disolverse definitivamente los sindicatos sin que recaiga sentencia firme de los Tribunales de justicia.

Las directivas de estas asociaciones estarán integradas exclusivamente por cubanos por nacimiento.

Art. 70. Se establece la colegiación oficial obligatoria para el ejercicio de las profesiones universitarias. La Ley determinará la forma de constitución y funcionamiento en tales entidades de un organismo superior de carácter nacional y de los organismos locales que fueren necesarios, de modo que estén regidas con plena autoridad por la mayoría de sus colegiados.

La Ley regulará también la colegiación obligatoria de las demás profesiones reconocidas oficialmente por el Estado.

Art. 71. Se reconoce el derecho de los trabajadores a la huelga y el de los patronos al paro, conforme a la regulación que la Ley establezca para el ejercicio de ambos derechos.

Art. 72. La Ley regulará el sistema de contratos colectivos de trabajo, los cuales serán de obligatorio cumplimiento para patronos y obreros.

Serán nulas y no obligarán a los contratantes, aunque se expresen en un convenio de trabajo u otro pacto cualquiera, las estipulaciones que impliquen renuncia, disminución, adulteración o dejación de algún derecho reconocido a favor del obrero en esta Constitución o en la Ley.

Art. 73. El cubano por nacimiento tendrá en el trabajo una participación preponderante, tanto en el importe total de los sueldos y salarios como en las distintas categorías de trabajo, en la forma que determine la Ley.

También se extenderá la protección al cubano naturalizado con familia nacida en el territorio nacional, con preferencia sobre el naturalizado que no se halle en esas condiciones y sobre los extranjeros.

En el desempeño de los puestos técnicos indispensables se exceptuará de lo preceptuado en los párrafos anteriores al extranjero, previas las formalidades de la Ley y siempre con la condición de facilitar a los nativos el aprendizaje del trabajo técnico de que se trate.

Art. 74. El Ministerio del Trabajo cuidará, como parte esencial, entre otras, de su política social permanente, de que en la distribución de oportunidades de trabajo en la industria y en el comercio no prevalezcan prácticas discriminatorias de ninguna clase. En las remociones de personal y en la creación de nuevas plazas, así como en las nuevas fábricas, industrias o comercios que se establecieren, será obligatorio distribuir las oportunidades de trabajo sin distingos de raza o color, siempre que se satisfagan los requisitos de idoneidad. La Ley establecerá que toda otra práctica será punible y perseguible de oficio o a instancia de parte afectada.

Art. 75. La formación de empresas cooperativas, ya sean comerciales, agrícolas, industriales, de consumo o de cualquier otra índole será auspiciada por la Ley; pero ésta regulará la definición, constitución y funcionamiento de tales empresas de modo que no sirvan para eludir o adulterar las disposiciones que para el régimen del trabajo establece esta Constitución.

Art. 76. La Ley regulará la inmigración atendiendo al régimen económico nacional y a las necesidades sociales. Queda prohibida la importación de braceros contratados, así como toda inmigración que tienda a envilecer las condiciones del trabajo.

Art. 77. Ninguna empresa podrá despedir a un trabajador sin previo expediente y con las demás formalidades que establezca la Ley, la cual determinará las causas justas de despido.

Art. 78. El patrono será responsable del cumplimiento de las leyes sociales, aun cuando contrate el trabajo por intermediario.

En todas las industrias y clases de trabajo en que se requieran conocimientos técnicos, será obligatorio el aprendizaje en la forma que establezca la Ley.

Art. 79. El Estado fomentará la creación de viviendas baratas para obreros.

La Ley determinará las empresas que, por emplear obreros fuera de los centros de población, estarán obligadas a proporcionar a los trabajadores habitaciones adecuadas, escuelas, enfermerías y demás servicios y atenciones propicias al bienestar físico y moral del trabajador y su familia.

Asimismo la Ley reglamentará las condiciones que deban reunir los talleres, fábricas y locales de trabajo de todas clases.

Art. 80. Se establecerá la asistencia social bajo la dirección del Ministerio de Salubridad y Asistencia Social, organizándolo por medio de la legislación pertinente, y proveyéndolo a las reservas necesarias con los fondos que la misma determine.

Se establecen las carreras hospitalarias, sanitaria, forense y las demás que fueren necesarias para organizar en forma adecuada los servicios oficiales correspondientes.

Las instituciones de beneficencia del Estado, la Provincia y el Municipio prestarán sus servicios con carácter gratuito sólo a los pobres.

Art. 81. Se reconoce el mutualismo como principio y práctica sociales.

La Ley regulará su funcionamiento de manera que disfruten de sus beneficios las personas de recursos modestos y sirva, a la vez, de justa y adecuada protección al profesional.

Art. 82. Solamente podrán ejercer las profesiones que requieren título oficial, salvo lo dispuesto en el artículo 57 de esta Constitución, los cubanos por nacimiento y los naturalizados que hubieren obtenido esta condición con cinco años o más de anterioridad a la fecha en que solicitaren la autorización para ejercer. El Congreso podrá, sin embargo, por Ley extraordinaria, acordar la suspensión temporal de este precepto cuando, por razones de utilidad pública, resultase necesaria o conveniente la cooperación de profesionales o técnicos extranjeros en el desarrollo de iniciativas públicas o privadas de interés nacional. La Ley que así lo acordare fijará el alcance y término de la autorización.

En el cumplimiento de este precepto así como en los casos en que por alguna Ley o Reglamento se regule el ejercicio de cualquiera nueva profesión, arte u oficio, se respetarán los derechos al trabajo adquiridos por las personas que hasta ese momento hubieren ejercido la profesión, arte u oficio de que se trate, y se observarán los principios de reciprocidad internacional.

Art. 83. La Ley regulará la forma en que podrá realizarse el traslado de fábricas y talleres a los efectos de evitar que se envilezcan las condiciones del trabajo.

Art. 84. Los problemas que se deriven de las relaciones entre el capital y el trabajo se someterán a comisiones de conciliación, integradas por representaciones paritarias de patronos y obreros. La Ley señalará el funcionario judicial que presidirá dichas comisiones y el Tribunal nacional ante el cual sus resoluciones serán recurribles.

Art. 85. A fin de asegurar el cumplimiento de la legislación social, el Estado proveerá a la vigilancia e inspección de las empresas.

Art. 86. La enumeración de los derechos y beneficios a que esta Sección se refiere no excluye otros que se deriven del principio de la justicia social y serán aplicables por igual a todos los factores concurrentes al proceso de la producción.

SECCIÓN SEGUNDA

Propiedad

Art. 87. El Estado cubano reconoce la existencia y legitimidad de la propiedad privada en su más amplio concepto de función social y sin más limitaciones que aquellas que por motivos de necesidad pública o interés social establezca la Ley.

Art. 88. El subsuelo pertenece al Estado, que podrá hacer concesiones para su explotación, conforme a lo que establezca la Ley. La propiedad minera concedida y no explotada dentro del término que fije la Ley será declarada nula y reintegrada al Estado.

La tierra, los bosques y las concesiones para explotación del subsuelo, utilización de aguas, medios de transporte y toda otra empresa de servicios públicos, habrán de ser explotados de manera que propendan al bienestar social.

Art. 89. El Estado tendrá el derecho de tanteo en toda adjudicación o venta forzosa de propiedades inmuebles y de valores representativos de propiedades inmobiliarias.

Art. 90. Se proscribe el latifundio, y a los efectos de su desaparición, la Ley señalará el máximo de extensión de la propiedad que cada persona o entidad pueda poseer para cada tipo de explotación a que la tierra se dedique y tomando en cuenta las respectivas peculiaridades.

La Ley limitará restrictivamente la adquisición y posesión de la tierra por personas y compañías extranjeras y adoptará medidas que tiendan a revertir la tierra al cubano.

Art. 91. El padre de familia que habite, cultive y explote directamente una finca rústica de su propiedad, siempre que el valor de ésta no exceda de dos mil pesos, podrá declararla con carácter irrevocable como propiedad familiar, en cuanto fuera imprescindible para su vivienda y subsistencia, y quedará exenta de impuestos y será inembargable e inalienable salvo por responsabilidades anteriores a esta Constitución. Las mejoras que excedan de la suma anteriormente mencionada abonarán los impuestos correspondientes en la forma que establezca la Ley. A los efectos de que pueda explotarse dicha propiedad, su dueño podrá gravar o dar en garantía siembras, plantaciones, frutos y productos de la misma.

Art. 92. Todo autor o inventor disfrutará de la propiedad exclusiva de su obra o invención, con las limitaciones que señale la Ley en cuanto a tiempo y forma.

Las concesiones de marcas industriales y comerciales y demás reconocimiento de crédito mercantil con indicaciones de procedencia cubana, serán nulos si se usaren, en cualquier forma, para amparar o cubrir artículos manufacturados fuera del territorio nacional.

Art. 93. No se podrán imponer gravámenes perpetuos sobre la propiedad del carácter de los censos y otros de naturaleza análoga, y en tal virtud queda prohibido su establecimiento. El Congreso, en término de tres legislaturas, aprobará una Ley regulando la liquidación de los existentes.

Quedan exceptuados de lo prescrito en el párrafo anterior los censos o gravámenes establecidos o que se establezcan a beneficio del Estado, la Provincia o el Municipio, o a favor de instituciones públicas de toda clase o de instituciones privadas de beneficencia.

Art. 94. Es obligación del Estado hacer cada diez años por lo menos un Censo de población que refleje todas las actividades económicas y sociales del país, así como publicar regularmente un Anuario Estadístico.

Art. 95. Se declaran imprescriptibles los bienes de las instituciones de beneficencia.

Art. 96. Se declaran de utilidad pública, y por lo tanto en condiciones de ser expropiadas por el Estado, la Provincia o el Municipio, aquellas porciones de terreno que, donadas por personas de la antigua nobleza española para la fundación de una villa o población, y empleadas efectivamente para este fin, adquiriendo el carácter de Ayuntamiento, fueron posteriormente ocupadas o inscritas por los herederos o causahabientes del donante.

Los vecinos de dicha villa o ciudad que posean edificios u ocupen solares en la parte urbanizada podrán obtener de la entidad expropiadora que se les transmita el dominio y posesión de los solares o parcelas que ocupen, mediante el pago del precio proporcional que corresponda.

TÍTULO VII

Del sufragio y de los oficios públicos

SECCIÓN PRIMERA

Sufragio

Art. 97. Se establece para todos los ciudadanos cubanos como derecho, deber y función el sufragio universal, igualitario y secreto. Esta función será obligatoria, y todo el que, salvo impedimento admitido por la Ley, dejare de votar en una elección o referendo será objeto de las sanciones que la Ley le imponga y carecerá de capacidad para ocupar magistratura o cargo público alguno durante dos años, a partir de la fecha de la infracción.

Art. 98. Por medio del referendo el pueblo expresa su opinión sobre las cuestiones que se le someta.

En toda elección o referendo decidirá la mayoría de los votos válidamente emitidos, salvo las excepciones establecidas en esta Constitución. El resultado se hará público de modo oficial tan pronto como lo conozca el organismo competente.

El voto se contará única y exclusivamente a la persona a cuyo favor se haya depositado, sin que pueda acumulársele a otro candidato. Además, en los casos de representación proporcional se contará el sufragio emitido a favor del candidato para determinar el factor de partido.

Art. 99. Son electores todos los cubanos de uno u otro sexo, mayores de veinte años, con excepción de los siguientes:

a) Los asilados.

b) Los incapacitados mentalmente, previa declaración judicial de su incapacidad.

c) Los inhabilitados judicialmente por causa de delito.

d) Los individuos pertenecientes a las Fuerzas Armadas o de Policía que estén en servicio activo.

Art. 100. El Código electoral establecerá el carnet de identidad, con la fotografía del elector, su firma y huellas digitales y los demás requisitos necesarios para la mejor identificación.

Art. 101. Es punible toda forma de coacción para obligar a un ciudadano a afiliarse, votar o manifestar su voluntad en cualquier operación electoral.

Se castigará esta infracción y se aplicará el duplo de la pena, además de imponerse la inhabilitación permanente para el desempeño de cargos públicos, cuando la coacción la ejecute por sí o por persona intermedia una autoridad o su agente, funcionario o empleado.

Art. 102. Es libre la organización de partidos y asociaciones políticas. No podrán, sin embargo, formarse agrupaciones políticas de raza, sexo o clase.

Para la constitución de nuevos partidos políticos es indispensable presentar, junto con la solicitud correspondiente, un número de adhesiones igual o mayor al dos por ciento del Censo electoral correspondiente, según se trate de partidos nacionales, provinciales o municipales. El partido que en una elección general o especial no obtenga un número de votos que represente dicho tanto por ciento desaparecerá como tal y se procederá de oficio a tacharlo del Registro de Partidos. Sólo podrán presentar candidatura los partidos políticos que, teniendo un número de afiliados no menor que el fijado en este artículo, se hayan organizado o reorganizado, según los casos, antes de la elección. Los partidos políticos se reorganizarán en un solo día, seis meses antes de cada elección presidencial o de gobernadores y de alcaldes o concejales o para delegados a una Convención Constituyente. El Tribunal Superior Electoral tachará, de oficio, del Registro de Partidos los que en tal oportunidad no se reorganizaren.

Las asambleas de los partidos conservarán todas sus facultades y no podrán disolverse sino mediante reorganización legal. En todo caso serán los únicos organismos encargados de acordar postulaciones, sin que en ningún caso pueda delegarse esta facultad.

Art. 103. La Ley establecerá reglas y procedimientos que garanticen la intervención de las minorías en la formación del Censo de electores, en la organización o reorganización de las asociaciones y partidos políticos y en las demás operaciones electorales, y les asegurará representación en los organismos electivos del Estado, la Provincia y el Municipio.

Art. 104. Son nulas todas aquellas disposiciones modificativas de la legislación electoral que sean dictadas después de haberse convocado una elección o referendo o antes de que tomen posesión los que resulten electos o se conozca el resultado definitivo del referendo.

Se exceptúan de esta prohibición aquellas modificaciones que fueren pedidas expresamente por el Tribunal Superior Electoral y se acordaren por las dos terceras partes del Congreso.

Desde la convocatoria a elecciones hasta la toma de posesión de los electos, el Tribunal Superior Electoral tendrá jurisdicción sobre las Fuerzas Armadas y sobre los Cuerpos de Policía, al solo objeto de garantizar la pureza de la función electoral.

SECCIÓN SEGUNDA

Oficios públicos

Art. 105. Son funcionarios, empleados y obreros públicos los que, previa demostración de capacidad y cumplimiento de los demás requisitos y formalidades establecidos por la Ley, sean designados por autoridad competente para el desempeño de funciones o servicios públicos y perciban o no sueldo o jornal con cargo a los presupuestos del Estado, la Provincia o el Municipio o de entidades autónomas.

Art. 106. Los funcionarios, empleados y obreros públicos civiles de todos los poderes del Estado, los de la Provincia, del Municipio y de las entidades o corporaciones autónomas, son servidores exclusivamente de los intereses generales de la República y su inamovilidad se garantiza por esta Constitución, con excepción de los que desempeñen cargos políticos y de confianza.

Art. 107. Son cargos políticos y de confianza:

a) Los Ministros y Subsecretarios de Despacho, los Embajadores, Enviados Extraordinarios y Ministros Plenipotenciarios y los Directores Generales, éstos en los casos en que la Ley no los declare técnicos.

b) Todo el personal adscrito a la oficina particular inmediata de los Ministros y Subsecretarios de Despacho.

c) Los Secretarios particulares de los funcionarios.

d) Los Secretarios de las Administraciones provinciales y municipales, los Jefes de Departamento de estos organismos y el personal adscrito a la oficina particular inmediata de los Gobernadores y Alcaldes.

e) Los funcionarios, empleados y obreros públicos civiles nombrados con carácter temporal, con cargo a consignaciones ocasionales, cuya duración no alcance al año fiscal.

Art. 108. El ingreso y el ascenso en los cargos públicos no exceptuados en el artículo anterior sólo podrán obtenerse después que los aspirantes hayan cumplido los requisitos y sufrido, en concurso de méritos, las pruebas de idoneidad y de capacidad que la Ley establecerá, salvo en aquellos casos que, por la naturaleza de las funciones de que se trate, sean declarados exentos por la Ley.

Art. 109. No se podrán imponer sanciones administrativas a los funcionarios, empleados y obreros públicos sin previa formación de expediente, instruido con audiencia del interesado y con los recursos que establezca la Ley. El procedimiento deberá ser siempre sumario.

Art. 110. El funcionario, empleado u obrero público que sustituya al que haya sido removido de su cargo se considerará sustituto provisional mientras no sea resuelta definitivamente la situación del sustituido, y sólo podrá invocar, en su caso, los derechos que le correspondan en el cargo de que proceda.

Art. 111. Las excedencias forzosas sólo podrán decretarse por refundición o supresión de plazas, respetando la antigüedad de quienes las desempeñen. Los excedentes tendrán derecho preferente a ocupar, por orden de antigüedad, cargos de iguales o análogas funciones que se establecieran o vacaren en la misma categoría o en la inmediata inferior.

Art. 112. Nadie podrá desempeñar simultáneamente más de un cargo retribuido, directa o indirectamente, del Estado, la Provincia, el Municipio o las entidades o corporaciones autónomas, con excepción de los casos que señala esta Constitución.

Las pensiones o jubilaciones del Estado, la Provincia y el Municipio son supletorias de las necesidades de sus beneficiarios. Los que tengan bienes de fortuna propios sólo podrán percibir la parte de la pensión o jubilación que sea necesaria para que, sumada a los ingresos propios, no exceda del máximum de pensión que la Ley fijará. Igual criterio se aplicará para la percepción de más de una pensión.

Nadie podrá percibir efectivamente, por concepto alguno, pensión, jubilación o retiro de más de dos mil cuatrocientos pesos al año, y la escala porque se abonen será unificada y extensiva a todos los pensionados o jubilados.

Las personas que hoy disfrutan pensiones, retiros o jubilaciones mayores de dos mil cuatrocientos pesos anuales no recibirán efectivamente mayor cantidad anual.

Como homenaje de la República a sus libertadores quedan exceptuados de lo dispuesto en los párrafos anteriores los miembros del Ejército Libertador de Cuba, sus viudas e hijos con derecho a pensión.

Art. 113. Será obligación del Estado el pago mensual de las jubilaciones y pensiones por servicios prestados al Estado, la Provincia y el Municipio en la proporción que permita la situación del Tesoro Público y que en ningún caso será menor del cincuenta por ciento de la cuantía básica legal.

Las cantidades para jubilaciones y pensiones se consignarán cada año en el presupuesto general de la nación.

Ninguna pensión o jubilación será menor de la cantidad que como jornal mínimo se halle vigente a virtud de lo establecido en el artículo sesenta y uno de esta Constitución.

Las jubilaciones y pensiones de los funcionarios y empleados del Estado, la Provincia y el Municipio comprendidas en la Ley general de pensiones que rija, se pagarán en la misma oportunidad que sus haberes a los funcionarios y empleados en activo servicio, quedando el Estado, la Provincia y el Municipio obligados, en su caso, a arbitrar los recursos necesarios para atender a esta obligación.

El pago de las pensiones a veteranos de la Guerra de Independencia y a sus familiares se considerará preferente a toda otra obligación del Estado.

Art. 114. El ingreso en la carrera notarial y en el Cuerpo de Registradores de la Propiedad será, en lo sucesivo, por oposición regulada por la Ley.

Art. 115. La acumulación y manejo de los fondos de los retiros sociales podrán ser independientes en la forma que determine la Ley; pero dentro de las cuatro legislaturas siguientes a la promulgación de esta Constitución el Congreso dictará una Ley estableciendo las normas de carácter general por la que se regirán todas las jubilaciones y pensiones existentes, o que se creen en el futuro, en lo que se refiere a beneficios, contribuciones, requisitos mínimos y garantías.

Art. 116. Para resolver las cuestiones relativas a los servicios públicos se crea un organismo de carácter autónomo, que se denominará Tribunal de Oficios Públicos y que estará integrado por siete miembros, designados en la siguiente forma:

Uno, por el pleno del Tribunal Supremo de Justicia y que deberá reunir las mismas condiciones requeridas para ser Magistrado de dicho Tribunal.

Uno, designado por el Congreso, que deberá poseer título académico expedido por entidad oficial.

Uno, designado por el Presidente de la República, previo acuerdo del Consejo de Ministros, y que deberá tener reconocida experiencia en cuestiones administrativas.

Uno, designado por el Consejo Universitario, previa la terna elevada al efecto por la Facultad de Ciencias Sociales, de la cual deberá ser graduado.

Uno, por los empleados del Estado.

Uno, por los empleados de la Provincia; y

Uno, por los del Municipio. Los tres últimos miembros deberán tener conocida experiencia en las ramas respectivas.

La resolución que dicte el Tribunal de Oficios Públicos causará estado y será de inmediato cumplimiento, sin perjuicio de los recursos que la Ley establezca.

Art. 117. La Ley establecerá las sanciones correspondientes a quienes infrinjan los preceptos contenidos en esta Sección.

TÍTULO VIII

De los órganos del Estado

Art. 118. El Estado ejerce sus funciones por medio de los Poderes Legislativo, Ejecutivo y Judicial y los organismos reconocidos en la Constitución o que conforme a la misma se establezcan por la Ley.

Las Provincias y los Municipios, además de ejercer sus funciones propias coadyuvan a la realización de los fines del Estado.

TÍTULO IX

Del Poder Legislativo

SECCIÓN PRIMERA

De los Cuerpos colegisladores

Art. 119. El Poder Legislativo se ejerce por dos Cuerpos, denominados, respectivamente, Cámara de Representantes y Senado, que juntos reciben el nombre de Congreso.

SECCIÓN SEGUNDA
Del Senado, su composición y atribuciones

Art. 120. El Senado se compone de nueve Senadores por provincia, elegidos en cada una para un período de cuatro años, por sufragio universal, igual, directo, secreto, en un solo día y en la forma que prescriba la Ley.

Art. 121. Para ser Senador se requiere:
a) Ser cubano por nacimiento.
b) Haber cumplido treinta años de edad.
c) Hallarse en el pleno goce de los derechos civiles y políticos.
d) No haber pertenecido en servicio activo a las Fuerzas Armadas de la República durante los dos años inmediatamente anteriores a la fecha de su designación como candidato.

Art. 122. Son atribuciones propias del Senado:
a) Juzgar constituido en Tribunal, al Presidente de la República cuando fuere acusado por la Cámara de Representantes de delito contra la seguridad exterior del Estado, el libre funcionamiento de los Poderes Legislativo o Judicial o de infracción de los preceptos constitucionales.

Para actuar con esta atribución será indispensable que la acusación formulada por la Cámara de Representantes haya sido acordada por las dos terceras partes de sus miembros.

Integrarán el Tribunal, a los efectos de este artículo, los miembros del Senado y todos los del Tribunal Supremo, presididos por quien ostente en ese instante el cargo de Presidente de este Tribunal.

b) Juzgar, constituido en Tribunal, a los Ministros de Gobierno cuando fueren acusados por la Cámara de Representantes de delito contra la seguridad exterior del Estado, el libre funcionamiento de los Poderes Legislativo o Judicial o de infracción de los preceptos constitucionales, así como de cualquier otro delito de carácter político que la Ley determine.

c) Juzgar, constituido en Tribunal, a los Gobernadores de las provincias cuando fueren acusados por el Consejo Provincial o por el Presidente de la República mediante acuerdos del Consejo de Ministros, de cualquiera de los delitos expresados en el inciso anterior.

En todos los casos en que el Senado se constituya en Tribunal será presidido por el Presidente del Tribunal Supremo. No podrá imponer a los acusados otra sanción que la pena de destitución o las de destitución e inhabilitación para el ejercicio de cargos públicos, sin perjuicio de que los Tribunales ordinarios les impongan cualquier otra en que hubieren incurrido.

d) Aprobar los nombramientos que haga el Presidente de la República, asistido del Consejo de Ministros, de los jefes de Misión Diplomática permanente y de los demás funcionarios cuyo nombramiento requiera su aprobación según la Ley.

e) Aprobar los nombramientos de miembros del Tribunal de Cuentas del Estado.

f) Nombrar comisiones de investigación. Éstas tendrán el número de miembros que acuerde el Senado, el derecho de citar tanto a los particulares como a los funcionarios y autoridades para que concurran a informar ante ellas y el de solicitar los datos y documentos que estimen necesarios para los fines de la investigación.

Los Tribunales de Justicia, autoridades administrativas y particulares están en el deber de suministrar a las comisiones de investigación todos los datos y documentos que solicitaren. Para acordar estas comisiones se requiere el voto favorable de las dos terceras partes de los miembros del Senado si la investigación ha de producirse sobre actividades del Gobierno. En otro caso bastará el voto conforme de la mitad más uno.

g) Autorizar a los cubanos para servir militarmente a un país extranjero o para aceptar de otro Gobierno empleo y honores que lleven aparejadas autoridad o jurisdicción propia.

h) Aprobar los Tratados que negociare el Presidente de la República con otras naciones.

i) Solicitar la comparecencia de los Ministros de Gobierno para responder de las interpelaciones de que hayan sido objeto, de acuerdo con la Constitución.

j) Las demás facultades que emanen de esta Constitución.

SECCIÓN TERCERA

De la Cámara de Representantes, su composición y atribuciones

Art. 123. La Cámara de Representantes se compondrá de un Representante por cada treinta y cinco mil habitantes o fracción mayor de diecisiete mil quinientos. Los Representantes serán elegidos por provincias, por un período de cuatro años, por sufragio universal, igual, directo y secreto, en un solo día y en la forma que prescriba la Ley. Esta determinará la base numérica de proporcionalidad en cada provincia, de acuerdo con el último Censo nacional oficial de población.

La Cámara de Representantes se renovará por mitad cada dos años.

Art. 124. Para ser Representante se requiere:
a) Ser cubano por nacimiento o por naturalización, y en este último caso con diez años de residencia continuada en la República, contados desde la fecha de la naturalización.
b) Haber cumplido veintiún años de edad.
c) Hallarse en el pleno goce de los derechos civiles y políticos.
d) No haber pertenecido en servicio activo a las Fuerzas Armadas de la República durante los dos años inmediatamente anteriores a la fecha de su designación como candidato.

Art. 125. Corresponde a la Cámara de Representantes:
a) Acusar ante el Senado al Presidente de la República y a los Ministros del Gobierno en los casos determinados en los incisos *a)* y *b)* del artículo ciento veintidós, cuando las dos terceras partes del número total de Representantes acordaren en sesión secreta la acusación.
b) La prioridad en la discusión y aprobación de los Presupuestos generales de la Nación.
c) Todas las demás facultades que le sean otorgadas por esta Constitución.

SECCIÓN CUARTA

Disposiciones comunes a los cuerpos colegisladores

Art. 126. Los cargos de Senador y de Representante son incompatibles con cualquier otro retribuido con cargo al Estado, la Provincia o el Municipio o a organismos mantenidos total o parcialmente con fondos públicos, exceptuándose el de Ministro de Gobierno y el de Catedrático de establecimiento oficial obtenido con anterioridad a la elección.

El nombramiento de Ministro de Gobierno puede recaer en miembros del Poder Legislativo, pero en ningún caso podrán ostentar ambos cargos más de la mitad de los componentes del Consejo de Ministros.

Los Senadores y Representantes recibirán del Estado una dotación que será igual para ambos cargos. La cuantía de esta dotación podrá ser alterada en todo tiempo, pero la alteración no surtirá efecto hasta que sean renovados los Cuerpos colegisladores.

Art. 127. Los Senadores y Representantes serán inviolables por las opiniones y votos que emitan en el ejercicio de su cargo.

Los Senadores y Representantes sólo podrán ser detenidos o procesados con autorización del Cuerpo a que pertenezcan. Si el Senado o la Cámara de Representantes no resolvieren sobre la autorización solicitada dentro de los cuarenta días consecutivos de legislatura abierta y después de recibido el suplicatorio del Juez o Tribunal, se entenderá concedida la autorización para instruir el proceso y sujetar al mismo al Senador o Representante. No se proseguirá la causa si el Cuerpo a que el legislador pertenezca niega la autorización para continuar el procedimiento.

En caso de ser hallado *in fraganti* en la comisión de un delito podrá ser detenido un legislador sin la autorización del Cuerpo a que pertenezca. En este caso, y en el de ser detenido o procesado cuando estuviese cerrado el Congreso, se dará cuenta inmediatamente al Presidente del Cuerpo respectivo para la resolución que corresponda, debiendo éste convocar inmediatamente a sesión extraordinaria al Cuerpo colegislador de que se trate para que resuelva exclusivamente sobre la autorización solicitada por el Juez o Tribunal. Si no se denegase dentro de las veinte sesiones ordinarias celebradas a partir de esta notificación se entenderá concedida la autorización.

Todo acuerdo accediendo o negando la solicitud de autorización para procesar o detener a un miembro del Congreso tendrá que ser precedido de la lectura de los antecedentes que hayan de fundamentar la resolución que se adopte por el Cuerpo colegislador respectivo.

Art. 128. El Senado y la Cámara de Representantes abrirán y cerrarán sus sesiones en un mismo día, residirán en una misma población y no podrán trasladarse a otro lugar ni suspender sus sesiones por más de tres días sino por acuerdo de ambas.

No podrá abrirse una legislatura ni celebrar sesiones sin la presencia de la mitad más uno de la totalidad de los miembros de cada Cuerpo. La comprobación del quórum se hará mediante el pase de lista.

La inmunidad parlamentaria no comprende ni protege los hechos que se relacionen con la veracidad y legitimidad de las actas o con las formalidades prescritas para la aprobación de las Leyes.

Las Leyes en todo caso deberán ser sometidas previamente a una votación nominal sobre su totalidad.

Ningún proyecto de Ley podrá ser votado en un Cuerpo colegislador sin el informe previo y razonado de una comisión de ese Cuerpo, por lo menos.

Art 129. Cada Cuerpo legislativo resolverá sobre la validez de la elección de sus respectivos miembros y sobre las renuncias que presentaren. Ningún Senador o Representante podrá ser expulsado del Cuerpo a que pertenezca sino en virtud de causa previamente determinada y por acuerdo de las dos terceras partes, por lo menos, del número total de sus miembros.

Cada Cuerpo legislativo formará su Reglamento y elegirá su Presidente, Vicepresidentes y Secretarios de entre sus miembros. El Presidente del Senado sólo presidirá las sesiones cuando falte el Vicepresidente de la República.

Art. 130. Ningún Senador o Representante podrá tener en arrendamiento, directa o indirectamente, bienes del Estado ni obtener de éste contratas ni concesiones de ninguna clase.

Tampoco podrá ocupar cargo de consultor legal o director, ni cargo alguno que lleve aparejada jurisdicción, en empresa que sea extranjera o cuyos negocios estén vinculados de algún modo a entidad que tenga esa condición.

Art. 131. Las relaciones entre el Senado y la Cámara de Representantes, no previstas en esta Constitución, se regirán por la Ley de Relaciones entre ambos Cuerpos colegisladores. Contra cualquier acuerdo que viole dicha Ley se dará el recurso de inconstitucionalidad.

SECCIÓN QUINTA

Del Congreso y sus atribuciones

Art. 132. El Congreso se reunirá, por derecho propio y sin necesidad de convocatoria, dos veces al año. No funcionará menos de sesenta días hábiles en cada una de las legislaturas, ni más de ciento cuarenta días sumadas las dos. Una legislatura empezará el tercer lunes de septiembre y la otra el tercer lunes de marzo.

El Senado y la Cámara de Representantes se reunirán en sesiones extraordinarias en los casos y en la forma que determinen sus Reglamentos o establezcan la Constitución o la Ley y cuando el Presidente de la República los convoque, con arreglo a esta Constitución. En dichos casos sólo tratarán del asunto o asuntos que motivan su reunión.

Art. 133. El Senado y la Cámara de Representantes se reunirán en un solo Cuerpo para:

a) Proclamar al Presidente y Vicepresidente de la República con vista de la certificación del escrutinio respectivo remitida por el Tribunal Superior Electoral.

Si de esta certificación resultare empate entre dos o más candidatos, el Congreso procederá a la selección del Presidente entre los candidatos que hayan obtenido empate en la elección general.

Si en el Congreso resultase también empate se repetirá la votación, y si el resultado de ésta fuese el mismo el voto del Presidente decidirá.

El procedimiento establecido en los párrafos anteriores será aplicable al Vicepresidente de la República.

b) En los demás casos que establezca la Ley de relaciones entre los dos Cuerpos colegisladores.

Cuando el Senado y la Cámara de Representantes se reúnan formando un solo Cuerpo, lo presidirá el Presidente del Senado en su condición de Presidente del Congreso; y en su defecto, el de la Cámara de Representantes, como Vicepresidente del propio Congreso.

Art. 134. Son facultades no delegables del Congreso:

a) Formar los Códigos y las Leyes de carácter general, determinar el régimen de las elecciones, dictar las disposiciones relativas a la administración general, la provincial y la municipal y acordar las demás Leyes y resoluciones que estimare convenientes sobre cualesquiera otros asuntos de interés público o que sean necesarios para la efectividad de esta Constitución.

b) Establecer las contribuciones e impuestos de carácter nacional que sean necesarios para las atenciones del Estado.

c) Discutir y aprobar los Presupuestos de gastos e ingresos del Estado.

d) Resolver sobre los informes anuales que el Tribunal de Cuentas presente acerca de la liquidación de los Presupuestos, el estado de la deuda pública y la moneda nacional.

e) Acordar empréstitos, pero con la obligación de votar al mismo tiempo los ingresos permanentes necesarios para el pago de intereses y amortización.

f) Acordar lo pertinente sobre la acuñación de la moneda, determinando su patrón, ley, valor y denominación y resolver lo que estime necesario sobre la emisión de signos fiduciarios y sobre el régimen bancario y financiero.

g) Regular el sistema de pesas y medidas.

h) Dictar disposiciones para el régimen y fomento del comercio interior y exterior, de la agricultura y la industria, seguros del trabajo y vejez, maternidad y desempleo.

i) Regular los servicios de comunicaciones, atendiendo al régimen de los ferrocarriles, caminos, canales y puertos y al tránsito por vía terrestre, aérea y marítima, creando los que exija la conveniencia pública.

j) Fijar las reglas y procedimientos para obtener la naturalización y regular el régimen de los extranjeros.

k) Conceder amnistías de acuerdo con esta Constitución. Las amnistías para delitos comunes sólo podrán ser acordadas por el voto favorable de las dos terceras partes de la totalidad de cada uno de los Cuerpos colegisladores y ratificadas por el mismo número de votos en la siguiente legislatura.

Las amnistías de delitos políticos requieren igual votación extraordinaria si en relación con los mismos se hubiere cometido homicidio o asesinato.

l) Fijar el cupo de las Fuerzas Armadas y acordar su organización.

ll) Otorgar o retirar su confianza al Consejo de Ministros o a cualquiera de sus integrantes en la forma y oportunidad que determina esta Constitución.

m) Citar al Consejo de Ministros o a cualquiera de sus miembros para que respondan a las interpelaciones que se les hayan formulado. La citación deberá hacerse por cada Cuerpo colegislador, previa notificación al Presidente de la República y al primer Ministro, con diez días de antelación, expresando el asunto sobre el cual versará la interpelación.

El Ministro citado podrá hacerse acompañar, cuando haya de responder a una interpelación o informar sobre un proyecto de Ley, de los asesores que designe, pero estos asesores se limitarán a rendir los informes técnicos que indique el Ministro interpelado o informante.

n) Declarar la guerra y aprobar los tratados de paz que el Presidente de la República haya negociado.

ñ) Acordar todas las Leyes que dispone esta Constitución y las que desenvuelvan los principios contenidos en sus normas.

SECCIÓN SEXTA
De la iniciativa y formación de las Leyes.
De su sanción y promulgación

Art. 135. La iniciativa de las Leyes compete:

a) A los Senadores y Representantes, de acuerdo con las disposiciones reglamentarias de cada Cuerpo.
b) Al Gobierno.
c) Al Tribunal Supremo, en materia relativa a la administración de justicia.
d) Al Tribunal Superior Electoral, en materia de su competencia.
e) Al Tribunal de Cuentas, en asuntos de su competencia y jurisdicción.

f) A los ciudadanos. En este caso será requisito indispensable que ejerciten la iniciativa diez mil ciudadanos, por lo menos, que tengan la condición de electores.

Toda iniciativa legislativa se formulará como proposición de Ley y será elevada a uno de los Cuerpos colegisladores.

Art. 136. Las Leyes se clasifican en ordinarias y extraordinarias.

Son Leyes extraordinarias las que se indican como tales en la Constitución, las orgánicas y cualesquiera otras a las que el Congreso dé este carácter. Son leyes ordinarias todas las demás.

Las Leyes extraordinarias necesitan para su aprobación los votos favorables de la mitad más uno de los componentes de cada Cuerpo colegislador. Las Leyes ordinarias sólo requerirán los votos favorables de la mayoría absoluta de los presentes en la sesión en que se aprueben.

Art. 137. El proyecto de Ley que obtenga la aprobación de ambos Cuerpos colegisladores se presentará necesariamente al Presidente de la República por el del Cuerpo que le impartió la aprobación final, dentro de los diez días siguientes a dicha aprobación. El Presidente de la República, dentro de los diez días de haber recibido el proyecto, y previo acuerdo del Consejo de Ministros, sancionará y promulgará la Ley, o la devolverá, con las objeciones que considere oportunas, al Cuerpo colegislador de que procediere. Recibido el proyecto por dicho Cuerpo asentará íntegramente en acta las objeciones y procederá a una nueva discusión del proyecto.

Si después de esta discusión dos terceras partes del número total de los miembros del Cuerpo colegislador votasen en favor del proyecto de Ley, se pasará, con las objeciones del Presidente, al otro Cuerpo, que también lo discutirá, y si por igual mayoría lo aprobase, será Ley.

En todos estos casos las votaciones serán nominales.

Si dentro de los diez días hábiles siguientes a la remisión del proyecto de Ley al Presidente éste no lo devolviere, se tendrá por sancionado y será Ley.

Si dentro de los últimos diez días de una legislatura se presentare un proyecto de Ley al Presidente de la República y éste se propusiere utilizar todo el término que al efecto de la sanción se le concede en el párrafo anterior, comunicará su propósito, en término de cuarenta y ocho horas, al Congreso, a fin de que permanezca reunido, si lo quisiere, hasta el vencimiento del expresado término. De no hacerlo así el Presidente, se tendrá por sancionado el proyecto y será Ley.

Ningún proyecto de Ley desechado totalmente por alguno de los Cuerpos colegisladores podrá discutirse de nuevo en la misma legislatura.

El proyecto de Ley aprobado por uno de los Cuerpos colegisladores será discutido y resuelto preferentemente por el otro. Este precepto no es de aplicación a las Leyes extraordinarias.

Toda Ley será promulgada dentro de los diez días siguientes al de su sanción.

TÍTULO X

Del Poder Ejecutivo

SECCIÓN PRIMERA

Del ejercicio del Poder Ejecutivo

Art. 138. El Presidente de la República es el Jefe del Estado y representa a la Nación. El Poder Ejecutivo se ejerce por el Presidente de la República con el Consejo de Ministros, de acuerdo con lo establecido en esta Constitución.

El Presidente de la República actúa como poder director, moderador y de solidaridad nacional.

SECCIÓN SEGUNDA

Del Presidente de la República, sus atribuciones y deberes

Art. 139. Para ser Presidente de la República se requiere:

a) Ser cubano por nacimiento; pero si esta condición resultare de lo dispuesto en el inciso *d)* del artículo 12 de esta Constitución, será necesario haber servido con las armas a Cuba, en sus guerras de independencia, diez años por lo menos.

b) Haber cumplido treinta y cinco años de edad.

c) Hallarse en el pleno goce de los derechos civiles y políticos.

d) No haber pertenecido en servicio activo a las Fuerzas Armadas de la República durante el año inmediatamente anterior a la fecha de su designación como candidato presidencial.

Art. 140. El Presidente de la República será elegido por sufragio universal, igual, directo y secreto, en un solo día, para un período de cuatro años, conforme al procedimiento que establezca la Ley.

El cómputo de la votación se hará por provincias. Al candidato que mayor número de sufragios obtenga en cada una de ellas se le contará un número de votos provinciales igual al total de senadores y representantes que, conforme a la Ley, corresponda elegir al electorado de la Provincia respectiva y se considerará electo el que mayor número de votos provinciales acumule en toda la República.

El que haya ocupado una vez el cargo no podrá desempeñarlo nuevamente hasta ocho años después de haber cesado en el mismo.

Art. 141. El Presidente de la República jurará o prometerá ante el Tribunal Supremo de Justicia, al tomar posesión de su cargo, desempeñarlo fielmente, cumpliendo y haciendo cumplir la Constitución y las leyes.

Art. 142. Corresponde al Presidente de la República, asistido del Consejo de Ministros:

a) Sancionar y promulgar las leyes, ejecutarlas y hacerlas ejecutar; dictar, cuando no lo hubiere hecho el Congreso, los reglamentos para la mejor ejecución de las mismas, y expedir los Decretos y las Órdenes que para este fin y para cuanto incumba al gobierno y administración del Estado fuere conveniente, sin contravenir en ningún caso lo establecido en las leyes.

b) Convocar a sesiones extraordinarias al Congreso o solamente al Senado, en los casos que señale esta Constitución o cuando fuere necesario.

c) Suspender las sesiones del Congreso cuando no se hubiere logrado acuerdo al efecto entre los Cuerpos colegisladores.

d) Presentar al Congreso, al principio de cada legislatura y siempre que fuere oportuno, un mensaje sobre los actos de administración, demostrativo del estado general de la República; y recomendar o iniciar la adopción de las leyes y resoluciones que considere necesarias o útiles.

e) Presentar a la Cámara de Representantes, sesenta días antes de la fecha en que debe comenzar a regir, el proyecto de presupuesto anual.

f) Facilitar al Congreso los informes que éste solicitare, directamente o por medio de interpelaciones, al Gobierno, sobre toda clase de asuntos que no exijan reserva.

g) Dirigir las negociaciones diplomáticas y celebrar tratados con las otras naciones, debiendo someterlos a la aprobación del Senado, sin cuyo requisito no tendrán validez ni obligarán a la República.

h) Nombrar, con la aprobación del Senado, al Presidente, Presidentes de Sala y Magistrados del Tribunal Supremo de Justicia en la forma que dispone esta Constitución, así como a los jefes de misiones diplomáticas.

i) Nombrar, para el desempeño de los demás cargos instituidos por la Ley, a los funcionarios correspondientes cuya designación no esté atribuida a otras autoridades.

j) Suspender el ejercicio de los derechos que se enumeren en el artículo 41 de esta Constitución, en los casos y en la forma que en la misma se establece.

k) Conceder indultos con arreglo a lo que prescriban la Constitución y la Ley, excepto cuando se trate de delitos electorales dolosos. Para indultar a los funcionarios y empleados públicos sancionados por delitos cometidos en el ejercicio de sus funciones, será necesario que éstos hubiesen cumplido por lo menos la tercera parte de la sanción que le fuera impuesta por los Tribunales.

l) Recibir a los Representantes diplomáticos y admitir a los agentes consulares de las otras naciones.

ll) Disponer de las Fuerzas Armadas de la República, como Jefe supremo de las mismas.

m) Proveer a la defensa del territorio nacional y a la conservación del orden interior, dando cuenta al Congreso. Siempre que hubiere peligro de invasión, o cuando alguna rebelión amenazare gravemente la seguridad pública, no estando reunido el Congreso, el Presidente lo convocará sin demora para la resolución que proceda.

n) Cumplir y hacer cumplir cuantas reglas, órdenes y disposiciones acuerde y dicte el Tribunal Superior Electoral.

ñ) Nombrar y remover libremente a los Ministros de Gobierno, dando cuenta al Congreso; sustituirlos en las oportunidades que proceda de acuerdo con esta Constitución y suscribir en su caso los acuerdos del Consejo.

o) Ejercer las demás atribuciones que les confieran expresamente la Constitución y la Ley.

Art. 143. Todos los Decretos, Órdenes y resoluciones del Presidente de la República habrán de ser refrendados por el Ministro correspondiente, sin cuyo requisito carecerán de fuerza obligatoria. No será necesario este refrendo en los casos de nombramiento de Ministros de Gobierno.

Art. 144. El Presidente no podrá salir del territorio de la República sin autorización del Congreso.

Art. 145. El Presidente será responsable ante el Pleno del Tribunal Supremo de Justicia por los delitos de carácter común que cometiere durante el ejercicio de su cargo, pero no podrá ser procesado sin previa autorización del Senado, acordada por el voto favorable de las dos terceras partes de sus miembros. En este caso el Tribunal resolverá si procede suspenderlo en sus funciones hasta que recaiga sentencia.

Art. 146. El Presidente recibirá del Estado una dotación que podrá ser alterada en todo tiempo, pero esta alteración no surtirá efecto sino en los períodos presidenciales siguientes a aquel en que se acordare.

TÍTULO XI

Del Vicepresidente de la República

Art. 147. Habrá un Vicepresidente de la República que será elegido en la misma forma y por igual período de tiempo que el Presidente y conjuntamente con éste. Para ser Vicepresidente se requieren las mismas condiciones que prescribe esta Constitución para ser Presidente.

Art. 148. El Vicepresidente de la República sustituirá al Presidente en los casos de ausencia, incapacidad o muerte. Si la vacante fuese definitiva durará la sustitución hasta la terminación del período presidencial. En caso de ausencia, incapacidad o muerte de ambos, le sustituirá por el resto del período el Presidente del Congreso.

Art. 149. En cualquier caso que faltaren los sustitutos presidenciales que establece esta Constitución, ocupará interinamente la Presidencia de la República el Magistrado más antiguo del Tribunal Supremo, el cual convocará a elecciones nacionales dentro de un plazo no mayor de noventa días.

Cuando la vacante hubiera ocurrido dentro del último año del período presidencial, el Magistrado sustituto ocupará el cargo hasta finalizar el período.

La persona que ocupare la Presidencia en cualquiera de las sustituciones a que se refieren los artículos anteriores no podrá ser candidato presidencial para la próxima elección.

Art. 150. El Vicepresidente de la República ejerce la presidencia del Senado y sólo tendrá voto en los casos de empate.

El Vicepresidente recibirá del Estado una dotación que podrá ser alterada en todo tiempo, pero la alteración no surtirá efecto sino en el período presidencial siguiente a aquel en que se acordare.

TÍTULO XII

Del Consejo de Ministros

Art. 151. Para el ejercicio del Poder Ejecutivo el Presidente de la República estará asistido de un Consejo de Ministros, integrado por el número de miembros que determine la Ley.

Uno de estos Ministros tendrá la categoría de Primer Ministro por designación del Presidente de la República, y podrá desempeñar el cargo con o sin cartera.

Art. 152. Para ser Ministro se requiere:
a) Ser cubano por nacimiento.
b) Haber cumplido treinta años de edad.
c) Hallarse en el pleno goce de los derechos civiles y políticos.
d) No tener negocios con el Estado, la Provincia o el Municipio.
Art 153. Cada Ministro tendrá uno o más Subsecretarios que lo sustituirán en los casos de ausencia o falta temporal.
Art. 154. El Consejo de Ministros será presidido por el Presidente de la República. Cuando el Presidente no asista a las sesiones del Consejo, lo presidirá el Primer Ministro. El Primer Ministro representará la política general del Gobierno y a éste ante el Congreso.
Art. 155. El Consejo de Ministros tendrá un Secretario, encargado de levantar las actas del Consejo, certificar sus acuerdos y atender al despacho de los asuntos de la Presidencia de la República y del Consejo de Ministros.
Art. 156. Los Ministros tendrán a su cargo el despacho de sus respectivos Ministerios y deliberarán y resolverán sobre todas las cuestiones de interés general que no estén atribuidas a otras dependencias o autoridades y ejercerán las facultades que les correspondan con arreglo a la Constitución y la Ley.
Art. 157. Los acuerdos del Consejo de Ministros se tomarán por mayoría de votos en sesiones a las que concurra la mitad más uno de los Ministros.
Art. 158. Los Ministros de Gobierno serán personalmente responsables de los actos que refrenden y solidariamente de los que juntos acuerden o autoricen.
Art. 159. El Primer Ministro y los Ministros de Gobierno son criminalmente responsables ante el Tribunal Supremo de Justicia de los delitos comunes que cometieren en el ejercicio de sus cargos.
Art. 160. Los Ministerios de Educación, de Salubridad y Asistencia Social, de Agricultura y de Obras Públicas actuarán exclusivamente como organismos técnicos.
Art. 161. El Primer Ministro y los Ministros de Gobierno jurarán o prometerán ante el Presidente de la República cumplir fielmente los deberes inherentes a sus cargos, así como observar y hacer cumplir la Constitución y la Ley.
Art. 162. Corresponderá al Primer Ministro despachar con el Presidente de la República los asuntos de la política general del Gobierno, y, acompañado de los Ministros, los asuntos de los respectivos Departamentos.

Art. 163. Son atribuciones de los Ministros:

a) Cumplir y hacer cumplir la Constitución, las Leyes, Decretos-leyes, Decretos, Reglamentos y demás resoluciones y disposiciones.

b) Redactar proyectos de Ley, Reglamentos, Decretos y cualesquiera otras resoluciones y presentarlos a la consideración del Gobierno.

c) Refrendar, conjuntamente con el Primer Ministro, las leyes y demás documentos autorizados con la firma del Presidente de la República, salvo los decretos de nombramientos o separación de Ministros.

d) Concurrir al Congreso por su propia iniciativa o a instancia de cualesquiera de sus Cuerpos, informar ante ellos, contestar las interpelaciones, deliberar en su seno y producir, individual o colectivamente, cuestiones de confianza.

El Ministro, si fuere congresista, sólo tendrá derecho a votar en el Cuerpo a que pertenezca.

TÍTULO XIII

De las relaciones entre el Congreso y el Gobierno

SECCIÓN ÚNICA

Art. 164. El Primer Ministro y el Consejo de Ministros son responsables de sus actos de gobierno ante la Cámara y el Senado. Estos podrán otorgar o retirar su confianza al Primer Ministro, a un Ministro o al Consejo en Pleno, en la forma que se especifica en esta Constitución.

Art. 165. Cada Cuerpo colegislador podrá determinar la remoción total o parcial del Gobierno planteando la cuestión de confianza, la que se presentará por medio de una moción motivada por escrito y con la firma de la tercera parte, por lo menos, de sus miembros. Esta moción se comunicará inmediatamente a los demás componentes del Cuerpo respectivo y se discutirá y votará ocho días naturales después de su presentación. Si no se resuelve dentro de los quince días siguientes a dicha presentación, se considerará rechazada.

Para aprobar válidamente estas mociones se necesitará una mayoría de votos favorables de la mitad más uno de la totalidad de los miembros de la Cámara de Representantes o del Senado, respectivamente, obtenida siempre en votación nominal.

El hecho de que recaiga votación contraria en un proyecto de ley presentado por el Gobierno o por un Ministro, o que se reconsidere un proyecto de ley devuelto por el Presidente de la República, no obligará en forma alguna al Primer Ministro o a los Ministros a renunciar sus cargos.

Si se suscitare simultáneamente una cuestión de confianza en ambos Cuerpos colegisladores, tendrá prioridad la que se plantee en la Cámara de Representantes.

Art. 166. Habrá crisis totales y parciales. Se considerará total la que se plantee al Primer Ministro o la que se refiera a más de tres Ministros. Las demás se considerarán parciales.

Art. 167. La facultad de negar la confianza a todo el Gobierno, al Primer Ministro o cualquiera de los que formen parte del Consejo sólo podrá ejercitarse transcurridos seis meses, por lo menos, del nombramiento por primera vez del Consejo de Gobierno o de la producción posterior de una crisis total por aprobación de una moción de no confianza por el Cuerpo colegislador respectivo, según las reglas establecidas en esta Constitución.

Los Ministros que hayan sido nombrados por haber sido removidos sus antecesores en una crisis parcial, sólo podrán ser sometidos a un voto de no confianza seis meses después de su designación, salvo que se trate de una crisis total.

Cuando cualquiera de los Cuerpos colegisladores hubiese resuelto favorablemente una moción de no confianza, no podrá plantearla nuevamente hasta transcurrido un año, en que dicha facultad corresponderá al otro Cuerpo colegislador, el que en todo caso no podrá ejercitarla sino después que hayan transcurrido, por lo menos, seis meses del nombramiento del Gobierno o Ministros a quien se refiera dicha cuestión.

Dos crisis parciales equivaldrán a una crisis total, a los efectos de la restricción de los seis meses a que este artículo se refiere.

En ningún caso se podrán plantear cuestiones de confianza dentro de los seis meses últimos de cada período presidencial.

El Consejo de Ministros podrá plantear por sí mismo la cuestión de confianza en cuanto a la totalidad de sus componentes, o respecto de alguno de los Ministros. En este caso se discutirá y resolverá inmediatamente.

El hecho de haberse resuelto con anterioridad una moción de confianza planteada por el Gobierno no impide ni restringe al Congreso ejercitar libremente su derecho a plantear mociones de confianza.

Art. 168. En cualquier caso en que se niegue la confianza al Gobierno o a alguno de sus miembros deberá el Gobierno en pleno, o aquellos de sus componentes a quienes afecte la negación de confianza, dimitir dentro de las cuarenta y ocho horas siguientes al acuerdo parlamentario, y si no lo hicieren se considerarán removidos y el Presidente de la República así lo declarará.

El Ministro saliente continuará interinamente en el cargo después de su dimisión hasta la entrega al sucesor.

Art. 169. La negativa de confianza a todo el Consejo de Ministros o a alguno de sus miembros sólo significa la inconformidad del Cuerpo colegislador que hubiere promovido la cuestión, con la política del Ministro o del Gobierno en conjunto.

La denegación de confianza lleva implícito que en el Gabinete que se forme o se rehaga inmediatamente después de la crisis no podrán ser nombrados para las mismas carteras los Ministros cuya política haya sido objeto de dicha denegación.

TÍTULO XIV

Del Poder Judicial

SECCIÓN PRIMERA

Disposiciones generales

Art. 170. La justicia se administra en nombre del pueblo y su dispensación será gratuita en todo el territorio nacional.

Los Jueces y Fiscales son independientes en el ejercicio de sus funciones y no deben obediencia más que a la Ley.

Sólo podrá administrarse justicia por quienes pertenezcan permanentemente al Poder Judicial. Ningún miembro de este Poder podrá ejercer otra profesión.

Los registros del Estado Civil estarán a cargo de miembros del Poder Judicial.

Art. 171. El Poder Judicial se ejerce por el Tribunal Supremo de Justicia, el Tribunal Superior Electoral y los demás Tribunales y Jueces que la Ley establezca. Ésta regulará la organización de los Tribunales, sus facultades, el modo de ejercerlas y las condiciones que habrán de concurrir en los funcionarios que los integren.

SECCIÓN SEGUNDA

Del Tribunal Supremo de Justicia

Art. 172. El Tribunal Supremo de Justicia se compondrá de las Salas que la Ley determine.

Una de estas Salas constituirá el Tribunal de Garantías Constitucionales y Sociales. Cuando conozca de asuntos constitucionales será presidida necesariamente por el Presidente del Tribunal Supremo y no podrá estar integrada por menos de quince Magistrados. Cuando se trate de asuntos sociales no podrá constituirse por menos de nueve Magistrados.

Art. 173. Para ser Presidente o Magistrado del Tribunal Supremo de Justicia se requiere:

a) Ser cubano por nacimiento.

b) Haber cumplido cuarenta años de edad.

c) Hallarse en el pleno goce de los derechos civiles y políticos y no haber sido condenado a pena aflictiva por delito común.

d) Reunir además alguna de las circunstancias siguientes:

Haber ejercido en Cuba durante diez años, por lo menos, la profesión de abogado o haber desempeñado, por igual tiempo, funciones judiciales o fiscales o explicado, durante el mismo número de años, una cátedra de Derecho en establecimiento oficial de enseñanza.

A los efectos del párrafo anterior podrán sumarse los períodos en que se hubiesen ejercido la abogacía y las funciones judiciales o fiscales.

Art. 174. El Tribunal Supremo de Justicia tendrá, además de las otras atribuciones que esta Constitución y la Ley le señalen, las siguientes:

a) Conocer de los recursos de casación.

b) Dirimir las cuestiones de competencia entre los tribunales que le sean inmediatamente inferiores o no tengan superior común y las que se susciten entre las autoridades judiciales y las de otros órdenes del Estado, la Provincia y el Municipio.

c) Decidir, en última instancia, sobre la suspensión o destitución de los gobernantes locales y provinciales, conforme a lo dispuesto por esta Constitución y la Ley.

d) Decidir sobre la constitucionalidad de las Leyes, Decretos-leyes, Decretos, Reglamentos, acuerdos, órdenes, disposiciones y otros actos de cualquier organismo, autoridad o funcionario.

e) Conocer de los juicios en que litiguen entre sí el Estado, la Provincia y el Municipio.

Art. 175. Se instituye la carrera judicial. El ingreso en la misma se hará mediante ejercicios de oposición, exceptuándose los Magistrados del Tribunal Supremo.

Art. 176. Para los nombramientos de los Magistrados de Audiencia se observarán tres turnos: el primero, en concepto de ascenso, por rigurosa antigüedad en la categoría inferior; el segundo, mediante concurso entre los que ocupen la categoría inmediata inferior, y el tercero, mediante ejercicios teóricos y prácticos de oposición, a los que podrán concurrir tanto funcionarios judiciales y fiscales como abogados, no mayores de sesenta años. Los abogados en ejercicio deberán reunir los demás requisitos exigidos para poder ser nombrados Magistrados del Tribunal Supremo.

Art. 177. Los nombramientos de Jueces se harán en dos turnos: uno por rigurosa antigüedad en la categoría inferior y otro por concurso, en el que podrán tomar parte funcionarios de la misma y de la inferior categoría. En el primer turno a que se refiere este artículo y el anterior, la vacante será provista por traslado si hubiere funcionario de igual categoría que así lo solicitare, reservándose el ingreso o el ascenso para las plazas que en definitiva queden disponibles en la categoría.

Art. 178. La Sala de Gobierno del Tribunal Supremo determinará, clasificará y publicará los méritos que hayan de ser reconocidos a los funcionarios judiciales de cada categoría para el turno de ascenso.

Art. 179. En los casos de concurso, los traslados y ascensos se otorgarán forzosamente al funcionario solicitante, de la propia categoría o de la inmediata inferior, que mayor puntuación hubiere obtenido. El Tribunal Supremo establecerá la pauta de puntuación por categorías, rectificándola semestralmente en consideración exclusiva a la capacidad, actuación, mérito y producción jurídica de cada funcionario.

Art. 180. Los Magistrados del Tribunal Supremo serán nombrados por el Presidente de la República de una terna propuesta por un colegio electoral de nueve miembros. Estos serán designados: cuatro por el pleno del Tribunal Supremo, de su propio seno; tres por el Presidente de la República, y dos por la Facultad de Derecho de la Universidad de La Habana. Los cinco últimos deberán reunir los requisitos exigidos para ser Magistrado del Tribunal Supremo, y los designados por la Facultad de Derecho no podrán pertenecer a la misma.

El Colegio se forma para cada designación, y sus componentes que no sean Magistrados no podrán volver a formar parte del mismo sino transcurridos cuatro años.

El Presidente del Tribunal Supremo y los Presidentes de Sala serán nombrados por el Presidente de la República a propuesta del pleno del Tribunal. Estos nombramientos y los de Magistrados del Tribunal Supremo deberán recibir la aprobación del Senado.

La terna a que se refiere el párrafo primero de este artículo comprenderá por lo menos, si lo hubiere, a un funcionario judicial en activo servicio que haya desempeñado esas funciones durante diez años como mínimo.

Art. 181. Los nombramientos, ascensos, traslados, permutas, suspensiones, correcciones, jubilaciones, licencias y supresiones de plazas se harán por una Sala de Gobierno especial integrada por el Presidente del Tribunal Supremo y por seis miembros del mismo, elegidos anualmente entre los Presidentes de Sala y Magistrados de dicho Tribunal.

No se puede formar parte de esta Sala de Gobierno dos años sucesivos.

Todas las plazas de nueva creación serán cubiertas conforme a las disposiciones de esta Constitución.

La facultad reglamentaria, en cuanto afecte al orden interno de los Tribunales, se ejercerá por la Sala de Gobierno del Tribunal Supremo de Justicia, de acuerdo con lo dispuesto en la Ley Orgánica del Poder Judicial.

SECCIÓN TERCERA

Del Tribunal de Garantías Constitucionales y Sociales

Art. 182. El Tribunal de Garantías Constitucionales y Sociales es competente para conocer de los siguientes asuntos:

a) Los recursos de inconstitucionalidad contra las Leyes, Decretos-leyes, Decretos, resoluciones o actos que nieguen, disminuyan, restrinjan o adulteren los derechos y garantías consignados en esta Constitución o que impidan el libre funcionamiento de los órganos del Estado.

b) Las consultas de Jueces y Tribunales sobre la constitucionalidad de las Leyes, Decretos-leyes y demás disposiciones que hayan de aplicar en juicio.

c) Los recursos de *habeas corpus* por vía de apelación o cuando haya sido ineficaz la reclamación ante otras autoridades o tribunales.

d) La validez del procedimiento y de la reforma constitucionales.

e) Las cuestiones jurídico-políticas y las de legislación social que la Constitución y la Ley sometan a su consideración.

f) Los recursos contra los abusos de poder.

Art. 183. Pueden acudir ante el Tribunal de Garantías Constitucionales y Sociales sin necesidad de prestar fianza:

a) El Presidente de la República, el Presidente y cada uno de los miembros del Consejo de Gobierno, del Senado, de la Cámara de Representantes y del Tribunal de Cuentas, los Gobernadores, Alcaldes y Concejales.

b) Los Jueces y Tribunales.

c) El Ministerio Fiscal.

d) Las Universidades.

e) Los organismos autónomos autorizados por la Constitución o la Ley.

f) Toda persona individual o colectiva que haya sido afectada por un acto o disposición que considere inconstitucional.

Las personas no comprendidas en alguno de los incisos anteriores pueden acudir también al Tribunal de Garantías Constitucionales y Sociales, siempre que presten la fianza que la Ley señale.

La Ley establecerá el modo de funcionar el Tribunal de Garantías Constitucionales y Sociales y el procedimiento para sustanciar los recursos que ante el mismo se interpongan.

SECCIÓN CUARTA

Del Tribunal Superior Electoral

Art. 184. El Tribunal Superior Electoral estará formado por tres Magistrados del Tribunal Supremo de Justicia y dos de la Audiencia de La Habana, nombrados por un período de cuatro años y por los plenos de sus respectivos tribunales.

La presidencia del Tribunal Superior Electoral corresponde al más antiguo de los tres Magistrados del Tribunal Supremo. Cada uno de los miembros del Tribunal tendrá dos suplentes, nombrados por el organismo de donde procedan.

Art. 185. Además de las atribuciones que las Leyes electorales le confieran, el Tribunal Superior Electoral queda investido de plenas facultades para garantizar la pureza del sufragio, fiscalizar e intervenir cuando lo considere necesario en todos los censos, elecciones y demás actos electorales, en la formación y organización de nuevos partidos, reorganización de los existentes, nominación de candidatos y proclamación de los electos.

Le corresponde también:

a) Resolver las reclamaciones electorales que la Ley someta a su jurisdicción y competencia.

b) Dictar las instrucciones generales y especiales necesarias para el cumplimiento de la legislación electoral.

c) Resolver, en grado de apelación, los recursos sobre la validez o nulidad de una elección y la proclamación de candidatos.

d) Dictar instrucciones y disposiciones, de cumplimiento obligatorio, a las Fuerzas Armadas y de Policía para el mantenimiento del orden y de la libertad electoral durante el período de confección del censo, el de organización y reorganización de los partidos y el comprendido entre la convocatoria a elecciones y la terminación de los escrutinios.

En caso de grave alteración del orden público, o cuando el Tribunal estime que no existen suficientes garantías, podrá acordar la suspensión o la nulidad de todos los actos y operaciones electorales en el territorio afectado, aunque no estén suspendidas las garantías constitucionales.

Art. 186. La Ley organizará los Tribunales Electorales. Para formarlos podrá utilizar a funcionarios de la carrera judicial.

El conocimiento de las reclamaciones electorales queda reservado a la jurisdicción electoral. Sin embargo, la Ley determinará los asuntos en que, por excepción, podrá recurrirse de las resoluciones del Tribunal Superior Electoral, en vía de apelación ante el Tribunal de Garantías Constitucionales y Sociales.

Art. 187. Se crea la carrera administrativa de los empleados y funcionarios electorales, subordinados a la jurisdicción máxima del Tribunal Superior Electoral, y se declaran inamovibles los empleados permanentes de las Juntas electorales.

La retribución fijada a estos funcionarios y empleados permanentes por el Código Electoral, no podrá ser alterada sino en las condiciones y circunstancias establecidas para los funcionarios y empleados judiciales. La Ley no podrá asignar distintas retribuciones a cargos de igual grado, categoría y funciones.

SECCIÓN QUINTA

Del Ministerio Fiscal

Art. 188. El Ministerio Fiscal representa al pueblo ante la administración de justicia y tiene como finalidad primordial vigilar el cumplimiento de la Constitución y de la Ley. Los funcionarios del Ministerio Fiscal serán inamovibles e independientes en sus funciones, con excepción del Fiscal del Tribunal Supremo, que será nombrado y removido libremente por el Presidente de la República.

Art. 189. El ingreso en la carrera fiscal se hará mediante ejercicio de oposición y el ascenso habrá de realizarse en la forma que para los Jueces establece esta Constitución. Los nombramientos, incluyendo los de las plazas de nueva creación, ascensos, traslados, suspensiones, correcciones, licencias, separaciones y jubilaciones de los funcionarios del Ministerio

Fiscal y la aceptación de sus permutas y renuncias se harán de acuerdo con lo que determine la Ley.

Art. 190. El Fiscal del Tribunal Supremo de Justicia reunirá las condiciones exigidas para ser Magistrado del Tribunal Supremo; los Tenientes Fiscales del propio Tribunal y los Fiscales de los demás tribunales deberán ser cubanos por nacimiento, haber cumplido treinta años de edad y hallarse en el pleno goce de los derechos civiles y políticos. Los demás funcionarios del Ministerio Fiscal reunirán las condiciones que la Ley señale.

Art. 191. Cuando el Gobierno litigue o deba personarse en algún procedimiento lo hará por medio de abogados del Estado, los cuales formarán un cuerpo cuya organización y funciones regulará la Ley.

SECCIÓN SEXTA

Del Consejo Superior de Defensa Social y de los Tribunales para Menores

Art. 192. Habrá un Consejo Superior de Defensa Social que estará encargado de la ejecución de las sanciones y medidas de seguridad que impliquen la privación o la limitación de la libertad individual, así como de la organización, dirección y administración de todos los establecimientos o instituciones que se requieran para la más eficaz prevención y represión de la criminalidad.

Este organismo, que gozará de autonomía para el ejercicio de sus funciones técnicas y administrativas, tendrá también a su cargo la concesión y revocación de la libertad condicional, de acuerdo con la Ley.

Art. 193. Se crean los Tribunales para menores de edad.

La Ley regulará su organización y funcionamiento.

SECCIÓN SÉPTIMA

De la inconstitucionalidad

Art. 194. La declaración de inconstitucionalidad podrá pedirse:

a) Por los interesados en los juicios, causas o negocios de que conozca la jurisdicción ordinaria y las especiales.

b) Por veinticinco ciudadanos que justifiquen su condición de tales.

c) Por la persona a quien afecte la disposición que se estime inconstitucional.

Los Jueces y Tribunales están obligados a resolver los conflictos entre las Leyes vigentes y la Constitución, ajustándose al principio de que ésta prevalezca siempre sobre aquéllas.

Cuando un Juez o Tribunal considere inaplicable cualquier Ley, Decreto-ley, Decreto o disposición porque estime que viola la Constitución, suspenderá el procedimiento y elevará el asunto al Tribunal de Garantías Constitucionales y Sociales a fin de que declare o niegue la constitucionalidad del precepto en cuestión y devuelva el asunto al remitente para que continúe el procedimiento, dictando las medidas de seguridad que sean pertinentes.

En los expedientes administrativos podrá plantearse el recurso de inconstitucionalidad al acudirse a la vía contencioso-administrativa. Si las Leyes no franquearen esta vía podrá interponerse el recurso de inconstitucionalidad directamente contra la resolución administrativa.

Los recursos de inconstitucionalidad, en los casos enumerados en los artículos ciento treinta y uno, ciento setenta y cuatro, ciento ochenta y dos y ciento ochenta y seis de esta Constitución, se interpondrán directamente ante el Tribunal de Garantías Constitucionales y Sociales.

En todo recurso de inconstitucionalidad los Tribunales resolverán siempre el fondo de la reclamación. Si el recurso adoleciere de algún defecto de forma concederán un plazo al recurrente para que lo subsane.

No podrá aplicarse en ningún caso ni forma una Ley, Decreto-ley, Decreto, Reglamento, Orden, disposición o medida que haya sido declarada inconstitucional, bajo pena de inhabilitación para el desempeño de cargo público.

La sentencia en que se declare la inconstitucionalidad de un precepto legal o de una medida o acuerdo gubernativo, obligará al organismo, autoridad o funcionario que haya dictado la disposición anulada, a derogarla inmediatamente.

En todo caso la disposición legislativa o reglamentaria o medida gubernativa declarada inconstitucional se considerará nula y sin valor ni efecto desde el día de la publicación de la sentencia en los estrados del Tribunal.

Art. 195. El Tribunal Supremo y el de Garantías Constitucionales y Sociales están obligados a publicar sin demora sus sentencias en el periódico oficial que corresponda.

En el presupuesto del Poder Judicial se consignará anualmente un crédito para el pago de estas atenciones.

SECCIÓN OCTAVA

De la jurisdicción e inamovilidad

Art. 196. Los Tribunales ordinarios conocerán de todos los juicios, causas o negocios, sea cual fuere la jurisdicción a que correspondan, con la sola excepción de los originados por delitos militares o por hechos ocurridos en el servicio de las armas, los cuales quedarán sometidos a la jurisdicción militar.

Cuando estos delitos se cometan conjuntamente por militares y por personas no aforadas, o cuando una de estas últimas sea víctima del delito, serán de la competencia de la jurisdicción ordinaria.

Art. 197. En ningún caso podrán crearse tribunales, comisiones y organismos a los que se conceda competencia especial para conocer de hechos, juicios, causas, expedientes, cuestiones o negocios de las jurisdicciones atribuidas a los tribunales ordinarios.

Art. 198. Los Tribunales de las Fuerzas de Mar y Tierra se regirán por una Ley orgánica especial y conocerán únicamente de los delitos y faltas estrictamente militares cometidos por sus miembros. En caso de guerra o grave alteración del orden público la jurisdicción militar conocerá de todos los delitos y faltas cometidos por militares en el territorio donde exista realmente el estado de guerra, de acuerdo con la Ley.

Art. 199. La responsabilidad civil y criminal en que incurran los Jueces, Magistrados y Fiscales en el ejercicio de sus funciones, o con motivo de ellas, será exigible ante el Tribunal Supremo de Justicia.

Art. 200. Los funcionarios judiciales y del Ministerio Fiscal, abogados de oficio, así como sus auxiliares y subalternos, son inamovibles. En su virtud, no podrán ser suspendidos ni separados sino por razón de delito u otra causa grave debidamente acreditada, y siempre con audiencia del inculpado. Estos funcionarios podrán ser suspendidos en el ejercicio de sus funciones en cualquier estado del expediente.

Cuando en causa criminal un Juez, Magistrado, Fiscal o abogado de oficio fuere procesado será suspendido inmediatamente en el ejercicio de sus funciones.

No podrá acordarse el traslado de Jueces, Magistrados, Fiscales o abogados de oficio, a no ser mediante expediente de corrección disciplinaria o por los motivos de conveniencia pública que establezca la Ley. No obstante, los funcionarios del Ministerio Fiscal podrán ser trasladados, en caso de vacantes, si lo solicitaren.

Art. 201. Los cargos de Secretarios y auxiliares de la Administración de Justicia se cubrirán en turnos alternativos de traslados y ascensos por antigüedad y méritos, determinados estos últimos, por concurso-oposición, en la forma que fije la Ley y de acuerdo con el escalafón que confeccionará y publicará la Sala de Gobierno del Tribunal Supremo de Justicia.

Art. 202. La Ley establecerá las causales de corrección, traslado y separación, así como la tramitación de los expedientes respectivos.

Art. 203. El cumplimiento de las resoluciones judiciales es ineludible. La Ley establecerá las garantías necesarias para hacer efectivas estas resoluciones si a ello se resistiesen autoridades, funcionarios, empleados del Estado, de la Provincia o del Municipio o miembros de las Fuerzas Armadas.

Art. 204. Las sentencias que dicten los Jueces correccionales en los casos de delito serán apelables ante el Tribunal que la Ley determine, regulando ésta su procedimiento.

Art. 205. El Gobierno no tiene potestad para declarar lesiva una resolución firme de los Tribunales. En el caso de que no pueda cumplirla indemnizará al perjudicado en la forma correspondiente siempre que proceda, solicitando del Congreso los créditos necesarios si no los tuviere.

Art. 206. La retribución de los funcionarios y empleados de la Administración de Justicia, del Ministerio Fiscal y de los funcionarios y empleados permanentes de los organismos electorales no podrá ser alterada sino por una votación de las dos terceras partes de cada uno de los Cuerpos colegisladores y en períodos no menores de cinco años.

No podrán asignarse distintas retribuciones a cargos de igual grado, categoría y funciones.

La retribución que se asigne a los Magistrados del Tribunal Supremo de Justicia y a los demás funcionarios del Poder Judicial deberá ser en todo caso adecuada a la importancia y trascendencia de sus funciones.

Art. 207. Ningún miembro del Poder Judicial podrá ser Ministro de Gobierno ni desempeñar función alguna adscrita a los Poderes Legislativo o Ejecutivo, excepto cuando se trate de formar parte de Comisiones designadas por el Senado o la Cámara de Representantes para la reforma de Leyes. Tampoco podrán figurar como candidatos a ningún cargo electivo.

Art. 208. La responsabilidad penal y los motivos de separación en que puedan incurrir el Presidente, Presidentes de Sala y Magistrados del Tribunal Supremo de Justicia se declararán ajustándose al siguiente procedimiento:

El Senado de la República será el competente para conocer de las denuncias contra dichos funcionarios. Recibida una denuncia el Senado nombrará una Comisión para que la estudie; ésta elevará su dictamen al Senado. Si por el voto de las dos terceras partes de sus miembros, emitido en votación secreta, el Senado considera fundada la denuncia se abrirá el juicio correspondiente ante un Tribunal, que se denominará Gran Jurado, compuesto por quince miembros, designados en la forma que sigue:

El Presidente del Tribunal Supremo remitirá al Presidente del Senado la relación completa de los miembros de dicho organismo que no se encuentren afectados por la acusación.

El Presidente de la Cámara de Representantes remitirá al Presidente del Senado la relación de los miembros que la integran. El Rector de la Universidad de La Habana enviará al Presidente del Senado la relación completa de los profesores titulares de su Facultad de Derecho.

El Presidente de la República remitirá al Presidente del Senado una relación de cincuenta abogados que reúnan las condiciones requeridas para ser Magistrados del Tribunal Supremo, designados libremente por él.

Recibidas estas listas por el Presidente del Senado éste, en sesión pública de dicho Cuerpo, procederá a determinar los componentes del Gran Jurado mediante insaculación:

Seis del Tribunal Supremo de Justicia. No habiéndolos, o no alcanzando su número, se completará por el mismo procedimiento de una lista formada con el Presidente y los Magistrados de la Audiencia de La Habana remitida al Presidente del Senado por el Presidente de dicha Audiencia.

Tres miembros de la Cámara de Representantes.

Tres miembros de la Facultad de Derecho de la Universidad de La Habana; y

Tres miembros de la lista de cincuenta abogados.

Este Tribunal será presidido por el funcionario judicial de mayor categoría y en su defecto por el de mayor antigüedad de los que concurran a integrarlo.

El Senado, una vez nombrado el Gran Jurado, le dará traslado de la denuncia para la tramitación oportuna. Dictado el fallo, el Gran Jurado se disolverá.

TÍTULO XV

El régimen municipal

SECCIÓN PRIMERA

Disposiciones generales

Art. 209. El Municipio es la sociedad local organizada políticamente por autorización del Poder Legislativo en una extensión territorial determinada por necesarias relaciones de vecindad, sobre una base de capacidad económica para satisfacer los gastos del gobierno propio, y con personalidad jurídica a todos los efectos legales.

La Ley determinará el territorio, el nombre de cada Municipio y el lugar de residencia de su gobierno.

Art. 210. Los Municipios podrán asociarse para fines intermunicipales por acuerdo de sus respectivos Ayuntamientos o Comisiones. También podrán incorporarse unos Municipios a otros o dividirse para constituir otros nuevos, o alterar sus límites, por iniciativa popular y con aprobación del Congreso, oído el parecer de los Ayuntamientos o Comisiones respectivos.

Para acordar la segregación de parte de un término municipal y agregarla a otro u otros colindantes será preciso que lo solicite, por lo menos, un diez por ciento de los vecinos de la porción de territorio que se trate de segregar, y que, en una elección de referendo, el sesenta por ciento de los electores de dicha parte se muestre conforme con la segregación.

Si el resultado del referendo fuese favorable a la solicitud presentada se elevará el asunto al Congreso para su resolución definitiva.

Al señalarse las nuevas demarcaciones de territorios y practicarse la división de bienes se respetará el derecho de propiedad privada del Municipio cedente sobre los bienes que haya adquirido o construido en la porción que se le segrega, sin perjuicio de reconocerle al Municipio que la recibe la parte proporcional que le corresponda por lo que hubiere aportado para la adquisición o construcción de dichos bienes.

Siempre que se trate de la constitución de un nuevo Municipio, corresponderá al Tribunal de Cuentas informar sobre la capacidad económica del mismo para el mantenimiento del gobierno propio.

Art. 211. El gobierno municipal es una entidad con poderes para satisfacer las necesidades colectivas peculiares de la sociedad local, y es además un organismo auxiliar del Poder Central, ejercido por el Estado a través de todo el territorio nacional.

Art. 212. El Municipio es autónomo. El gobierno municipal queda investido de todos los poderes necesarios para resolver libremente los asuntos de la sociedad local.

Las facultades de las cuales no resulta investido el gobierno municipal por esta Constitución quedan reservadas al Gobierno nacional.

El Estado podrá suplir la gestión municipal cuando ésta sea insuficiente en caso de epidemia, grave alteración del orden público y otros motivos de interés general, en la forma que determine la Ley.

Art. 213. Corresponde especialmente al gobierno municipal:

a) Suministrar todos los servicios públicos locales; comprar, construir y operar empresas de servicios públicos o prestar dichos servicios mediante concesión o contrato, con todas las garantías que establezca la Ley, y adquirir, por expropiación o por compra, para los propósitos indicados, las propiedades necesarias. También podrán operar empresas de carácter económico.

b) Llevar a cabo mejoras públicas locales y adquirir por compra, de acuerdo con sus dueños o mediante expropiación, las propiedades directamente necesarias para la obra proyectada y las que conviniere para resarcirse del costo de la misma.

c) Crear y administrar escuelas, museos y bibliotecas públicas, campos para educación física y campos recreativos, sin perjuicio de lo que la Ley establezca sobre educación, y adoptar y ejecutar dentro de los límites del Municipio, reglas sanitarias y de vigilancia local y otras disposiciones similares que no se opongan a la Ley, así como propender al establecimiento de cooperativas de producción y de consumo y exposiciones y jardines botánicos y zoológicos, todo con carácter de servicio público.

d) Nombrar los empleados municipales con arreglo a lo que establezcan esta Constitución y la Ley.

e) Formar sus presupuestos de gastos e ingresos y establecer los impuestos necesarios para cubrirlos, siempre que estos sean compatibles con el sistema tributario del Estado.

Los Municipios no podrán reducir ni suprimir ingresos de carácter permanente sin establecer al mismo tiempo otros que los sustituyan, salvo en caso en que la reducción o supresión corresponda a la reducción o supresión de gastos permanentes equivalentes.

Los créditos que figuren en los presupuestos para gastos serán divididos en dozavas partes y no se pagará ninguna atención del mes corriente si no han sido liquidadas todas las del anterior.

f) Acordar empréstitos, votando al mismo tiempo los ingresos permanentes necesarios para el pago de sus intereses y amortización.

Ningún Municipio podrá contraer obligaciones de esta clase sin previo informe favorable del Tribunal de Cuentas.

En el caso de que se acordaren nuevos impuestos para el pago de las obligaciones a que se refiere el párrafo anterior se requerirá además la votación conforme en una elección de referendo de la mitad más uno de los votos emitidos por los electores del término municipal, sin que la votación pueda ser inferior al treinta por ciento de los mismos.

g) Contraer obligaciones económicas de pago aplazado para costear obras públicas, con el deber de consignar en los sucesivos presupuestos anuales los créditos necesarios para satisfacerlas, y siempre que su pago no absorba la capacidad económica del Municipio para prestar los otros servicios que tiene a su cargo. No podrá ningún municipio contraer obligaciones de esta clase sin previo informe favorable del Tribunal de Cuentas y la votación conforme también de las dos terceras partes de los miembros que compongan el Ayuntamiento o la Comisión.

h) La enumeración de estas facultades, así como cualquiera otra que se haga en la Ley, no implica una limitación o restricción de las facultades generales concedidas por la Constitución al Municipio, sino la expresión de una parte de las mismas, sin perjuicio de lo dispuesto en el artículo doscientos doce de esta Constitución.

El comercio, las comunicaciones y el tránsito intermunicipales no podrán ser gravados por el Municipio. Queda prohibido el agio o la competencia desleal que pudiera resultar de medidas adoptadas por los Municipios. Los impuestos municipales sobre artículos de primera necesidad se ajustarán a las bases que establezca la Ley.

Art. 214. El gobierno de cada Municipio está obligado a satisfacer las siguientes necesidades mínimas locales:

a) El pago puntual de sueldos y jornales a los funcionarios y empleados municipales, de acuerdo con el nivel de vida de la localidad.

b) El sostenimiento de un albergue y casa de asistencia social, un taller de trabajo y una granja agrícola.

c) El mantenimiento de la vigilancia pública y de un servicio de extinción de incendios.

d) El funcionamiento, por lo menos en la cabecera, de una escuela, una biblioteca, un centro de cultura popular y una casa de socorros médicos.

Art. 215. En cada Municipio existirá una Comisión de urbanismo, que tendrá la obligación de trazar el plan de ensanche y embellecimiento de la ciudad y vigilar su ejecución, teniendo en cuenta las necesidades presentes y futuras del tránsito público, de la higiene, del ornato y del bienestar común.

Dicha Comisión atenderá a todo lo concerniente a la vivienda del trabajador y propondrá planes de fabricación de casas para obreros y campesinos, las cuales podrán ser adquiridas a largo plazo con el importe de un módico alquiler que restituya al Municipio el capital invertido. Los Municipios procederán a ejecutar el plan que aprobaren, consignando obligatoriamente en sus presupuestos las cantidades necesarias a tal fin de sus ingresos ordinarios, sin que puedan ser éstas inferiores al costo de una casa en cada ejercicio económico, o acudiendo a los medios que les brinda la Constitución para llevar a cabo obras de esta naturaleza, en el caso de que sus ingresos ordinarios no fuesen suficientes para ello.

Existirá asimismo una Comisión de caminos vecinales, que tendrá la obligación de trazar, construir y conservar aquellos que, según un plan y régimen, previamente acordados, favorezcan la explotación, el transporte y la distribución de los productos.

Art. 216. La Ley determinará la urbanización de los caseríos o poblados contiguos a los bateyes de los ingenios azucareros o cualquier otra explotación agrícola o industrial de análoga naturaleza.

SECCIÓN SEGUNDA

Garantías de la autonomía municipal

Art. 217. Como garantía de la autonomía municipal queda establecido lo siguiente:

a) Ningún gobernante local podrá ser suspendido ni destituido por el Presidente de la República, por el Gobernador de la provincia ni por ninguna otra autoridad gubernativa.

Sólo los Tribunales de Justicia podrán acordar la suspensión o separación de sus cargos de los gobernantes locales, mediante procedimiento sumario instruido conforme a la Ley, sin perjuicio de lo que ésta disponga sobre la revocación del mandato político.

Tampoco podrán ser intervenidos en ninguna de las funciones propias de su cargo por otros funcionarios o autoridades, salvo las facultades concedidas por la Constitución al Tribunal de Cuentas.

b) Los acuerdos del Ayuntamiento o de la comisión, o las resoluciones del alcalde o de cualquiera otra autoridad municipal no podrán ser suspendidos por el Presidente de la República, el Gobernador de la Provincia ni otra autoridad gubernativa.

Los referidos acuerdos o resoluciones sólo podrán ser impugnados por las autoridades gubernativas, cuando éstas lo estimen ilegales, ante los Tribunales de Justicia, que serán los únicos competentes para declarar, mediante el procedimiento sumario que establezca la Ley, si el organismo o las autoridades municipales los han tomado o no, dentro de la esfera de su competencia, de acuerdo con las facultades concedidas a los mismos por la Constitución.

c) Ninguna Ley podrá recabar para el Estado, las Provincias u otros organismos o instituciones toda o parte de las cantidades que recauden los Municipios por concepto de contribuciones, impuestos y demás medios de obtención de los ingresos municipales.

d) Ninguna Ley podrá declarar de carácter nacional un impuesto o tributo municipal que constituya una de las fuentes de ingreso del Municipio, sin garantizarle al mismo tiempo ingresos equivalentes a los nacionalizados.

e) Ninguna Ley podrá obligar a los Municipios a ejercer funciones recaudadoras de impuestos de carácter nacional o provincial a menos que los organismos interesados en el cobro nombren los auxiliares para esa gestión.

f) El Municipio no estará obligado a pagar ningún servicio que no esté administrado por él mismo, salvo que otra cosa hubiere convenido expresamente con el Estado, los particulares u otros Municipios.

Art. 218. El Alcalde o cualquiera otra autoridad representativa del gobierno local podrá, por sí o cumpliendo acuerdo del Ayuntamiento o de la Comisión, interponer ante el pleno del Tribunal Supremo recurso de abuso de poder contra toda resolución del Gobierno Nacional o Provincial que, a su juicio, atente contra el régimen de autonomía municipal establecido por la Constitución, aunque la resolución haya sido dictada en uso de facultades discrecionales.

Art. 219. Como garantía de los habitantes del término municipal respecto a sus gobernantes locales, se dispone lo siguiente:

a) En caso de que las resoluciones o acuerdos de las autoridades u organismos municipales lesionen algún interés privado o social, el perjudicado o cualquier habitante del Municipio que considere que el acuerdo o resolución lesiona un interés público, podrá solicitar su nulidad y la reparación del daño ante los Tribunales de Justicia, mediante un procedimiento sumario establecido por la ley. El Municipio responderá subsidiariamente y tendrá el derecho de repetir, cuando fuere condenado al pago, contra el funcionario culpable de haber ocasionado el daño en los términos que disponga la ley.

b) Se exigirá el referendo en la contratación de empréstitos, emisiones de bonos y otras operaciones de movilización del crédito municipal que por su cuantía obliguen al Municipio que las realiza a la creación de nuevos impuestos para responder al pago de las amortizaciones o pagos de dichas contrataciones.

c) Se concederá el derecho de iniciativa a un tanto por ciento que fijará la ley del Cuerpo electoral del Municipio para proponer acuerdos al Ayuntamiento o a la Comisión. Si éstos rechazaren la iniciativa o no resolvieren sobre ella, deberán someterla a la consulta popular mediante referendo en la forma que la ley determine.

d) La revocación del mandato político podrá solicitarse contra los gobernantes locales por un tanto por ciento de los electores del Municipio, en la forma que la Ley determine.

e) Se considerará resuelto negativamente lo que se solicite de las autoridades y organismos municipales cuando la petición o reclamación no fuere resuelta favorablemente dentro del término fijado por la ley. Esta regulará todo lo relativo a la impugnación de tales denegaciones tácitas y la responsabilidad de los culpables de la demora.

La ley fijará sanciones por la demora injustificada en la tramitación de las peticiones formuladas por los habitantes del término municipal a las autoridades y organismos municipales.

Art. 220. La responsabilidad penal en que incurran los Alcaldes, los miembros del Ayuntamiento o de la Comisión y demás autoridades municipales será exigible ante los Tribunales de Justicia, bien de oficio, a instancia del Fiscal, o por acción privada. Ésta será popular y podrá ejercitarse sin constituir fianza, por no menos de veinticinco vecinos del término municipal, sin perjuicio de las responsabilidades que proceda por acusación falsa o calumniosa.

Art. 221. De los acuerdos municipales serán responsables los que votaren a favor de ellos y los que no habiendo asistido a la sesión en que se tomaron, sin estar en uso de licencia, oficial entonces, dejaren transcurrir las dos sesiones siguientes sin salvar su voto. Estas salvedades no afectarán en ningún caso a la eficacia de los acuerdos definitivamente adoptados.

SECCIÓN TERCERA

Gobierno municipal

Art. 222. Los términos municipales estarán regidos en la forma que establezca la ley, la cual reconocerá el derecho de los Municipios a darse su propia Carta Municipal de acuerdo con esta Constitución.

La organización municipal será democrática y responderá en forma sencilla y eficaz al carácter esencialmente administrativo del gobierno local.

Art. 223. Los Municipios podrán adoptar su propia Carta municipal de acuerdo con el siguiente procedimiento que regulará la ley. El Ayuntamiento o la Comisión, a petición de un diez por ciento de los electores del Municipio y con el voto conforme de las dos terceras partes de sus miembros, consultará al Cuerpo electoral del Municipio, por medio de los organismos electorales correspondientes, si desea elegir una Comisión de quince miembros para redactar una Carta municipal.

Los nombres de los candidatos para formar parte de la Comisión figurarán en las correspondientes boletas, y si la mayoría de los electores votasen favorablemente la pregunta formulada, los quince candidatos que hayan recibido la mayor votación, de acuerdo con el sistema de representación proporcional, serán los electos para integrar la Comisión. Ésta redactará la Carta municipal y someterá a la aprobación de los electores del Municipio, no antes de los treinta días de haberla terminado y repartido, ni después del año de elegida la Comisión.

El Municipio adoptará uno de estos sistemas de gobierno: el de Comisión o el de Ayuntamiento y gerente, y el de alcalde y Ayuntamiento.

Art. 224. En el sistema de gobierno por Comisión el número de comisionados, incluyendo entre ellos al alcalde como presidente, será de cinco en los Municipios que tengan veinte mil habitantes, de siete en los que tengan de veinte mil a cien mil y de nueve en los mayores de cien mil habitantes.

Todos los comisionados serán elegidos directamente por el pueblo por un período de cuatro años. Cada comisionado será jefe de un departamento de la organización municipal, del cual será responsable, y estará encargado de cumplir y hacer cumplir, en cuanto a su departamento, los acuerdos adoptados por la Comisión. La ley fijará los requisitos que deban exigirse al comisionado según el departamento de que se trate.

Conjuntamente, los comisionados integrarán el Cuerpo Deliberativo del Municipio.

Art. 225. En el sistema de Ayuntamiento y Gerente habrá además un Alcalde que presidirá el Ayuntamiento y será el representante del pueblo en todos los actos oficiales o de carácter social.

El gerente social será un técnico o persona de reconocida capacidad en asuntos municipales y actuará como jefe de Administración municipal, con facultades para nombrar y remover los funcionarios y empleados del Municipio con observancia de lo establecido en esta Constitución.

El cargo se proveerá por el Ayuntamiento, por término de seis años, mediante concurso-oposición, ante un tribunal compuesto de los siguientes miembros: un Profesor de Gobierno Municipal; un Profesor de Derecho Administrativo; un Contador Público, y dos representantes del Municipio. El Profesor de Derecho Administrativo y el de Gobierno Municipal serán nombrados por una Facultad universitaria de Ciencias Sociales; el Contador Público, por la Escuela de Comercio de la provincia a que pertenezca el Municipio, y los representantes del Municipio por el Ayuntamiento del término de que se trate.

Una vez nombrado el Gerente por el Ayuntamiento, a propuesta del Tribunal calificador, no podrá ser destituido sino por sentencia de la autoridad judicial competente, o por la voluntad popular, siempre de acuerdo con las causas y las formalidades que la ley establezca.

El Ayuntamiento estará integrado, en esta forma de gobierno, por seis concejales, cuando la población del Municipio no exceda de veinte mil habitantes; por catorce, cuando sea superior a veinte mil y no exceda de cien mil, y por veintiocho cuando sea superior a cien mil habitantes, todos elegidos directamente por el pueblo por un período de cuatro años.

Art. 226. En el sistema de Alcalde y Ayuntamiento presidido por el Alcalde, tanto éste como los concejales serán elegidos directamente por el pueblo por un período de cuatro años.

La ley determinará la composición que haya de tener el Ayuntamiento y fijará las reglas según las cuales los partidos políticos deberán siempre postular para dicho organismo representantes de los diversos intereses y actividades de la localidad.

Art 227. El Alcalde, el Gerente y los Comisionados recibirán del Tesoro municipal una dotación que podrá ser alterada en todo tiempo, pero que no surtirá efecto sino después que se verifique una nueva elección de Alcalde, del Ayuntamiento o de la Comisión. El aumento en la dotación del Alcalde estará subordinado al aumento efectivo en las recaudaciones municipales durante los dos últimos años precedentes a la fecha en que deba hacerse efectivo. El cargo de Concejal podrá ser retribuido cuando las condiciones económicas del Municipio lo permitan y los servicios públicos estén debidamente dotados y atendidos.

Art. 228. Si faltare temporal o definitivamente el Alcalde en cualquiera de los tres sistemas anteriormente señalados, le sustituirá el Concejal o Comisionado que a ese efecto habrá sido elegido en la primera sesión celebrada por el Ayuntamiento o la Comisión.

Si la falta fuese del Gerente, el Ayuntamiento procederá a cubrir la vacante en la misma forma dispuesta para la provisión del cargo.

Art. 229. Para ser Alcalde Municipal, Gerente, Comisionado o Concejal se requiere ser ciudadano cubano, tener veintiún años de edad y reunir los demás requisitos que señale la ley. En cuanto a Alcalde, se requerirá, además, no haber pertenecido al servicio activo de las Fuerzas Armadas de la República durante los dos años inmediatos anteriores a la fecha de su designación como candidato.

La vecindad o residencia en el Municipio no será exigible en cuanto al Gerente.

Art. 230. La ley podrá crear el Distrito Metropolitano de La Habana, federando con la ciudad capital los Municipios que la circundan, en el número que la propia ley determine.

Los municipios federados tendrán representación directa en el Municipio del Distrito Metropolitano, conservando su organización democrática y popular.

Art. 231. En los presupuestos municipales se consignarán para atención de los barrios rurales las cantidades correspondientes, de acuerdo con la siguiente escala gradual:

En los barrios rurales que contribuyan de
0,100 a 1,000 $ . . . . el 35%
En los barrios rurales que contribuyan de
1,001 a 5,000 $ . . . . el 30%
En los barrios rurales que contribuyan de
5,001 a 10,000 $ . . . . el 25%
En los barrios rurales que contribuyan de
10,001 $ en adelante . . . . el 20%

Art. 232. Las elecciones municipales se celebrarán en fecha distinta a las elecciones generales.

TÍTULO XVI
SECCIÓN ÚNICA
Del régimen provincial

Art. 233. La Provincia comprenderá los Municipios situados dentro de su territorio. Cada Provincia estará regida por un Gobernador y un Consejo provincial.

El Gobernador ostentará la representación de la Provincia. El Consejo provincial es el órgano de orientación y coordinación de los intereses de la Provincia.

Art. 234. Las provincias podrán refundirse o dividirse para formar otras nuevas, o modificar sus límites, mediante acuerdo de los respectivos Consejos Provinciales y la aprobación del Congreso.

Art. 235. El Gobernador será elegido por un período de cuatro años, por sufragio directo y secreto, en la forma que determine la ley.

Para ser Gobernador se requiere:

a) Ser cubano por nacimiento o naturalización, y en este último caso con diez años de residencia en la República, contados desde la fecha de la naturalización.

b) Haber cumplido veinticinco años de edad.

c) Hallarse en el pleno goce de los derechos civiles y políticos.

d) No haber pertenecido al servicio activo de las Fuerzas Armadas de la República durante los dos años inmediatos anteriores a la fecha de su designación como candidato.

Art. 236. El Gobernador recibirá del Tesoro provincial una dotación que podrá ser alterada en todo tiempo, pero que no surtirá efecto sino después que se verifique nueva elección de Gobernador.

El aumento en la dotación del Gobernador estará subordinado al aumento efectivo de los ingresos provinciales durante los dos últimos años precedentes a la fecha en que deba hacerse efectivo.

Art. 237. Por si faltare temporal o definitivamente el Gobernador, lo sustituirá en el cargo el Alcalde de más edad.

Art. 238. Corresponde al Gobernador de la Provincia:

a) Cumplir y hacer cumplir, en los extremos que le conciernan, las leyes, decretos y reglamentos de la Nación.

b) Publicar los acuerdos del Consejo Provincial que tengan fuerza obligatoria, ejecutándolos y haciéndolos ejecutar, determinando las penalidades correspondientes a las infracciones cuando no hayan sido fijadas por el Consejo.

c) Expedir órdenes y dictar además las instrucciones y reglamentos para la mejor ejecución de los acuerdos del Consejo cuando éste no lo hubiere hecho.

Art. 239. Formarán el Consejo Provincial los alcaldes municipales de la Provincia. Los Alcaldes podrán asistir a las sesiones del Consejo asistidos de peritos en cada uno de los servicios fundamentales de la comunidad, tales como administración, salubridad y asistencia social, educación y obras públicas, los cuales tendrán el carácter de consultores técnicos del Consejo y podrán ser oídos por éste, pero no tendrán voto. El cargo de asesor técnico será honorífico y gratuito.

Art. 240. El Gobernador tendrá su sede en la capital de la provincia, pero las sesiones del Consejo Provincial podrán celebrarse indistintamente en la cabecera de cualquier término municipal de la misma, previo acuerdo del Consejo.

Art. 241. Los Consejos Provinciales se reunirán, por lo menos, una vez cada dos meses, sin perjuicio de las sesiones extraordinarias que podrán celebrarse cuando las convoque el gobernador por sí o a instancia de tres o más miembros del Consejo Provincial.

Art. 242. Corresponde al Consejo Provincial:

a) Formar su presupuesto ordinario de ingresos y gastos y determinar la cuota que en proporción igual —en relación con los ingresos— deberá aportar obligatoriamente cada Municipio para sufragar los gastos de la provincia.

b) Prestar servicios públicos y ejecutar obras de interés provincial, especialmente en los ramos de salubridad y asistencia social, educación y comunicaciones, sin contravenir las leyes del Estado.

c) Acordar empréstitos para realizar obras públicas o planes provinciales de carácter social o económico, y votar a la vez los ingresos permanentes necesarios para el pago de sus intereses y amortizaciones. No podrá acordarse ningún empréstito sin el informe previo favorable del Tribunal de Cuentas y el acuerdo de las dos terceras partes de los miembros del Consejo Provincial.

En el caso en que se acordaren nuevos impuestos para el pago de la obligación a que se refiere el párrafo anterior, será necesario además la votación conforme, en una elección de referendo, de la mitad más uno de los votos emitidos por los electores de la provincia, sin que la votación pueda ser inferior al treinta por ciento de los mismos.

d) Nombrar y remover los empleados y provinciales con arreglo a esta Constitución y a la ley.

Art. 243. A los efectos de lo dispuesto en el artículo anterior, se tomará como base para calcular los ingresos la cifra promedio de los ingresos efectivos del quinquenio anterior.

Art. 244. Cuando las obras acordadas por el Consejo no sean de carácter provincial, sino en interés de los Municipios, éstos deberán recibir en beneficios una consignación mínima proporcional a sus cuotas contributivas.

Art. 245. Ningún miembro del Consejo Provincial podrá ser suspendido ni destituido por autoridad gubernativa. Tampoco podrán ser suspendidos ni anulados por dicha autoridad los acuerdos y decisiones del Consejo, los que podrán ser impugnados ante los tribunales de Justicia, mediante procedimiento sumario especial que la ley regulará, por las autoridades gubernativas municipales o nacionales, por cualquier vecino que resulte perjudicado por el acuerdo o resolución, o estime que éstos lesionan un interés público.

Los acuerdos de los Consejos Provinciales serán tomados en sesiones públicas.

Sólo las Audiencias están facultadas para suspender o separar a los Consejeros Provinciales a causa de delito en sumario instruido conforme a la ley, o por sentencia firme que lleve aparejada inhabilitación. En caso de suspensión o separación de un Consejo Provincial, la sanción se extenderá a sus funciones como Alcalde Municipal.

Art. 246. El Gobernador, previo acuerdo del Consejo provincial, podrá interponer ante el pleno del Tribunal Supremo de Justicia, en la forma que la ley determine, recurso de abuso de poder contra las resoluciones del Gobierno nacional que, a su juicio, atenten contra el régimen de autonomía provincial establecido por la Constitución, aunque la resolución haya sido dictada en uso de facultades discrecionales.

Art. 247. El Consejo Provincial y el Gobernador deben acatamiento al Tribunal de Cuentas del Estado en materia de contabilidad, quedando obligados a suministrarle todos los datos e informes que éste solicite, especialmente los relativos a la formación y liquidación de los presupuestos.

El Gobernador designará, en la oportunidad que le indique el Tribunal de Cuentas, un perito conocedor de la Hacienda Provincial para que asista al Tribunal en el examen de la contabilidad de la Provincia.

Art. 248. Las disposiciones sobre Hacienda Pública contenidas en el título correspondiente de esta Constitución, serán aplicables a la provincia, en cuanto sean compatibles con el régimen de la misma.

Art 249. Los Consejeros Provinciales y el Gobernador serán responsables ante los Tribunales de Justicia, en la forma que la ley prescriba, de los actos que realicen en el ejercicio de sus funciones. El cargo de Consejero Provincial es honorífico, gratuito y obligatorio.

Art. 250. La ley organizará el principio de gobierno y de administración provincial que se establecen en esta Constitución, de modo que responda al carácter administrativo del gobierno provincial.

TÍTULO XVII

Hacienda Nacional

SECCIÓN PRIMERA

De los bienes y finanzas del Estado

Art. 251. Pertenecen al Estado, además de los bienes de dominio público y de los suyos propios, todos los existentes en el territorio de la República que no correspondan a las Provincias o a los Municipios ni sean, individual o colectivamente, de propiedad particular.

Art. 252. Los bienes propios o patrimoniales del Estado sólo podrán enajenarse o gravarse con las siguientes condiciones:

a) Que el Congreso lo acuerde en ley extraordinaria, por razón de necesidad o conveniencia social, y siempre por las dos terceras partes de cada Cuerpo colegislador.

b) Que la venta se realice mediante subasta pública. Si se trata de arrendamiento se procederá según disponga la ley.

c) Que se designe el producto a crear trabajo, atender servicios o a satisfacer necesidades públicas.

Podrá, sin embargo, acordarse la enajenación o gravamen en ley ordinaria y realizarse sin el requisito de subasta pública, cuando se haga para desarrollar un plan económico nacional aprobado en ley extraordinaria.

Art. 253. El Estado no concertará empréstitos sino en virtud de una ley aprobada por las dos terceras partes del número total de los miembros de cada Cuerpo colegislador, y en que se voten al mismo tiempo los ingresos permanentes necesarios para el pago de intereses y amortización.

Art. 254. El Estado garantiza la Deuda Pública y en general toda operación que implique responsabilidad económica para el Tesoro nacional, siempre que se hubiere contraído de acuerdo con lo dispuesto en la Constitución y en la Ley.

SECCIÓN SEGUNDA
Del presupuesto

Art. 255. Todos los ingresos y gastos del Estado, con excepción de los que se mencionan más adelante, serán previstos y fijados en presupuestos anuales y sólo regirán durante el año para el cual hayan sido aprobados.

Se exceptúan de lo dispuesto en el párrafo anterior los fondos, cajas especiales o patrimonios privados de los organismos autorizados por la Constitución o por la ley, y que estén dedicados a seguros sociales, obras públicas, fomento de la agricultura y regulación de la actividad industrial, agropecuaria, comercial o profesional, y en general al fomento de la riqueza nacional. Estos fondos o sus impuestos serán entregados al organismo autónomo y administrados por éste, de acuerdo con la ley que los haya creado, sujetos a la fiscalización del Tribunal de Cuentas.

Los gastos de los Poderes Legislativo y Judicial, los del Tribunal de Cuentas y los de intereses y amortización de empréstitos, y los ingresos con que hayan de cubrirse, tendrán el carácter de permanentes y se incluirán en el presupuesto fijo que regirá mientras no sea reformado por leyes extraordinarias.

Art. 256. A los efectos de la protección de los intereses comunes y nacionales, dentro de cualquier rama de la producción, así como de las profesiones, la ley podrá establecer asociaciones obligatorias de productores, determinando la forma de constitución y funcionamiento de los organismos nacionales y los regionales que fueran necesarios, en forma tal que en todos los momentos estén regidos por la mayoría de sus asociados con autoridad plena, concediéndoles asimismo el derecho de subvenir a las necesidades de su acción organizada mediante las cuotas que por ministerio de la propia Ley se impongan.

Los presupuestos de estos organismos o cooperativas serán fiscalizados por el Tribunal de Cuentas.

Art. 257. El Congreso no podrá incluir en las leyes de presupuesto disposiciones que introduzcan reformas legislativas o administrativas de otro orden, ni podrá reducir o suprimir ingresos de carácter permanente sin establecer al mismo tiempo otros que los sustituyan, salvo el caso en que reducción o supresión corresponda a la reducción de gastos permanentes de igual cuantía; ni asignar a ninguno de los servicios que deban dotarse en el presupuesto anual cantidad mayor de la indicada en el proyecto del Gobierno. Podrá por medio de las leyes crear nuevos servicios o ampliar los existentes.

Toda ley que origine gastos fuera del presupuesto, o que represente en el porvenir erogaciones de esa clase, deberá establecer, bajo pena de nulidad, el medio de cubrirlos en cualquiera de estas formas:

a) Creación de nuevos ingresos.

b) Supresión de erogaciones anteriores.

c) Comprobación cierta de superávit o sobrante por el Tribunal de Cuentas.

Art. 258. El estudio y formación de los presupuestos anuales del Estado corresponde al Poder Ejecutivo; su aprobación o modificación, al Congreso, dentro de los límites establecidos en la Constitución. En caso de necesidad perentoria, el Congreso por medio de una ley podrá acordar un presupuesto extraordinario.

El Poder Ejecutivo presentará al Congreso a través de la Cámara de Representantes el proyecto de presupuesto anual sesenta días antes de la fecha en que deba comenzar a regir. El Presidente de la República, y especialmente el Ministro de Hacienda, incurrirán en la responsabilidad que la Ley determine si el presupuesto llega al Congreso después de la fecha antes fijada. La Cámara de Representantes deberá enviar con su acuerdo el proyecto de presupuestos al Senado treinta días antes de la fecha en que deba comenzar a regir.

Si el presupuesto general no fuera votado antes del primer día del año económico en que deba regir, se entenderá prorrogado por trimestres, conjuntamente con la Ley de Bases, el que haya venido rigiendo. En este caso el Poder Ejecutivo no podrá hacer más modificaciones que las derivadas de gastos ya pagados, o de servicios o gastos no necesarios, en el nuevo ejercicio fiscal.

Las atenciones del presupuesto ordinario serán cubiertas necesariamente con ingresos de este tipo previstos en el mismo, sin que en ningún caso puedan cubrirse con ingresos extraordinarios, a no ser que lo autorice así una Ley de este carácter.

El presupuesto ordinario será ejecutivo con la sola aprobación del Congreso, que lo hará publicar inmediatamente.

Art. 259. Los presupuestos contendrán en la parte de egresos epígrafes en que se haga constar:

a) El montante absoluto de las responsabilidades legítimas del Estado, liquidadas y no pagadas, correspondiente a presupuestos anteriores.

b) La proporción de ese montante, que se satisfará con los ingresos ordinarios correspondientes al nuevo presupuesto.

La Ley de Bases establecerá, en cuanto a los incisos anteriores, necesariamente, las reglas relativas a la forma en que habrá de prorratearse entre los acreedores con créditos liquidados, la cantidad o cantidades que se fijen para pagos durante la vigencia del presupuesto.

Art. 260. Los créditos consignados en el estado de gastos del presupuesto fijarán las cantidades máximas destinadas a cada servicio, que no podrán ser aumentadas ni transferidas por el Poder Ejecutivo sin autorización previa del Congreso.

El Poder Ejecutivo podrá, sin embargo, conceder bajo su responsabilidad, y cuando el Congreso no esté reunido, créditos o suplementos de créditos en los siguientes casos:

a) Guerra o peligro inminente de ella.

b) Grave alteración del orden público.

c) Calamidades públicas.

La tramitación de estos créditos se determinará por la Ley.

Art. 261. El Poder Ejecutivo tiene la obligación de rendir anualmente las cuentas del Estado. A ese fin, el Ministro de Hacienda liquidará el presupuesto anual dentro de los tres meses siguientes a su expiración, y, previa aprobación por el Consejo de Ministros, enviará su informe, con los datos y comprobantes necesarios, al Tribunal de Cuentas. Éste dictaminará sobre el informe dentro de los tres meses siguientes, y en este plazo, y sin perjuicio de la efectividad de sus acuerdos, comunicará al Congreso y al Poder Ejecutivo las infracciones o responsabilidades en que a su juicio se haya incurrido. El Congreso será, en definitiva, el que apruebe o rechace las cuentas.

Los créditos presupuestados para gastos imprevistos de la Administración sólo podrán ser invertidos, en su caso, previo acuerdo del Consejo de Ministros.

El Poder Ejecutivo remitirá al Congreso mensualmente los balances correspondientes a los ingresos y gastos del Estado.

Art. 262. El Poder Ejecutivo impedirá la duplicidad de servicios y la multiplicidad de agencias oficiales o semioficiales dotadas total o parcialmente por el Estado para la realización de sus fines.

Art. 263. Nadie estará obligado al pago de impuesto, tasa o contribución alguna que no haya sido establecido expresamente por la Ley o por los Municipios, en la forma dispuesta por esta Constitución y cuyo importe no vaya a formar parte de los ingresos del presupuesto del Estado, la Provincia o el Municipio, salvo que se disponga otra cosa en la Constitución o en la Ley.

No se considerarán comprendidas en la disposición anterior las contribuciones o cuotas impuestas por la Ley con carácter obligatorio a las personas o entidades integrantes de una industria, comercio o profesión, en favor de sus organismos reconocidos por la Ley.

Art. 264. El Estado, sin perjuicio de los demás medios a su alcance, regulará el fomento de la riqueza nacional mediante la ejecución de obras públicas pagaderas, en todo o en parte, por los directamente beneficiados. La Ley determinará la forma y el procedimiento adecuados para que el Estado, la Provincia o el Municipio, por iniciativa propia o acogiendo la privada, promuevan la ejecución de tales obras, otorguen las concesiones pertinentes, autoricen la fijación, el repartimiento y la cobranza de impuestos para esos fines.

Art. 265. La liquidación de cada crédito proveniente de fondos del Estado para la ejecución de cualquier obra o servicio público, será publicada íntegramente en la *Gaceta Oficial* de la República, tan pronto haya obtenido la superior aprobación del Ministerio correspondiente.

El acta de recepción, ya sea parcial, total, provisional o definitiva, de toda obra pública ejecutada total o parcialmente con fondos provenientes del Estado, será publicada en la *Gaceta Oficial* de la República, tan pronto haya obtenido la aprobación superior del Ministerio correspondiente.

Tanto la liquidación de los créditos provenientes de los fondos del Estado, como las recepciones definitivas de las obras ejecutadas por contrata o administración, sufragadas parcial o totalmente con fondos provenientes del Estado, serán sometidas a la aprobación superior dentro de los sesenta días naturales después de terminadas las obras, sin perjuicio de las liquidaciones y recepciones parciales que se consideren procedentes por la administración durante el proceso de ejecución de las obras.

SECCIÓN TERCERA

Del Tribunal de Cuentas

Art. 266. El Tribunal de Cuentas es el organismo fiscalizador de los ingresos y gastos del Estado, la Provincia y el Municipio, y de las organizaciones autónomas nacidas al amparo de la Ley que reciban sus ingresos, directa o indirectamente, a través del Estado. El Tribunal de Cuentas sólo depende de la Ley, y sus conflictos con otros organismos se someterán a la resolución del Tribunal Supremo de Justicia.

Art. 267. El Tribunal de Cuentas estará compuesto por siete miembros, cuatro de los cuales serán abogados y tres contadores públicos o profesores mercantiles. También podrá ser designado, aun sin ser abogado o contador, cualquier persona que esté comprendida en el inciso *d)* del artículo siguiente. Los abogados deberán reunir los mismos requisitos que se exigen para ser miembro del Tribunal Supremo. Los contadores públicos o profesores mercantiles deberán ser mayores de treinta y cinco años, cubanos por nacimiento y tener no menos de diez años en el ejercicio de su profesión.

El pleno del Tribunal Supremo designará dos de los abogados, que serán el Presidente y el Secretario del Tribunal.

El Presidente de la República designará un miembro abogado y uno contador público o profesor mercantil.

El Senado designará un miembro abogado y uno contador público o profesor mercantil.

El Consejo Universitario designará un miembro contador público o profesor mercantil.

Los miembros del Tribunal de Cuentas desempeñarán sus cargos por un período de ocho años y sólo podrán ser separados dentro de este período por el Tribunal de Garantías Constitucionales y Sociales del Tribunal Supremo de Justicia de la República, previo expediente y resolución razonada.

Los miembros del Tribunal de Cuentas no podrán formar parte de ningún otro organismo oficial o autónomo que dependa, directa o indirectamente, del Estado, la Provincia o el Municipio, ni podrán ejercer profesión, industria o comercio.

Art. 268. Para ser miembro del Tribunal de Cuentas se requiere:

a) Ser cubano por nacimiento.

b) Haber cumplido treinta y cinco años de edad.

c) Hallarse en el pleno goce de los derechos civiles y políticos y no tener antecedentes penales.

d) Ser abogado con diez años de ejercicio; haber sido Ministro, o Secretario, o Subsecretario de Hacienda; Interventor General de la República, Tesorero o Jefe de Contabilidad del Ministerio de Hacienda; Catedrático de Economía, Hacienda, Intervención y Fiscalización o de Contabilidad en establecimiento oficial de enseñanza; o poseer título de contador público o profesor mercantil con diez años de ejercicio.

Los miembros del Tribunal de Cuentas no podrán tener interés material, directo o indirecto, en ninguna empresa agrícola, industrial, comercial o financiera conectada con el Estado, la Provincia o el Municipio.

Art. 269. El Tribunal de Cuentas nombrará interventores, funcionarios, empleados y auxiliares, mediante pruebas acreditativas de capacidad.

Art. 270. Son atribuciones del Tribunal de Cuentas:

a) Velar por la aplicación de los presupuestos del Estado, la Provincia y el Municipio de los organismos autónomos que reciban sus ingresos directa o indirectamente a través del Estado, examinando y fiscalizando la contabilidad de todos ellos.

b) Conocer de las órdenes de adelanto del Estado para aprobar la situación de fondos con vista del presupuesto, de manera que se cumplan las disposiciones de la Ley de Bases y que se tramiten sin preferencia ni pretericiones.

c) Inspeccionar en general los gastos y desembolsos del Estado, la Provincia y el Municipio tanto para la realización de obras como para suministros y pago de personal y las subastas hechas con ese fin. A este efecto podrá incoar expedientes para comprobar si los pagos realizados corresponden efectivamente al servicio realizado por las instituciones oficiales bajo su supervisión, debiendo comprobar por medio de los expedientes correspondientes para fijar el costo promedio por unidad de obra y el valor promedio de los suministros que el Estado debe percibir de acuerdo con el mercado. Asimismo podrá tramitar todas las denuncias que se formulen con este motivo y rendir un informe anual al Presidente de la República en relación con la forma en que se han realizado los gastos de las instituciones bajo su fiscalización, para que éste lo envíe con sus respectivas observaciones al Congreso.

d) Pedir informes a todos los organismos y dependencias sujetos a su fiscalización y nombrar delegado especial para practicar las correspondientes investigaciones cuando los datos no sean suministrados o cuando éstos se estimen deficientes.

El Tribunal estará obligado a rendir información detallada al Poder Ejecutivo y al Congreso, cuando sea requerido al efecto, sobre todos los extremos concernientes a su actuación.

e) Rendir anualmente un informe con respecto al estado y administración del tesoro público, la moneda nacional, la Deuda Pública y el presupuesto y su liquidación.

f) Recibir declaración bajo juramento o promesa a todo ciudadano designado para desempeñar una función pública, antes de tomar posesión y al cesar en el cargo, acerca de los bienes de fortuna que posea, y realizando al efecto las investigaciones que estime procedentes.

La Ley regulará y determinará la oportunidad y forma de ejercer esta función.

g) Dar cuenta a los Tribunales del tanto de culpa que resulte de la inspección y fiscalización que realice en relación con las facultades que le han sido concedidas por los incisos anteriores, y dictar las instrucciones oportunas en los casos de infracciones en que no hubiere responsabilidad penal, para el mejor cumplimiento de las leyes de contabilidad por todos los organismos sujetos a su fiscalización.

h) Publicar sus informes para general conocimiento.

i) Cumplir los demás deberes que le señalan la Ley y los Reglamentos.

SECCIÓN CUARTA

De la economía nacional

Art. 271. El Estado orientará la economía nacional en beneficio del pueblo para asegurar a cada individuo una existencia decorosa.

Será función primordial del Estado fomentar la agricultura e industria nacionales, procurando su diversificación como fuentes de riqueza pública y beneficio colectivo.

Art. 272. El dominio y posesión de bienes inmuebles y la explotación de empresas o negocios agrícolas, industriales, comerciales, bancarios y de cualquier otra índole por extranjeros radicados en Cuba, o que en Cuba realicen sus operaciones aunque radiquen fuera de ella, están sujetos de un modo obligatorio a las mismas condiciones que establezca la Ley para los nacionales, las cuales deberán responder, en todo caso, al interés económico-social de la Nación.

Art. 273. El incremento del valor de las tierras y de la propiedad inmueble, que se produzca sin esfuerzo del trabajo o del capital privado y únicamente por causa de la acción del Estado, la Provincia o el Municipio, cederá en beneficio de éstos la parte proporcional que determine la Ley.

Art. 274. Serán nulas las estipulaciones de los contratos de arrendamiento, colonato o aparcería de fincas rústicas que impongan la renuncia de derechos reconocidos en la Constitución o en la Ley, y también cualesquiera otros pactos que ésta o los Tribunales declaren abusivos.

Al regular dichos contratos se establecerán las normas adecuadas para tutelar las rentas, que serán flexibles, con máximo y mínimo según el destino, productividad, ubicación y demás circunstancias del bien arrendado; para fijar el mínimo de duración de los propios contratos según dichos elementos, y para garantizar al arrendatario, colono o aparcero, una compensación razonable por el valor de las mejoras y bienhechurías que entregue en buen estado y que haya realizado a sus expensas con el consentimiento expreso o tácito del dueño, o por haberlas requerido la explotación del inmueble dado su destino.

El arrendatario no tendrá derecho a dicha compensación si el contrato termina anticipadamente por su culpa, ni tampoco cuando rehúse la prórroga que se le ofrezca bajo las mismas condiciones vigentes al ocurrir el vencimiento del contrato.

También regulará la Ley los contratos de refacción agrícola y de molienda de cañas, así como la entrega de otros frutos por quien los produzca, otorgando al agricultor la debida protección.

Art. 275. La Ley regulará la siembra y molienda de la caña por administración, reduciéndolas al límite mínimo impuesto por la necesidad económico-social de mantener la industria azucarera sobre la base de la división de los dos grandes factores que concurren a su desarrollo: industriales o productores de azúcar y agricultores o colonos, productores de caña.

Art. 276. Serán nulas y carecerán de efecto las leyes y disposiciones creadoras de monopolios privados, o que regulen el comercio, la industria y la agricultura en forma tal que produzcan ese resultado. La Ley cuidará especialmente de que no sean monopolizadas en interés particular las actividades comerciales en los centros de trabajos agrícolas e industriales.

Art. 277. Los servicios públicos, nacionales o locales, se considerarán de interés social. Por consiguiente, tanto el Estado como la Provincia y el Municipio, en sus casos respectivos, tendrán el derecho de supervisarlos, dictando al efecto las medidas necesarias.

Art. 278. No se gravará con impuesto de consumo la materia prima nacional que, sea o no producto del agro, se destine a la manufactura o exportación.

Tampoco se establecerá impuesto de consumo sobre los productos de la industria nacional, si no pueden gravarse en igual forma los mismos productos, sus similares o sustitutos importados del extranjero.

Art. 279. El Estado mantendrá la independencia de las instituciones privadas de previsión y cooperación social que se sostienen normalmente sin el auxilio de los fondos públicos, y contribuirá al desenvolvimiento de las mismas mediante la legislación adecuada.

Art. 280. La moneda y la Banca estarán sometidas a la regulación y fiscalización del Estado.

El Estado organizará, por medio de entidades autónomas, un sistema bancario para el mejor desarrollo de su economía y fundará el Banco Nacional de Cuba, que lo será de Emisión y Redescuento. Al establecer dicho

Banco, el Estado podrá exigir que su capital sea suscrito por los Bancos existentes en el territorio nacional. Los que cumplan estos requisitos estarán representados en el Consejo de Dirección.

TÍTULO XVIII

Del estado de emergencia

Art. 281. El Congreso, mediante Ley extraordinaria, podrá, a solicitud del Consejo de Ministros, declarar el estado de emergencia nacional y autorizar al propio Consejo de Ministros para ejercer facultades excepcionales en cualquier caso en que se hallen en peligro o sean atacados la seguridad exterior o el orden interior del Estado con motivo de guerra, catástrofe, epidemia, grave trastorno económico u otra causa de análoga índole.

En cada caso la Ley extraordinaria determinará la materia concreta a que habrán de aplicarse las facultades excepcionales, así como el período durante el cual regirán, el que no excederá nunca de cuarenta y cinco días.

Art. 282. Durante el estado de emergencia nacional podrá el Consejo de Ministros ejercitar las funciones que el Congreso expresamente delegue en él. Asimismo podrá variar los procedimientos criminales. En todo caso, las disposiciones legislativas adoptadas por el Consejo de Ministros deberán ser ratificadas por el Congreso para que sigan surtiendo efecto después de extinguido el estado de emergencia nacional. Las actuaciones judiciales que modifiquen el régimen normal podrán ser revisadas, al cesar el estado de emergencia, a instancia de parte interesada. En este caso se abrirá el juicio de nuevo si ya se hubiere dictado sentencia condenatoria, la que se considerará como mero auto de procesamiento del encausado.

Art. 283. La Ley en que se declare el estado de emergencia nacional contendrá necesariamente la convocatoria a sesión extraordinaria del Congreso para el día en que venza el período de emergencia. Mientras esto ocurra, una Comisión permanente del Congreso deberá estar reunida para vigilar el uso de las facultades excepcionales concedidas al Consejo de Ministros y podrá convocar al Congreso, aun antes de vencer dicho término, para dar por extinguido el estado de emergencia.

La Comisión permanente será elegida de su seno y estará compuesta de veinticuatro miembros, que procedan por partes iguales de ambos Cuerpos colegisladores, debiendo en su composición hallarse representados asimismo todos los partidos políticos. La Comisión estará presidida por el Presidente del Congreso y funcionará cuando éste estuviere en receso y durante el estado de emergencia nacional.

La Comisión permanente tendrá competencia:

a) Para vigilar el uso de las atribuciones excepcionales que se le otorguen al Consejo de Ministros en los casos de emergencia.

b) Sobre inviolabilidad de los Senadores y Representantes.

c) Sobre los demás asuntos que le atribuya la Ley de Relaciones entre los Cuerpos colegisladores.

Art. 284. El Consejo de Ministros deberá rendir cuenta del uso de las facultades excepcionales ante la Comisión personalmente del Congreso, en cualquier momento que ésta así lo acuerde, y ante el Congreso al expirar el estado de emergencia nacional.

Una Ley extraordinaria regulará el estado de emergencia nacional.

TÍTULO XIX

De la reforma de la Constitución

Art. 285. La Constitución sólo podrá reformarse:

a) Por iniciativa del pueblo, mediante presentación al Congreso de la correspondiente proposición, suscrita, ante los organismos electorales, por no menos de cien mil electores que sepan leer y escribir y de acuerdo con lo que la Ley establezca. Hecho lo anterior, el Congreso se reunirá en un solo Cuerpo, y dentro de los treinta días subsiguientes votará sin discusión la Ley procedente para convocar a elecciones de Delegados o a un referendo.

b) Por iniciativa del Congreso, mediante la proposición correspondiente, suscrita por no menos de la cuarta parte de los miembros del Cuerpo colegislador a que pertenezcan los proponentes.

Art. 286. La reforma de la Constitución será específica, parcial o integral.

En el caso de reforma específica o parcial, propuesta por iniciativa popular, se someterá a un referendo en la primera elección que se celebre, siempre que el precepto nuevo que se trate de incorporar, o el ya existente que se pretenda revisar, sea susceptible de proponerse de modo que el pueblo pueda aprobarlo o rechazarlo, contestando "sí" o "no".

En el caso de renovación específica o parcial por iniciativa del Congreso, será necesaria su aprobación con el voto favorable de las dos terceras partes del número total de miembros de ambos cuerpos colegisladores reunidos conjuntamente, y dicha reforma no regirá si no es ratificada en igual forma dentro de las dos legislaturas ordinarias siguientes.

En el caso de que la reforma sea integral o se contraiga a la soberanía nacional o a los artículos veintidós, veintitrés, veinticuatro y ochenta y siete de esta Constitución, o a la forma de Gobierno, después de cumplirse los requisitos anteriormente señalados, según que la iniciativa proceda del pueblo o del Congreso, se convocará a elecciones para Delegados a una Asamblea plebiscitaria, que tendrá lugar seis meses después de acordada, la que se limitará exclusivamente a aprobar o rechazar las reformas propuestas.

Esta Asamblea cumplirá sus deberes con entera independencia del Congreso, dentro de los treinta días subsiguientes a su constitución definitiva. Los Delegados a dicha Convención serán elegidos por provincias, en la proporción de uno por cada cincuenta mil habitantes o fracción mayor de veinticinco mil, y en la forma que establezca la Ley, sin que ningún congresista pueda ser electo para el cargo de Delegado.

En el caso de que se trate de realizar alguna reelección prohibida constitucionalmente o la continuación en su cargo de algún funcionario por más tiempo de aquel para que fue elegido, la proposición de reforma habrá de ser aprobada por las tres cuartas partes del número total del Congreso, reunido en un solo Cuerpo y ratificada en un referendo por el voto favorable de las dos terceras partes del número total de electores de cada provincia.

DISPOSICIONES TRANSITORIAS

AL TÍTULO II

Primera. Los extranjeros comprendidos en los incisos uno, dos, cuatro y cinco del artículo sexto de la Constitución de mil novecientos uno conservarán los derechos allí reconocidos, siempre que cumplan los requisitos correspondientes.

Segunda. El Registro de Españoles, abierto en la Secretaría de Estado a virtud de lo dispuesto en la Constitución de mil novecientos uno y en las posteriores, quedará definitivamente cerrado al once de abril de mil novecientos cincuenta y será remitido al Archivo Nacional. Las certificaciones del Registro de Españoles dadas hasta esa fecha de clausura serán válidas en cualquier tiempo. Después del once de abril de mil novecientos cincuenta se generalizará para todos los extranjeros el procedimiento establecido en esta Constitución.

AL TÍTULO III

Única. Dentro de las tres legislaturas siguientes a la promulgación de esta Constitución, la Ley deberá establecer las sanciones correspondientes a las violaciones del artículo veinte de esta Constitución.

Mientras no esté vigente esa legislación todo acto que viole el derecho consagrado en ese artículo y en sus concordantes se considerará previsto y penado en el artículo doscientos dieciocho del Código de Defensa Social.

AL TÍTULO IV

Primera. Cuando se trate de Leyes que surtan efectos sobre obligaciones de carácter civil los artículos veintidós y veintitrés sólo se observarán respecto de las que se promulguen después de regir esta Constitución.

Segunda. Respecto de las obligaciones civiles que fueron objeto de los Decretos-leyes 412, 423 y 594, de 1934, modificados por la Ley de 3 de septiembre de 1937, cualquiera que sea actualmente su estado legal o contractual y disfruten o no de la moratoria, y también respecto de las posteriores al 14 de agosto de 1934 y anteriores al 4 de septiembre de 1937, pero tan sólo cuando estas últimas se refieran al pago de cantidades procedentes o derivadas del precio aplazado de colonias de cañas, ingenios de fabricar azúcar o acciones representativas del dominio de bienes de una u otra clase o así se deduzca del conjunto de los contratos, pacto o acuerdos entre acreedor y deudor, sean cuales fueren la naturaleza y forma de las garantías, el cumplimiento de dichas obligaciones se regirá por las siguientes reglas:

Primera. Los capitales que no excedan de mil pesos deberán quedar amortizados en treinta de junio de mil novecientos sesenta.

Los capitales comprendidos entre mil y cincuenta mil pesos deberán quedar amortizados en treinta de junio de mil novecientos sesenta y cinco, y en igual día de mil novecientos sesenta si es mayor de cincuenta mil pesos. De estar la obligación representada por bonos, cédulas, obligaciones o pagarés se considerará capital a todos los efectos de esta transitoria el importe total de los valores nominales representados por los que estaban en circulación en catorce de agosto de mil novecientos treinta y cuatro o el tres de septiembre de mil novecientos treinta y siete, según la obligación de que se trate, y se les imputarán los pagos de amortización por el orden de sus respectivos vencimientos anuales, según el contrato originario o a prorrata si tuvieren el mismo vencimiento.

Las amortizaciones serán exigibles por anualidades, a pagar la primera en treinta de junio de mil novecientos cuarenta y dos, pero de no haber decursado en esa fecha el plazo convenido por las partes, dicha primera anualidad será pagadera el día treinta de junio que siga al vencimiento del aludido plazo. En todos los casos el capital adeudado deberá distribuirse entre las correspondientes anualidades de amortización, en forma progresiva, a fin de que conjuntamente con los intereses integre pagos anuales aproximadamente iguales al combinarse los exigibles por ambos conceptos, y de manera que el acreedor quede totalmente satisfecho al vencer el plazo determinado por la cuantía de la deuda, según antes se establece.

Los capitales correspondientes a censos quedan exceptuados de las disposiciones de esta regla.

Segunda. Serán inexigibles todos los intereses atrasados que se adeuden al entrar en vigor esta transitoria, así como las sumas debidas por comisiones, costas, multas u otras penalidades y sus similares, aunque aquéllos o éstas aparezcan capitalizados; pero a partir de su vigencia, las obligaciones de que se trata devengarán intereses según la cuantía del capital, pagaderos como determinan los Decretos-leyes 412 y 594 de 1934 y conforme al tipo que resulte para cada una de las aplicaciones de la siguiente escala: Cuando el capital debido no exceda de quince mil pesos, la obligación devengará intereses al tres por ciento anual; si excede de quince mil pesos, pero no de cincuenta mil pesos, la obligación de que se trate los devengará al dos y medio por ciento anual; cuando exceda de cincuenta mil pesos, sin rebasar de doscientos mil pesos, los devengará al dos por ciento; de ser superior a doscientos mil pesos y no exceder de cuatrocientos mil pesos, al uno y tres cuartos por ciento; de pasar de cuatrocientos mil pesos, pero no de seiscientos mil pesos, al uno y medio por ciento; cuando sea superior a seiscientos mil pesos, sin exceder a ochocientos mil pesos, al uno y cuarto por ciento; y, finalmente, cuando el capital exceda de ochocientos mil pesos, la obligación de que se trate devengará intereses al uno por ciento anual. Lo dispuesto en la presente regla se aplicará a las obligaciones de que trata el párrafo inicial de esta transitoria, devenguen o no intereses, sean éstos convenidos o legales y cualquiera que sea, en su caso, el tipo pactado.

En todo préstamo acumulativo se considerará capital la cantidad que efectivamente hubiere recibido el deudor al otorgarse el título de la obligación y se le considerará reducido en la cuantía de los pagos hechos una vez que de los mismos se deduzca el importe de los intereses acumulados en cada uno.

Este capital así reducido será amortizado en los plazos que señala la regla primera, o de una sola vez, en cualquier momento, a voluntad del deudor.

Todos los intereses que figuren acumulados en los préstamos hipotecarios serán desglosados, y nulos e inexigibles, para que así el interés sólo recaiga y sea exigible sobre la parte del principal no pagado.

Esta disposición será aplicable también a los capitales de censos y demás cargas perpetuas señalados en los Decretos de Moratoria 412, 423 y 594 de 1934, modificados por la Ley de tres de septiembre de mil novecientos treinta y siete.

Tercera. Las obligaciones a que se refiere el párrafo inicial de esta transitoria, en cuanto afecten a personas naturales o jurídicas dueñas de ingenios de fabricar azúcar como deudoras o fiadoras, estarán sujetas también a lo establecido en las reglas primera y segunda, siempre que tales obligaciones respondan a adeudos específicamente contraídos con garantía directa o indirecta de ingenios para fabricación de azúcar o con colonias de cañas o procedan de suministros, refacción, rentas o servicios debidos por dichos ingenios; pero el monto de los pagos anuales que se les podrá exigir imputables, primero a los intereses y después a la amortización de los capitales, estará limitado según las bases siguientes:

a) Cuando la libra de azúcar centrífuga de guarapo en almacén del puerto se cotice a menos de 1,40 centavos por libra cubana como promedio durante la zafra por cuenta de la anualidad a vencer en treinta de junio siguiente, no se les podrá exigir ningún pago, y las sumas que correspondan a amortización e intereses por dicha anualidad se cubrirán con los pagos que en lo adelante resulten exigibles.

b) Si el precio promedio del azúcar rebasa el indicado límite deberán destinar a tales pagos, sean los correspondientes a la anualidad en curso o los que hayan quedado insolutos conforme a la base anterior, el tres por ciento del valor bruto de los azúcares crudos que hayan elaborado dentro de la zafra en que ello ocurra, mientras aquél no exceda de 1,50 centavos por libra, pues de 1,50 centavos a 2 centavos se aumentará en cuatro centésimas de uno por ciento por cada centésima de centavo que aumente el precio promedio de la libra de azúcar.

c) Las cantidades aplicadas a intereses, o en su caso a capitales, se prorratearán entre los distintos acreedores, si fuere necesario, de acuerdo con las cantidades que respectivamente tengan derecho a percibir según la presente transitoria.

d) Cuando en cualquier zafra el precio promedio oficial llegue a dos centavos por libra o más se aplicará el cinco por ciento del valor del azúcar producido en esa zafra correspondiente al ingenio, o sea con exclusión de los necesarios para pagar el precio de las cañas molidas, como una amortización extraordinaria para el año de que se trate, y un diez por ciento adicional en lugar del cinco por ciento cuando el precio exceda de 2,50 centavos, sin que tales amortizaciones extraordinarias eliminen la obligación de las amortizaciones exigibles que debe efectuar el deudor.

e) Al vencer el plazo determinado por la regla primera el acreedor tendrá derecho a reclamar todo lo que se le adeude por capital e intereses exigibles según esta transitoria.

Cuarta. Respecto de las obligaciones procedentes o derivadas del precio aplazado de solares comprados a plazos antes del quince de agosto de mil novecientos treinta y cuatro, cualquiera que sea el capital debido, la amortización se efectuará en treinta años, como excepción a lo dispuesto sobre esos extremos en las reglas primera y segunda, que en lo demás les serán aplicables, y en ningún caso se pagará interés. Esta regla sólo se aplicará a solares cuyo precio aplazado no pase de tres mil pesos.

En el caso de ejecución de un solar vendido a plazos por falta de pago del precio, se tasará dentro del procedimiento judicial el valor de las edificaciones construidas en él por el comprador o sus causahabientes, deduciéndose de la suma fijada el valor que racionalmente corresponda al uso y disfrute de dichas edificaciones. La cantidad neta que resulte de la tasación así practicada se abonará al deudor por el rematador o el acreedor, según sea el caso, en concepto de indemnización, antes de que se le trasmita el dominio de los bienes.

La excepción a que se refiere el párrafo segundo de esta regla no regirá en cuanto a las obligaciones a que la misma se refiere, siempre que el solar así adquirido esté enclavado en centros de población no menores de veinte mil habitantes.

Quinta. Como complemento de lo que establecen las cuatro reglas anteriores se aplicarán las disposiciones de los Decretos-leyes 412 y 594 de 1934, según quedaron modificados por la Ley de Coordinación Azucarera de tres de septiembre de mil novecientos treinta y siete, pero sin alterar lo establecido en dichas reglas y sin perjuicio de lo dispuesto en la Ley de diez de julio de mil novecientos treinta y nueve.

Sexta. Con relación a las obligaciones moratoriadas por el Decreto-ley 423, de 1934, según quedó modificado por Ley de tres de septiembre de 1937, y también en cuanto a las deudas por precio aplazado de colonias de cañas, posteriores al catorce de agosto de mil novecientos treinta y cuatro y anteriores al cuatro de septiembre de 1937, se observará lo dispuesto por dichos textos legales en lugar de aplicar las precedentes reglas; pero la moratoria que los mismos establecen se entenderá prorrogada hasta el treinta de junio de mil novecientos sesenta, en los propios términos que actualmente rigen. Igual tratamiento se aplicará a las hipotecas de fincas rústicas dedicadas al cultivo de la caña de azúcar comprendidas en el párrafo inicial de esta disposición transitoria, en cuanto el tres de septiembre de 1937 resultase acreedora por razón de las mismas, la persona natural o jurídica dueña, arrendataria o usufructuaria del ingenio de fabricar azúcar, al cual estén vinculadas la colonia o colonias fomentadas en la finca de que se trate, pero se observará además respecto de tales créditos hipotecarios lo dispuesto en la precedente regla segunda.

Séptima. Cuando se trate de créditos pignoraticios comprendidos en esta transitoria y el acreedor prendario hubiese reservado para sí o limitado al dueño de las acciones el derecho a votar por las pignoradas, se observarán estas normas:

a) El acreedor no podrá votar por dichas acciones en forma que produzca, directa o indirectamente, en perjuicio de la compañía o del dueño de las acciones, la pérdida o disminución de cualquiera de los beneficios que esta transitoria les concede, ni compeler a los dueños de las mismas a votar de manera que se produzcan esos resultados.

b) El accionista podrá votar en la forma dispuesta por los estatutos de la compañía para celebrar contratos de venta, arrendamiento o cualesquiera otras operaciones relativas a los bienes de la misma, así como para tomar dinero a préstamo con garantía real de los propios bienes, siempre que queden asegurados los derechos del acreedor prendario, según quedan regulados en esta transitoria, y a ese fin no será necesario que el dueño de las acciones pignoradas exhiba materialmente las acciones en la junta o juntas donde se adopten esos acuerdos, siempre que acredite su carácter de tal y la cantidad de acciones poseídas con los libros de la compañía o mediante los documentos que presente.

Octava. Lo dispuesto en las reglas anteriores no se aplicará respecto a aquellas obligaciones que a virtud de procedimiento judicial o extrajudicial, encaminando a hacerlas efectivas o exigir su cumplimiento, hayan producido con anterioridad a la fecha de la promulgación de esta transitoria la adjudicación de la totalidad de los bienes gravados a favor del acreedor o de un tercero, salvo en el caso de que por sentencia firme de los Tribunales ordinarios se haya declarado o se declare la nulidad de la adjudicación. De haber producido tan sólo la adjudicación de parte de los bienes, se observará esta regla con relación a los adjudicados, y las demás, respecto a la parte de la obligación legalmente exigibles todavía, la cual se considerará dividida, a los efectos de esta transitoria, en tantas obligaciones cuantos sean los deudores hipotecarios o los bienes individualmente gravados.

Cuando se trate de créditos hipotecarios sobre fincas urbanas comprendidos en el Título tercero del Decreto-ley número 412, de catorce de agosto de 1934, y entre acreedor y deudor hayan mediado convenios posteriores a la promulgación del mismo, tales obligaciones quedarán excluidas de esta transitoria, siempre que exista constancia por escrito y el deudor continúe disfrutando íntegramente de los beneficios que se le otorgaron mediante dichos convenios.

Se aplicará a los pagos que proceda hacerse con arreglo a esta disposición cualquier cantidad que se hubiere pagado en exceso de la que correspondiera abonarse de acuerdo con los Decretos-leyes 412 y 594, de 1934, siempre que el deudor no hubiese recibido ningún beneficio en compensación a dicho pago en exceso.

Novena. Las obligaciones aseguradas con prenda con anterioridad al cuatro de septiembre de mil novecientos treinta y siete, únicamente podrán hacerse efectivas sobre los bienes específicamente gravados en el contrato, extinguiéndose, en su consecuencia, la acción personal contra los deudores o sus fiadores.

Décima. No obstante lo dispuesto en el párrafo inicial de esta disposición transitoria respecto de las deudas contraídas por el concepto de precio aplazado de ingenios o colonias de caña comprados entre el quince de agosto de mil novecientos treinta y cuatro y el tres de septiembre de mil novecientos treinta y siete, el plazo para la amortización se rebajará en una cuarta parte, sin que la rebaja pueda exceder de cinco años; pero en todo lo demás se aplicarán también a dichas deudas las anteriores reglas.

Decimoprimera. En los casos en que cualquier acreedor se hiciere cargo de un ingenio de fabricar azúcar para hacerse pago de cualquier crédito de los comprendidos en esta moratoria, o de cualquiera otra deuda, será requisito indispensable para ello que previamente se obligue a continuar operándolo en cada zafra azucarera, de haber realizado el mismo las dos anteriores a la fecha del remate. El Poder Ejecutivo adoptará las medidas procedentes para asegurar el cumplimiento de esa obligación.

Decimosegunda. Se aplicará también lo dispuesto en esta disposición transitoria a las obligaciones contraídas antes del catorce de agosto de mil novecientos treinta y cuatro como deudoras por personas naturales o jurídicas que a la promulgación de la misma resulten a su vez acreedoras por razón de créditos sometidos a las anteriores reglas, siempre que las comprenda el título IV del Decreto-ley número 412, de 1934, o garanticen el cumplimiento de tales obligaciones gravando a la seguridad de los mismos créditos hipotecarios de los sujetos a la liquidación según dichas reglas, por lo menos con un monto igual a la suma necesaria para que la garantía así prestada cubra cuanto les sea exigible por capital e intereses, de acuerdo con esta propia disposición transitoria y en virtud de la presente regla.

Decimotercera. Quedan excluidos de los beneficios de estas moratorias:

a) Las obligaciones exceptuadas en el artículo cincuenta y nueve del Decreto-ley número 412, de catorce de agosto de mil novecientos treinta y cuatro.

b) Las hipotecas constituidas para garantizar depósitos afianzados administrativos o judiciales, albaceazgos y usufructos.

c) Las obligaciones del Estado, la Provincia y el Municipio como deudores.

d) Las contraídas por los aseguradores o los patronos en virtud de pensiones o indemnizaciones provenientes de la Ley de Accidentes del Trabajo.

e) Las obligaciones contraídas por las empresas de servicios públicos que tengan por funciones de su instituto suministros de energía eléctrica, gas, agua o servicios telefónicos, aunque como organizaciones subsidiarias anexas o dependientes de ellas tengan derechos domínicos sobre ingenios de fabricar azúcar o colonias de cañas.

Lo dispuesto en el inciso *c)* de esta regla, respecto a compañías de servicios públicos no será de aplicación a las empresas que tengan un capital inferior a cien mil pesos y no sea a su vez dependiente, anexa o subsidiaria de otras empresas.

Esta disposición transitoria de la Constitución, mientras esté en observancia la Ley Constitucional de once de junio de mil novecientos treinta y cinco, formará también parte de la misma; su aplicación no estará sujeta a las restricciones o limitaciones establecidas o que se establezcan respecto a la retroactividad de las Leyes y a su eficacia para anular o modificar las obligaciones civiles nacidas de los contratos, actos u omisiones que las produzcan; regirá desde su promulgación, lo que se hará dándosele lectura por el señor Presidente de la Convención Constituyente, y a los efectos de su publicación se remitirá certificación de ella a la *Gaceta Oficial* de la República.

AL TÍTULO V

SECCIÓN SEGUNDA

Primera. Todos los bienes muebles e inmuebles que le fueron asignados a la Universidad de La Habana cuando le fue concedida la autonomía por el Decreto número dos mil cincuenta y nueve, de seis de octubre de mil novecientos treinta y tres, publicado en la *Gaceta Oficial* del día nueve siguiente, así como los demás bienes y derechos que por legado, donación, herencia o por cualquier otro título de adquisición le correspondan, formarán su patrimonio como persona jurídica y se inscribirán en los correspondientes Registros, libres de todo pago por concepto de derechos.

Mientras el patrimonio universitario no rinda recursos anuales para la dotación suficiente de la Universidad de La Habana, la cantidad con que el Estado contribuirá al sostenimiento de la misma, de acuerdo con el artículo cincuenta y tres de esta Constitución será el dos y un cuarto por ciento de la suma total de gastos incluidos en dichos presupuestos, con excepción de las cantidades destinadas al pago de la Deuda Exterior. Esta cantidad será distribuida proporcionalmente entre las distintas Facultades de la Universidad, tomando como base el número de alumnos que aspiran a los títulos que otorguen cada Facultad y las necesidades de sus respectivas enseñanzas.

Segunda. El Estado deberá construir, dentro de los tres años siguientes a la promulgación de esta Constitución, un Hospital Nacional con capacidad para mil enfermos. A la expiración de dicho término entrará en pleno vigor el primer párrafo de la primera disposición transitoria de este título de la Constitución. Durante esos tres años los directores de los hospitales comprendidos en el artículo VII del Decreto número dos mil cincuenta y nueve, de seis de octubre de mil novecientos treinta y tres, publicado en la *Gaceta Oficial* del día nueve siguiente, serán nombrados por el Presidente de la República y se escogerán de una terna que elevará el Consejo Universitario, a propuesta del Claustro de la Escuela de Medicina.

Cuando esos hospitales pasen íntegramente a la Universidad de La Habana, al igual que durante los tres años mencionados en el párrafo anterior, su consignación presupuestal no podrá ser inferior a la que rige en la actualidad y quedará fijada en el presupuesto del Ministerio de Salubridad y Asistencia Social.

Tercera. El Congreso, en un término no mayor de tres legislaturas, procederá a votar la Ley de la reforma general de la enseñanza.

Los beneficiarios de cátedras oficiales actualmente ocupadas sin que se haya acreditado la capacidad docente conforme a la Ley en vigor, deberán hacerlo dentro de tres años, salvo lo que disponga la Ley a que se contrae el párrafo anterior de esta disposición transitoria. Mientras tanto, no podrá proveerse ninguna cátedra de enseñanza oficial sin los debidos títulos y certificados de capacidad específica.

AL TÍTULO VI

SECCIÓN PRIMERA

Primera. La participación preponderante del cubano por nacimiento en el trabajo, establecida por la Constitución, no podrá ser inferior a la garantizada por la Ley de ocho de noviembre de mil novecientos treinta y tres.

Segunda. Los derechos adquiridos por los trabajadores cubanos por nacimiento con anterioridad a la promulgación de esta Constitución, al amparo de las Leyes de nacionalización del trabajo, promulgadas con fecha ocho de noviembre de mil novecientos treinta y tres, son irrevocables.

Tercera. El Gobierno de la República procederá a reglamentar, en un plazo no menor de un año, la forma de expulsión de todos los extranjeros que hubiesen entrado en el territorio nacional con infracción de las Leyes actuales de inmigración y de trabajo.

Cuarta. A los efectos del cumplimiento del artículo ochenta de esta Constitución, se convierte la beneficencia pública existente al promulgarse esta Constitución en el servicio social previsto en dicho artículo.

Quinta. A los efectos del artículo setenta y cinco de esta Constitución, en cada término de la República se fundará por el gobierno municipal una cooperativa de reparto de tierras y casas denominada "José Martí", con el fin de adquirir tierras laborales y construir casas baratas para campesinos, obreros y empleados pobres que carezcan de ellas en propiedad.

Estas cooperativas estarán bajo la fiscalización del Gobierno de la República y serán regidas y administradas por sus cooperadores con representación del Municipio, la Provincia y el Estado y bajo la presidencia del representante de este último, pero sin que estas representaciones puedan por sí solas decidir ninguna votación.

Los fondos de estas cooperativas estarán constituidos principalmente por la cantidad con que contribuyan el Estado, la Provincia, el Municipio y las pequeñas cuotas de los cooperadores fijada por la Ley; por el reembolso del capital invertido en aperos de labranza, semillas, casas y lotes adjudicados; por los demás aportes que la cooperativa acuerde y por las donaciones que se le hagan.

Podrán ser cooperadores los campesinos, obreros y empleados cubanos que llenen los requisitos de la Ley.

Las tierras laborables adquiridas serán cedidas por medio de sorteos a los cooperadores campesinos, en lotes no mayores de tres caballerías en las provincias de Las Villas, Camagüey y Oriente; de dos en las de Pinar del Río y Matanzas, y de una en La Habana. La cesión se hará mediante el pago del importe de las semillas, aperos de labranza y lotes a su precio de costo, sin interés, en un plazo no mayor de veinticinco años, cesando de abonar su cuota cooperativa tan pronto cancele su deuda y adquiera su título de propiedad. Las casas serán cedidas a los obreros y empleados de las ciudades en igual forma y condiciones que los lotes a los campesinos.

El término de funcionamiento de estas cooperativas será de veinticinco años, pero si la práctica demostrare que conviene a los intereses de la Nación, el Congreso podrá modificar su estructura, suprimirlas parcial o totalmente o prorrogar el término; y en el caso de cese definitivo de la cooperativa, sus pertenencias serán reintegradas proporcionalmente a los organismos que las proporcionaron.

El Congreso, a la mayor brevedad, votará la Ley complementaria que regula la fundación y funcionamiento de estas cooperativas.

SECCIÓN SEGUNDA

Primera. El Congreso, en el término de tres legislaturas a partir de la promulgación de esta Constitución, procederá a acordar las Leyes y disposiciones necesarias para la formación del Catastro Nacional, a la medición exacta del territorio nacional y a la realización de los estudios topográficos complementarios.

Segunda. El Estado repartirá las tierras de su propiedad que no necesite para sus propios fines, en forma equitativa y proporcional, atendiendo a la condición de padre o cabeza de familia y dando preferencia a quien la venga laborando directamente por cualquier título.

En ningún caso el Estado podrá dar a una sola familia tierras que tengan un valor superior a dos mil pesos o una extensión mayor de dos caballerías.

Tercera. Quedan en suspenso durante dos años, a partir de la publicación de esta Constitución, los juicios de desahucios en cualquier estado en que se encuentre el procedimiento, promovidos contra los poseedores de fincas rústicas en concepto de precaristas, en las cuales vivan no menos de veinticinco familias.

Igualmente se suspenderán por ese término de dos años los juicios de desahucios, en el estado en que se encuentren, interpuestos contra los ocupantes de fincas rústicas que las disfruten por contratos de arrendamiento o aparcería, siempre que la finca no exceda de una extensión superficial de cinco caballerías y la demanda se hubiese interpuesto antes de la promulgación de esta Constitución.

Durante dicho plazo de dos años el Congreso dictará la Ley reguladora de los contratos de arrendamiento y aparcería.

AL TÍTULO VII

SECCIÓN PRIMERA

Única. Lo dispuesto en el artículo noventa y siete de esta Constitución regirá a partir de la primera elección general que se celebre después de la promulgación de la misma.

SECCIÓN SEGUNDA

Primera. Dentro de las tres legislaturas que sigan inmediatamente a la promulgación de esta Constitución, se aprobarán y pondrán en vigor las Leyes necesarias para la implantación de la carrera administrativa, ajustándolas a las normas contenidas en los artículos correspondientes a la Sección de Oficios Públicos y en estas disposiciones transitorias, y a las demás que se estimen convenientes, siempre que no modifiquen, restrinjan o adulteren las establecidas en la Constitución.

Segunda. La inamovilidad reconocida por la legislación vigente se respetará hasta tanto el Congreso apruebe y el Gobierno sancione y promulgue la legislación complementaria reguladora de la carrera administrativa.

La inamovilidad que garantiza esta Constitución entrará en vigor previo el cumplimiento de los requisitos y condiciones que se establezcan en la Ley que dicte el Congreso, los cuales comprenderán a todos los funcionarios, empleados y obreros civiles del Estado, la Provincia y el Municipio, con la sola excepción de aquellos funcionarios, empleados y obreros que acrediten llevar más de veinte años de servicios en la Administración pública.

Tercera. La inamovilidad que garantiza la anterior disposición transitoria comprende también a los funcionarios, empleados y obreros civiles de las entidades o corporaciones autónomas.

Cuarta. Se reconoce el derecho que asiste a los miembros del disuelto Ejército Nacional, de la Marina de Guerra Nacional y de la Policía Nacional que estando en servicio activo el día cuatro de septiembre de mil novecientos treinta y tres no continuaron en las filas al disfrute de una pensión de retiro, que se concederá a ellos y a los herederos cuyo derecho reconozca la Ley en la forma y cuantía que ésta determine y que no podrá ser nunca inferior en su ascendencia a la actualmente establecida. Se reconoce también este derecho a los que habiendo estado disfrutando del retiro lo hubieren perdido, siempre que ello no fuere por resolución de los Tribunales de Justicia. La Ley regulará esta disposición.

AL TÍTULO IX

SECCIÓN SEGUNDA

Única. La vacante que se hubiere producido en la representación senatorial de cualquier provincia, elegida en las elecciones generales del diez de enero de mil novecientos treinta y seis, será cubierta, sin suplente, en la primera elección que se celebre, y corresponderá al partido o partidos coaligados, en su caso, que obtuviere la mayoría de votos, de acuerdo con las disposiciones que rijan en dicha elección.

SECCIÓN CUARTA

Primera. Quedarán comprendidas en la excepción que establece el artículo ciento veintiséis de esta Constitución aquellas personas que, electas para un cargo de Senador o de Representante a la Cámara, hubiesen concurrido a la convocatoria para cubrir una cátedra en establecimiento oficial con anterioridad a la promulgación de esta Constitución y obtuvieren el cargo de catedrático con posterioridad a su elección.

Segunda. El párrafo segundo del artículo ciento treinta comenzará a regir a los seis años de promulgada esta Constitución.

SECCIÓN QUINTA

Única. El Congreso de la República queda autorizado para votar, dentro de dos legislaturas, sin los requisitos señalados en el inciso k) del artículo ciento treinta y cuatro de esta Constitución, una Ley de amnistía que comprenda los delitos electorales cometidos con motivo de las elecciones efectuadas el quince de noviembre de mil novecientos treinta y nueve.

Queda asimismo autorizado el Congreso para votar, dentro del mismo término y con igual carácter de excepción, una Ley de amnistía que comprenda los delitos de carácter doloso cometidos antes de reunirse la Convención Constituyente de mil novecientos cuarenta, por funcionarios y empleados públicos con ocasión del ejercicio de sus cargos y siempre que no fuesen reincidentes.

El Congreso de la República votará en su primera legislatura, después de aprobada esta Constitución, una Ley de amnistía que redima totalmente a los veteranos de la Independencia mayores de sesenta años y a sus co-reos que están cumpliendo condena en los penales de la República.

AL TÍTULO XIV

SECCIÓN SEGUNDA

Única. En tanto se cree la Sala de Garantías Constitucionales y Sociales a que se refiere el artículo ciento setenta y dos de esta Constitución y se nombren sus Magistrados, continuará conociendo de los recursos de inconstitucionalidad, según se regulan en la Ley Constitucional de once de junio de mil novecientos treinta y cinco, el pleno del Tribunal Supremo de Justicia.

SECCIÓN CUARTA

Única. Al año de entrar en vigor esta Constitución se hará la primera renovación del Tribunal Superior Electoral.

SECCIÓN OCTAVA

Primera. Quedan ratificados y comprendidos en la inamovilidad a que se refieren los artículos correspondientes, los funcionarios judiciales y los del Ministerio Fiscal, sus auxiliares, subalternos, abogados de oficio, los de los Tribunales electorales que sean permanentes y que se encontraren en el ejercicio de sus cargos al tiempo de promulgarse esta Constitución.

Segunda. Los Jueces municipales suplentes de primera clase quedan incorporados a la novena categoría del escalafón judicial, y los municipales suplentes de segunda clase y primeros suplentes de tercera clase a la décima categoría de dicho escalafón; todos con los mismos derechos y prohibiciones que la Ley señala a los respectivos titulares de esas categorías.

AL TÍTULO XV

SECCIÓN SEGUNDA

Única. Los actuales Alcaldes municipales y los que resulten elegidos en los primeros comicios que se celebren después de promulgada esta Constitución, podrán impugnar los acuerdos de los Ayuntamientos conformes a lo dispuesto en el inciso b) del artículo doscientos diecisiete de esta Constitución, ante la Audiencia competente por el trámite de los incidentes en el procedimiento civil, hasta tanto el Congreso no acuerde la legislación correspondiente.

SECCIÓN TERCERA

Primera. Al efecto de lo dispuesto en el artículo doscientos treinta y dos de esta Constitución, los Alcaldes, Concejales o Comisionados que se elijan en mil novecientos cuarenta y cuatro, cesarán en mil novecientos cuarenta y seis.

Segunda. En el Presupuesto nacional que entra en vigor el primero de enero de mil novecientos cuarenta y dos, se señalará la forma en que hayan de trasladarse al Estado los gastos hoy cubiertos, en todo o en parte, con fondos municipales.

Tercera. No obstante lo dispuesto en el artículo diecinueve de la Ley de quince de julio de mil novecientos veinticinco y su Reglamento, sus disposiciones continuarán en vigor mientras no sean derogadas o modificadas por el Congreso; pero quedarán sin valor ni efecto alguno tan pronto como sean satisfechos íntegramente el principal y los intereses de la Deuda Exterior, a cuyo pago se destinan los impuestos a que se refiere la mencionada Ley de quince de julio de mil novecientos veinticinco y sus modificaciones.

AL TÍTULO XVI

SECCIÓN ÚNICA

Primera. Para el período de gobierno que comenzará el quince de septiembre de mil novecientos cuarenta, regirán las disposiciones de la actual Ley Orgánica de las Provincias, con excepción de los preceptos de la referida Ley o de cualquiera otras que concedan al Gobernador o al Presidente de la República la facultad de suspender o destituir a los gobernantes locales, o la de suspender acuerdo del Ayuntamiento o resoluciones del Alcalde o cualquiera otra autoridad municipal, los cuales no tendrán aplicación, de acuerdo con lo dispuesto en los apartados *a)*, *b)* del artículo doscientos diecisiete de esta Constitución, que regirán en toda su integridad durante el referido período de gobierno.

El Gobernador tendrá la facultad de impugnar los acuerdos o resoluciones de los Ayuntamientos o la comisión a que se refiere la letra *b)* del artículo doscientos diecisiete. Mientras la Ley no establezca el procedimiento, la impugnación se hará ante la Sala correspondiente de la Audiencia respectiva por los trámites de los incidentes en el procedimiento civil.

También tendrá el Gobernador la facultad de inspeccionar la Hacienda Municipal y producir quejas al Tribunal de Cuentas.

Segunda. La cuota proporcional a que se refiere el inciso *a)* del artículo doscientos cuarenta y dos de este Título decimosexto, no será de aplicación en el período de gobierno a que se refiere la disposición transitoria anterior, durante el cual regirá a ese efecto el artículo sesenta y tres de la actual Ley Orgánica de las Provincias, sin perjuicio de lo dispuesto en los incisos *c)* y *e)* del artículo doscientos diecisiete de esta Constitución.

TÍTULO XVII

SECCIÓN TERCERA

Primera. El Congreso de la República, en un plazo de tres legislaturas, dictará la Ley Orgánica del Tribunal de Cuentas y la Ley general de la Contabilidad del Estado, la Provincia y el Municipio, así como la de los organismos autónomos sujetos a la fiscalización del Tribunal de Cuentas. Dicha Ley general de Contabilidad fijará las garantías que deberán brindar las personas que intervengan en las recaudaciones de los ingresos y pagos de dicha entidad.

Segunda. No obstante lo dispuesto en el artículo doscientos sesenta y ocho de esta Constitución, al organizarse por primera vez el Tribunal de Cuentas, los contadores públicos podrán ser nombrados, siempre que tengan, por lo menos, cinco años de ejercicio de la profesión.

Tercera. A los efectos del cumplimiento del artículo doscientos cincuenta y nueve de esta Constitución, el Tribunal de Cuentas, una vez constituido, procederá a depurar y liquidar el montante cierto de la deuda flotante, en un plazo no mayor de dos años, y lo remitirá al Presidente de la República para que éste, con las observaciones que estime oportunas, lo envíe al Congreso para su aprobación.

SECCIÓN CUARTA

Primera. La Ley organizadora de la Banca Nacional podrá establecer como condición para que las demás instituciones bancarias puedan operar dentro de la República, que suscriban parte del capital del Banco Nacional, en cuyo caso tendrán además participación en el Consejo de Dirección del mismo.

Mientras no sea promulgada la Ley organizadora del Banco Nacional, el Estado protegerá las instituciones bancarias cubanas existentes y estará obligado a otorgarles igual tratamiento que a las extranjeras.

Segunda. Se concederá por el Estado título de propiedad industrial, bajo el nombre de Patente de Introducción Industrial, a toda persona natural o jurídica que durante los dos primeros años, a partir del día de promulgada esta Constitución, lo solicite del Ministerio de Comercio, ofreciendo establecer una industria nueva, principal o accesoria, o manufacturar, elaborar o preparar, apropiando para el consumo o exportación, artículos que en ese instante no se produzcan o preparen en el territorio nacional, o cuyo promedio de producción en los últimos cinco años sea menor que el quince por ciento del consumo nacional en ese tiempo, especificándose el artículo o producto con expresión de la partida del Arancel vigente en que se halle clasificado o comprendido; y siempre que el solicitante se obligue, salvo fuerza mayor, a construir, dentro del plazo de dieciocho meses de otorgada la Patente, una o más fábricas o abrir y ampliar las existentes con capacidad para producir el artículo de que se trate en cantidad bastante en el año siguiente a dicho plazo, para cubrir el ochenta por ciento como mínimo de su consumo nacional, y garantice estas obligaciones con una fianza en metálico equivalente al tres por ciento de la cantidad declarada en las Aduanas como valor de todas las importaciones de dicho artículo en los doce meses anteriores a la promulgación de esta Constitución, hasta un límite máximo dicha fianza de cincuenta mil pesos.

Los títulos de Patente de Introducción Industrial no podrán otorgarse más que uno para cada clase de artículos y sus análogos, clasificados o comprendidos dentro de cada una de las partidas del Arancel de Aduanas vigente, determinándose el derecho de prelación por riguroso orden cronológico en la presentación de las solicitudes, en cuyo acto se anotarán en un libro-registro en el Ministerio de Comercio, y se entregará al interesado, a más del correspondiente certificado de inscripción, el duplicado de su solicitud, certificando el Ministro al pie de la misma fecha, hora y minuto de la presentación, número de orden, fianza prestada y si existe o no presentada con anterioridad alguna otra solicitud sobre el mismo artículo. En caso negativo justificado que el artículo que se pretende producir no se fabrica en ese instante en el territorio nacional, o que lo sea en menos de un quince por ciento del promedio del consumo en los últimos cinco años, y prestada por el solicitante la fianza que corresponda, sin más trámite se otorgará por resolución en firme del Ministro de Comercio, dentro de los ocho días de presentada la solicitud, el título de Patente de Introducción Industrial, con validez o vigencia por quince años, haciéndose su registro correspondiente y su publicación en la *Gaceta Oficial* de la República, y en el caso en que faltare alguno de los requisitos expresados, el Ministro denegará la solicitud, con devolución de la fianza. Contra esta denegatoria podrá recurrirse ante los Tribunales de Justicia competentes, después de agotada la vía administrativa.

A los fabricantes de artículos que estén produciéndose en la actualidad en el territorio de la República en cantidad menor en su total al quince por ciento de su consumo y no se acojan a los beneficios a que se refiere el párrafo primero de esta disposición transitoria, se les respetará el derecho a seguir produciendo cada uno como cuota anual de la misma cantidad de dicho artículo que hubiese producido durante el año de mil novecientos treinta y nueve, con un aumento o disminución proporcional al aumento o disminución que hubiese en el futuro en el consumo nacional en relación con dicho año.

Tercera. Otorgada la patente, puesta en práctica y justificada una capacidad de producción de los artículos por ella amparados superior al ochenta por ciento del consumo nacional, desde ese instante, durante todo el período de vigencia de la patente, ninguna otra persona podrá fabricar, elaborar o preparar para el consumo en el territorio nacional dichos artículos o sus similares, estando sujetos los infractores a las responsabilidades civiles y criminales que establecen las Leyes vigentes, y quedando gravados sin excepción los artículos referidos que se importen del extranjero por cualquier tiempo u objeto en dicho período, con un derecho o impuesto como recargo y sin variar los actuales equivalentes al cincuenta por ciento *ad-valorem*, que se ingresará siempre en firme por las Aduanas como margen arancelario proteccionista, adoptándose además por el Gobierno cuantas medidas sean necesarias para evitar el *dumping* y otras prácticas ilegítimas. En la aplicación de los recargos arancelarios establecidos en este párrafo se respetará el texto de los tratados internacionales actualmente existentes y en tanto estén ellos en vigor.

El propietario de una Patente de Introducción Industrial tendrá derecho durante todo el tiempo en que ella esté en vigor, a importar sin limitaciones ni restricciones las maquinarias y materiales destinados a la instalación de la industria, así como todas las materias primas que se empleen o utilicen para la producción, elaboración o preparación del artículo de que se trate, a no ser ellas de libre admisión, con una rebaja o reducción de un ochenta por ciento de los impuestos y derechos arancelarios que le sean aplicables de acuerdo con el Arancel de Aduanas que rija en la fecha de otorgada la patente; y durante la vigencia de ésta no se verificará cambio alguno en dichas exenciones o impuestos y derechos, ni en los derechos, impuestos, cargas o contribuciones de carácter interno que sean aplicables en dicha fecha a tales importaciones después de su entrada en el territorio nacional o a las industrias amparadas por la patente; los artículos producidos por éstas estarán exentos de impuestos, derechos, cargas o exacciones internas, o de cualquiera otra clase, del Estado, la Provincia y el Municipio, distintos o mayores que los pagaderos sobre análogos artículos de origen nacional o de otro país extranjero sin que en ningún caso pueda dictarse disposición alguna en perjuicio de los derechos amparados por la patente, ni ésta alterada, suspendida ni declarada caduca, a no ser por haber transcurrido su término o por incumplimiento, previa sentencia dictada en todo caso por los Tribunales de Justicia que correspondan.

Cuarta. Los dueños de Patentes de Introducción Industrial deberán utilizar en sus industrias las materias primas producidas en el territorio nacional, con preferencia en igualdad de calidad y precio a las que se produzcan en el extranjero, y las ventas al por mayor para el consumo nacional de artículos fabricados al amparo de esas patentes no podrán hacerse por el productor, en ningún caso, a un precio mayor de un diez por ciento como máximo sobre el precio que resulte como promedio para el consumo doméstico en la quincena anterior a la venta, en las cotizaciones verificadas en el mercado de Nueva York para artículos de la misma clase, más los gastos corrientes hasta su entrega libre a bordo en el puerto de La Habana.

Quinta. En cuanto no esté especialmente previsto en las precedentes disposiciones transitorias, regirá como supletoria la vigente Ley de Propiedad Industrial a que se contrae el Decreto-ley, número ochocientos cinco, de cuatro de abril de mil novecientos treinta y seis.

TRANSITORIA FINAL

El Congreso aprobará los proyectos de Leyes orgánicas y complementarias de esta Constitución, dentro del plazo de tres legislaturas, salvo cuando esta Constitución fije otro término.

DISPOSICIÓN FINAL

Esta Constitución quedará en vigor en su totalidad el día diez de octubre de mil novecientos cuarenta.

Y en cumplimiento del acuerdo tomado por la Convención Constituyente en sesión celebrada el día veintiséis de abril de mil novecientos cuarenta, y como homenaje a la memoria de los ilustres patricios que en este pueblo firmaron la Constitución de la República en armas en abril diez de mil ochocientos sesenta y nueve, firmamos la presente en Guáimaro, Camagüey, a primero de julio de mil novecientos cuarenta:

Carlos Márquez Sterling y Guiral, Presidente de la Convención Constituyente.—Alberto Boada Miquel, Secretario.— Emilio Núñez Portuondo, Secretario.—Salvador Acosta Cásares.—Francisco Alomá y Álvarez de la Campa.—Rafael Álvarez González.—José R. Andreu Martínez.—Manuel Benítez González.—Antonio Bravo Acosta.—Antonio Bravo Correoso.—Fernando del Busto Martínez.—Juan Cabrera Hernández.—Miguel Calvo Tarafa.—Ramiro Capablanca Graupera.—José Manuel Casanova Diviñó.—César Casas Rodríguez.—Romárico Cordero Garcés.—Ramón Corona García.—Felipe Correoso y del Risco.—José Manuel Cortina García.—Miguel Coyula Llaguno.—Pelayo Cuervo Navarro.—Eduardo R. Chibás Rivas.—Francisco Dellundé Mustelier.—Mario E. Dihígo.—Arturo Don Rodríguez.—Manuel Dorta Duque.—Nicolás Duarte Cajides.—Mariano

Esteva Lora.—José A. Fernández de Castro.—Orestes Ferrara Marino.—Simeón Ferro Martínez.— Manuel Fueyo Suárez.—Adriano Galano Sánchez.—Salvador García Agüero.—Félix García Rodríguez.—Quintín George Vernot.—Ramón Granda Fernández.—Ramón Grau San Martín.—Rafael Guas Inclán.—Alicia Hernández de la Barca.—Alfredo Hornedo Suárez.—Francisco Ichazo Macías.—Felipe Jay Raoulx.—Emilio A. Laurent Dubet.—Amaranto López Negrón.—Jorge Mañach Robato.—Juan Marinello Vidaurreta.—Antonio Martínez Fraga.—Joaquín Martínez Sáenz.—Jorge A. Mendigutía Silveira.—Manuel Mesa Medina.—Joaquín Meso Quesada.—Gustavo Moreno Lastres.—Eusebio Mujal Barniol.—Delio Núñez Mesa.—Emilio Ochoa Ochoa.—Manuel A. Orizondo Caraballé.—Manuel Parrado Rodés.—Juan B. Pons Jané.—Francisco José Prieto Llera.—Carlos Prío Socarrás.—Santiago Rey Pernas.—Mario Robau Cartaya.—Blas Roca Calderío.—Primitivo Rodríguez Rodríguez.—Esperanza Sánchez Mastrapa.—Alberto Silva Quiñones.—César Vilar Aguilar.—Fernando del Villar de los Ríos.—María Esther Villoch Leyva.

Doctores Alberto Boada Miquel y Emilio Núñez Portuondo, Secretarios de la Convención Constituyente de la República de Cuba.

Certificamos: Que la Constitución de la República de Cuba, firmada en el histórico pueblo de Guáimaro, provincia de Camagüey, el día primero de julio de mil novecientos cuarenta, quedó promulgada por el Presidente de la Convención Constituyente, en la escalinata del Capitolio Nacional, en La Habana, el día cinco de julio de mil novecientos cuarenta.

Y para su remisión a la *Gaceta Oficial* de la República, se expide la presente en La Habana, Capitolio Nacional, a los 5 días de julio de 1940.—Dr. Alberto Boada Miquel, Dr. Emilio Núñez Portuondo. Vto. Bno.: Dr. Carlos Manuel Sterling y Guiral, Presidente de la Convención Constituyente.

CONSTITUCIÓN DE LA REPÚBLICA DE CUBA
(1976-1992)

PREÁMBULO

NOSOTROS, CIUDADANOS CUBANOS,
herederos y continuadores del trabajo creador y de las tradiciones de combatividad, firmeza, heroísmo y sacrificio forjadas por nuestros antecesores;

por los aborígenes que prefirieron muchas veces el exterminio a la sumisión;

por los esclavos que se rebelaron contra sus amos;

por los que despertaron la conciencia nacional y el ansia cubana de patria y libertad;

por los patriotas que en 1868 iniciaron las guerras de independencia contra el colonialismo español y los que en el último impulso de 1895 las llevaron a la victoria de 1898, que les fuera arrebatada por la intervención y ocupación militar del imperialismo yanqui;

por los obreros, campesinos, estudiantes e intelectuales que lucharon durante más de cincuenta años contra el dominio imperialista, la corrupción política, la falta de derechos y libertades populares, el desempleo y la explotación impuesta por capitalistas y terratenientes;

por los que promovieron, integraron y desarrollaron las primeras organizaciones de obreros y de campesinos, difundieron las ideas socialistas y fundaron los primeros movimientos marxista y marxista-leninista;

por los integrantes de la vanguardia de la generación del centenario del natalicio de Martí que nutridos por su magisterio nos condujeron a la victoria revolucionaria popular de Enero;

por los que, con el sacrificio de sus vidas, defendieron la Revolución contribuyendo a su definitiva consolidación;

por los que masivamente cumplieron heroicas misiones internacionalistas;

GUIADOS
por el ideario de José Martí y las ideas político-sociales de Marx, Engels y Lenin;

APOYADOS

en el internacionalismo proletario, en la amistad fraternal, la ayuda, la cooperación y la solidaridad de los pueblos del mundo, especialmente los de América Latina y del Caribe;

DECIDIDOS

a llevar adelante la Revolución triunfadora del Moncada y del Granma, de la Sierra y de Girón encabezada por Fidel Castro que, sustentada en la más estrecha unidad de todas las fuerzas revolucionarias y del pueblo, conquistó la plena independencia nacional, estableció el Poder revolucionario, realizó las transformaciones democráticas, inició la construcción del socialismo y, con el Partido Comunista al frente, la continúa con el objetivo final de edificar la sociedad comunista;

CONSCIENTES

de que todos los regímenes sustentados en la explotación del hombre por el hombre determinan la humillación de los explotados y la degradación de la condición humana de los explotadores;

de que sólo en el socialismo y el comunismo, cuando el hombre ha sido liberado de todas las formas de explotación: de la esclavitud, de la servidumbre y del capitalismo, se alcanza la entera dignidad del ser humano;

y de que nuestra Revolución elevó la dignidad de la patria y del cubano a superior altura;

DECLARAMOS

nuestra voluntad de que la ley de leyes de la República esté presidida por este profundo anhelo, al fin logrado, de José Martí:

"Yo quiero que la ley primera de nuestra República sea el culto de los cubanos a la dignidad plena del hombre";

ADOPTAMOS

por nuestro voto libre, mediante referendo, la siguiente:

CONSTITUCIÓN

CAPÍTULO I

Fundamentos políticos, sociales y económicos del Estado

Artículo 1. Cuba es un Estado socialista de trabajadores, independiente y soberano, organizado con todos y para el bien de todos, como república unitaria y democrática, para el disfrute de la libertad política, la justicia social, el bienestar individual y colectivo y la solidaridad humana.

Artículo 2. El nombre del Estado cubano es República de Cuba, el idioma oficial es el español y su capital es la ciudad de La Habana.

Artículo 3. En la República de Cuba la soberanía reside en el pueblo, del cual dimana todo el poder del Estado. Ese poder es ejercido directamente o por medio de las Asambleas del Poder Popular y demás órganos del Estado que de ellas se derivan, en la forma y según las normas fijadas por la Constitución y las leyes.

Todos los ciudadanos tienen el derecho de combatir por todos los medios, incluyendo la lucha armada, cuando no fuera posible otro recurso, contra cualquiera que intente derribar el orden político, social y económico establecido por esta Constitución.

Artículo 4. Los símbolos nacionales son los que han presidido por más de cien años las luchas cubanas por la independencia, por los derechos del pueblo y por el programa social:

la bandera de la estrella solitaria;

el himno de Bayamo;

el escudo de la palma real.

Artículo 5. El Partido Comunista de Cuba, martiano y marxista-leninista, vanguardia organizada de la nación cubana, es la fuerza dirigente superior de la sociedad y del Estado, que organiza y orienta los esfuerzos comunes hacia los altos fines de la construcción del socialismo y el avance hacia la sociedad comunista.

Artículo 6. La Unión de Jóvenes Comunistas, organización de la juventud cubana de avanzada, cuenta con el reconocimiento y el estímulo del Estado en su función primordial de promover la participación activa de las masas juveniles en las tareas de la edificación socialista y de preparar adecuadamente a los jóvenes como ciudadanos conscientes y capaces de asumir responsabilidades cada día mayores en beneficio de nuestra sociedad.

Artículo 7. El Estado socialista cubano reconoce y estimula a las organizaciones de masas y sociales, surgidas en el proceso histórico de las luchas de nuestro pueblo, que agrupan en su seno a distintos sectores de la población, representan sus intereses específicos y los incorporan a las tareas de la edificación, consolidación y defensa de la sociedad socialista.

Artículo 8. El Estado reconoce, respeta y garantiza la libertad religiosa.

En la República de Cuba, las instituciones religiosas están separadas del Estado.

Las distintas creencias y religiones gozan de igual consideración.

Artículo 9. El Estado:

a) realiza la voluntad del pueblo trabajador y
- —encauza los esfuerzos de la nación en la construcción del socialismo;
- —mantiene y defiende la integridad y la soberanía de la patria;
- —garantiza la libertad y la dignidad plena del hombre, el disfrute de sus derechos, el cumplimiento de sus deberes y el desarrollo integral de su personalidad;
- —afianza la ideología y las normas de convivencia y de conducta propias de la sociedad libre de la explotación del hombre por el hombre;
- —protege el trabajo creador del pueblo y la propiedad y la riqueza de la nación socialista;
- —dirige planificadamente la economía nacional;
- —asegura el avance educacional, científico, técnico y cultural del país;

b) como Poder del pueblo, en servicio del propio pueblo, garantiza:
- —que no haya hombre o mujer, en condiciones de trabajar, que no tenga oportunidad de obtener un empleo con el cual pueda contribuir a los fines de la sociedad y a la satisfacción de sus propias necesidades;
- —que no haya persona incapacitada para el trabajo que no tenga medios decorosos de subsistencia;
- —que no haya enfermo que no tenga atención médica;
- —que no haya niño que no tenga escuela, alimentación y vestido;
- —que no haya joven que no tenga oportunidad de estudiar;
- —que no haya persona que no tenga acceso al estudio, la cultura y el deporte;

c) trabaja por lograr que no haya familia que no tenga una vivienda confortable;

Artículo 10. Todos los órganos del Estado, sus dirigentes, funcionarios y empleados, actúan dentro de los límites de sus respectivas competencias y tienen la obligación de observar estrictamente la legalidad socialista y velar por su respeto en la vida de toda la sociedad.

Artículo 11. El Estado ejerce su soberanía:

a) sobre todo el territorio nacional, integrado por la Isla de Cuba, la Isla de la Juventud, las demás islas y cayos adyacentes, las aguas interiores, el mar territorial en la extensión que fija la ley y el espacio aéreo que sobre estos se extiende;

b) sobre el medio ambiente y los recursos naturales del país;

c) sobre los recursos naturales, tanto vivos como no vivos, de las aguas, el lecho y el subsuelo de la zona económica marítima de la República, en la extensión que fija la ley, conforme a la práctica internacional.

La República de Cuba repudia y considera ilegales y nulos los tratados, pactos o concesiones concertados en condiciones de desigualdad o que desconocen o disminuyen su soberanía y su integridad territorial.

Artículo 12. La República de Cuba hace suyos los principios antimperialistas e internacionalistas, y

a) ratifica su aspiración de paz digna, verdadera y válida para todos los Estados, grandes y pequeños, débiles y poderosos, asentada en el respeto a la independencia y soberanía de los pueblos y el derecho a la autodeterminación;

b) funda sus relaciones internacionales en los principios de igualdad de derechos, libre determinación de los pueblos, integridad territorial, independencia de los Estados, la cooperación internacional en beneficio e interés mutuo y equitativo, el arreglo pacífico de controversias en pie de igualdad y respeto y los demás principios proclamados en la Carta de las Naciones Unidas y en otros tratados internacionales de los cuales Cuba sea parte;

c) reafirma su voluntad de integración y colaboración con los países de América Latina y del Caribe, cuya identidad común y necesidad histórica de avanzar juntos hacia la integración económica y política para lograr la verdadera independencia, nos permitiría alcanzar el lugar que nos corresponde en el mundo;

ch) propugna la unidad de todos los países del Tercer Mundo, frente a la política imperialista y neocolonialista que persigue la limitación o subordinación de la soberanía de nuestros pueblos y agravar las condiciones económicas de explotación y opresión de las naciones subdesarrolladas;

d) condena al imperialismo, promotor y sostén de todas las manifestaciones fascistas, colonialistas, neocolonialistas y racistas, como la principal fuerza de agresión y de guerra y el peor enemigo de los pueblos;

e) repudia la intervención directa o indirecta en los asuntos internos o externos de cualquier Estado y, por tanto, la agresión armada, el bloqueo económico, así como cualquier otra forma de coerción económica o política, la violencia física contra personas residentes en otros países, u otro tipo de injerencia y amenaza a la integridad de los Estados y de los elementos políticos, económicos y culturales de las naciones;

f) rechaza la violación del derecho irrenunciable y soberano de todo Estado a regular el uso y los beneficios de las telecomunicaciones en su territorio, conforme a la práctica universal y a los convenios internacionales que ha suscrito;

g) califica de delito internacional la guerra de agresión y de conquista; reconoce la legitimidad de las luchas por la liberación nacional, así como la resistencia armada a la agresión y considera su deber internacionalista solidarizarse con el agredido y con los pueblos que combaten por su liberación y autodeterminación;

h) basa sus relaciones con los países que edifican el socialismo en la amistad fraternal, la cooperación y la ayuda mutua, asentadas en los objetivos comunes de la construcción de la nueva sociedad;

i) mantiene relaciones de amistad con los países que, teniendo un régimen político social y económico diferente, respetan su soberanía, observan las normas de convivencia entre los Estados, se atienen a los principios de mutuas conveniencias y adoptan una actitud recíproca con nuestro país.

Artículo 13. La República de Cuba concede asilo a los perseguidos por sus ideales o luchas por los derechos democráticos, contra el imperialismo, el fascismo, el colonialismo y neocolonialismo; contra la discriminación y el racismo; por la liberación nacional; por los derechos y reivindicaciones de los trabajadores, campesinos y estudiantes; por sus actividades políticas, científicas, artísticas y literarias progresistas, por el socialismo y la paz.

Artículo 14. En la República de Cuba rige el sistema de economía basado en la propiedad socialista de todo el pueblo sobre los medios fundamentales de producción y en la supresión de la explotación del hombre por el hombre.

También rige el principio de distribución socialista "de cada cual según su capacidad, a cada cual según su trabajo". La ley establece las regulaciones que garantizan el efectivo cumplimiento de este principio.

Artículo 15. Son de propiedad estatal socialista de todo el pueblo:

a) las tierras que no pertenecen a los agricultores pequeños o a cooperativas integradas por éstos, el subsuelo, las minas, los recursos naturales tanto vivos como no vivos dentro de la zona económica marítima de la República, los bosques, las aguas y las vías de comunicación;

b) los centrales azucareros, las fábricas, los medios fundamentales de transporte, y cuantas empresas, bancos e instalaciones han sido nacionalizados y expropiados a los imperialistas, latifundistas y burgueses, así como las fábricas, empresas e instalaciones económicas y centros científicos, sociales, culturales y deportivos construidos, fomentados o adquiridos por el Estado y los que en el futuro construya, fomente o adquiera.

Estos bienes no pueden transmitirse en propiedad a personas naturales o jurídicas, salvo los casos excepcionales en que la transmisión parcial o total de algún objetivo económico se destine a los fines del desarrollo del país y no afecten los fundamentos políticos, sociales y económicos del Estado, previa aprobación del Consejo de Ministros o su Comité Ejecutivo.

En cuanto a la transmisión de otros derechos sobre estos bienes a empresas estatales y otras entidades autorizadas, para el cumplimiento de sus fines, se actuará conforme a la previsto en la ley.

Artículo 16. El Estado organiza, dirige y controla la actividad económica nacional conforme a un plan que garantice el desarrollo programado del país, a fin de fortalecer el sistema socialista, satisfacer cada vez mejor las necesidades materiales y culturales de la sociedad y los ciudadanos, promover el desenvolvimiento de la persona humana y de su dignidad, el avance y la seguridad del país.

En la elaboración y ejecución de los programas de producción y desarrollo participan activa y conscientemente los trabajadores de todas las ramas de la economía y de las demás esferas de la vida social.

Artículo 17. El Estado administra directamente los bienes que integran la propiedad socialista de todo el pueblo; o podrá crear y organizar empresas y entidades encargadas de su administración, cuya estructura, atribuciones, funciones y el régimen de sus relaciones son regulados por la ley.

Estas empresas y entidades responden de sus obligaciones sólo con sus recursos financieros, dentro de las limitaciones establecidas por la ley. El Estado no responde de las obligaciones contraídas por las empresas, entidades u otras personas jurídicas y éstas tampoco responden de las de aquél.

Artículo 18. El Estado dirige y controla el comercio exterior.

La ley establece las instituciones y autoridades estatales facultadas para:

—crear empresas de comercio exterior;

—normar y regular las operaciones de exportación e importación; y

—determinar las personas naturales o jurídicas con capacidad legal para realizar dichas operaciones de exportación e importación y concertar convenios comerciales.

Artículo 19. El Estado reconoce la propiedad de los agricultores pequeños sobre las tierras que legalmente les pertenecen y los demás bienes inmuebles y muebles que les resulten necesarios para la explotación a que se dedican, conforme a lo que establece la ley.

Los agricultores pequeños, previa autorización del organismo estatal competente y el cumplimiento de los demás requisitos legales, pueden incorporar sus tierras únicamente a cooperativas de producción agropecuaria. Además pueden venderlas, permutarlas o transmitirlas por otro título al Estado y a cooperativas de producción agropecuaria o a agricultores pequeños en los casos, formas y condiciones que establece la ley, sin perjuicio del derecho preferente del Estado a su adquisición, mediante el pago de su justo precio.

Se prohíbe el arrendamiento, la aparcería, los préstamos hipotecarios y cualquier acto que implique gravamen o cesión a particulares de los derechos emanados de la propiedad de los agricultores pequeños sobre sus tierras.

El Estado apoya la producción individual de los agricultores pequeños que contribuyen a la economía nacional.

Artículo 20. Los agricultores pequeños tienen derecho a asociarse entre sí, en la forma y con los requisitos que establece la ley, tanto a los fines de la producción agropecuaria como a los de obtención de créditos y servicios estatales.

Se autoriza la organización de cooperativas de producción agropecuaria en los casos y en la forma que la ley establece. Esta propiedad cooperativa es reconocida por el Estado y constituye una forma avanzada y eficiente de producción socialista.

Las cooperativas de producción agropecuaria administran, poseen, usan y disponen de los bienes de su propiedad, de acuerdo con lo establecido en la ley y en sus reglamentos.

Las tierras de las cooperativas no pueden ser embargadas ni gravadas y su propiedad puede ser transferida a otras cooperativas o al Estado, por las causas y según el procedimiento establecido en la ley.

El Estado brinda todo el apoyo posible a esta forma de producción agropecuaria.

Artículo 21. Se garantiza la propiedad personal sobre los ingresos y ahorros procedentes del trabajo propio, sobre la vivienda que se posea con justo título de dominio y los demás bienes y objetos que sirven para la satisfacción de las necesidades materiales y culturales de la persona.

Asimismo, se garantiza la propiedad sobre los medios e instrumentos de trabajo personal o familiar, los que no pueden ser utilizados para la obtención de ingresos provenientes de la explotación del trabajo ajeno.

La ley establece la cuantía en que son embargables los bienes de propiedad personal.

Artículo 22. El Estado reconoce la propiedad de las organizaciones políticas, de masas y sociales sobre los bienes destinados al cumplimiento de sus fines.

Artículo 23. El Estado reconoce la propiedad de las empresas mixtas, sociedades y asociaciones económicas que se constituyen conforme a la ley.

El uso, disfrute y disposición de los bienes pertenecientes al patrimonio de las entidades anteriores se rigen por lo establecido en la ley y los tratados, así como por los estatutos y reglamentos propios por los que se gobiernan.

Artículo 24. El Estado reconoce el derecho de herencia sobre la vivienda de dominio propio y demás bienes de propiedad personal.

La tierra y los demás bienes vinculados a la producción que integran la propiedad de los agricultores pequeños son heredables y sólo se adjudican a aquellos herederos que trabajan la tierra, salvo las excepciones y según el procedimiento que establece la ley.

La ley fija los casos, las condiciones y la forma en que los bienes de propiedad cooperativa podrán ser heredables.

Artículo 25. Se autoriza la expropiación de bienes, por razones de utilidad pública o interés social y con la debida indemnización.

La ley establece el procedimiento para la expropiación y las bases para determinar su utilidad y necesidad, así como la forma de la indemnización, considerando los intereses y las necesidades económicas y sociales del expropiado.

Artículo 26. Toda persona que sufriere daño o perjuicio causado indebidamente por funcionarios o agentes del Estado con motivo del ejercicio de las funciones propias de sus cargos, tiene derecho a reclamar y obtener la correspondiente reparación o indemnización en la forma que establece la ley.

Artículo 27. El Estado protege el medio ambiente y los recursos naturales del país. Reconoce su estrecha vinculación con el desarrollo económico y social sostenible para hacer más racional la vida humana y asegurar la supervivencia, el bienestar y la seguridad de las generaciones actuales y futuras. Corresponde a los órganos competentes aplicar esta política.

Es deber de los ciudadanos contribuir a la protección del agua, la atmósfera, la conservación del suelo, la flora, la fauna y todo el rico potencial de la naturaleza.

CAPÍTULO II

Ciudadanía

Artículo 28. La ciudadanía cubana se adquiere por nacimiento o por naturalización.

Artículo 29. Son ciudadanos cubanos por nacimiento:

a) los nacidos en el territorio nacional, con excepción de los hijos de extranjeros que se encuentren al servicio de su gobierno o de organismos internacionales. La ley establece los requisitos y las formalidades para el caso de los hijos de los extranjeros residentes no permanentes en el país;

b) los nacidos en el extranjero de padre o madre cubanos que se hallen cumpliendo misión oficial;

c) los nacidos en el extranjero de padre y madre cubanos, previo el cumplimiento de las formalidades que la ley señala;

ch) los nacidos fuera del territorio nacional, de padre o madre naturales de la República de Cuba que hayan perdido la ciudadanía cubana, siempre que la reclamen en la forma que señala la ley;

d) los extranjeros que por méritos excepcionales alcanzados en las luchas por la liberación de Cuba fueron considerados ciudadanos cubanos por nacimiento.

Artículo 30. Son ciudadanos cubanos por naturalización:

a) los extranjeros que adquieren la ciudadanía de acuerdo con lo establecido en la ley;

b) los que hubiesen servido a la lucha armada contra la tiranía derrocada el primero de enero de 1959, siempre que acrediten esa condición en la forma legalmente establecida;

c) los que habiendo sido privados arbitrariamente de su ciudadanía de origen obtengan la cubana por acuerdo expreso del Consejo de Estado.

Artículo 31. Ni el matrimonio ni su disolución afectan la ciudadanía de los cónyuges o de sus hijos.

Artículo 32. Los cubanos no podrán ser privados de su ciudadanía, salvo por causas legalmente establecidas. Tampoco podrán ser privados del derecho a cambiar de ésta.

No se admitirá la doble ciudadanía. En consecuencia, cuando se adquiera una ciudadanía extranjera, se perderá la cubana.

La ley establece el procedimiento a seguir para la formalización de la pérdida de la ciudadanía y las autoridades facultadas para decidirlo.

Artículo 33. La ciudadanía cubana podrá recobrarse en los casos y en la forma que prescribe la ley.

CAPÍTULO III
Extranjería

Artículo 34. Los extranjeros residentes en el territorio de la República se equiparan a los cubanos:
—en la protección de sus personas y bienes;
—en el disfrute de los derechos y el cumplimiento de los deberes reconocidos en esta Constitución, bajo las condiciones y con las limitaciones que la ley fija;
—en la obligación de observar la Constitución y la ley;
—en la obligación de contribuir a los gastos públicos en la forma y la cuantía que la ley establece;
—en la sumisión a la jurisdicción y resoluciones de los tribunales de justicia y autoridades de la República.

La ley establece los casos y la forma en que los extranjeros pueden ser expulsados del territorio nacional y las autoridades facultadas para decidirlo.

CAPÍTULO IV
Familia

Artículo 35. El Estado protege la familia, la maternidad y el matrimonio.

El Estado reconoce en la familia la célula fundamental de la sociedad y le atribuye responsabilidades y funciones esenciales en la educación y formación de las nuevas generaciones.

Artículo 36. El matrimonio es la unión voluntariamente concertada de un hombre y una mujer con aptitud legal para ello, a fin de hacer vida en común. Descansa en la igualdad absoluta de derechos y deberes de los cónyuges, los que deben atender al mantenimiento del hogar y a la formación integral de los hijos mediante el esfuerzo común, de modo que éste resulte compatible con el desarrollo de las actividades sociales de ambos.

La ley regula la formalización, reconocimiento y disolución del matrimonio y los derechos y obligaciones que de dichos actos se derivan.

Artículo 37. Todos los hijos tienen iguales derechos, sean habidos dentro o fuera del matrimonio.

Está abolida toda calificación sobre la naturaleza de la filiación.

No se consignará declaración alguna diferenciando los nacimientos, ni sobre el estado civil de los padres en las actas de inscripción de los hijos, ni en ningún otro documento que haga referencia a la filiación.

El Estado garantiza mediante los procedimientos legales adecuados la determinación y el reconocimiento de la paternidad.

Artículo 38. Los padres tienen el deber de dar alimento a sus hijos y asistirlos en la defensa de sus legítimos intereses y en la realización de sus justas aspiraciones; así como el de contribuir activamente a su educación y formación integral como ciudadanos útiles y preparados para la vida en la sociedad socialista.

Los hijos, a su vez, están obligados a respetar y ayudar a sus padres.

CAPÍTULO V

Educación y cultura

Artículo 39. El Estado orienta, fomenta y promueve la educación, la cultura y las ciencias en todas sus manifestaciones.

En su política educativa y cultural se atiene a los postulados siguientes:

a) fundamenta su política educacional y cultural en los avances de la ciencia y la técnica, el ideario marxista y martiano, la tradición pedagógica progresista cubana y la universal;

b) la enseñanza es función del Estado y es gratuita. Se basa en las conclusiones y aportes de la ciencia y en la relación más estrecha del estudio con la vida, el trabajo y la producción.

El Estado mantiene un amplio sistema de becas para los estudiantes y proporciona múltiples facilidades de estudio a los trabajadores a fin de que puedan alcanzar los más altos niveles posibles de conocimientos y habilidades.

La ley precisa la integración y estructura del sistema nacional de enseñanza, así como el alcance de la obligatoriedad de estudiar y define la preparación general básica que, como mínimo, debe adquirir todo ciudadano;

c) promover la educación patriótica y la formación comunista de las nuevas generaciones y la preparación de los niños, jóvenes y adultos para la vida social.

Para realizar este principio se combinan la educación general y las especializadas de carácter científico, técnico o artístico, con el trabajo, la investigación para el desarrollo, la educación física, el deporte y la participación en actividades políticas, sociales y de preparación militar;

ch) es libre la creación artística siempre que su contenido no sea contrario a la Revolución. Las formas de expresión en el arte son libres;

d) el Estado, a fin de elevar la cultura del pueblo, se ocupa de fomentar y desarrollar la educación artística, la vocación para la creación y el cultivo del arte y la capacidad para apreciarlo;

e) la actividad creadora e investigativa en la ciencia es libre. El Estado estimula y viabiliza la investigación y prioriza la dirigida a resolver los problemas que atañen al interés de la sociedad y al beneficio del pueblo;

f) el Estado propicia que los trabajadores se incorporen a la labor científica y al desarrollo de la ciencia;

g) el Estado orienta, fomenta y promueve la cultura física y el deporte en todas sus manifestaciones como medio de educación y contribución a la formación integral de los ciudadanos;

h) el Estado defiende la identidad de la cultura cubana y vela por la conservación del patrimonio cultural y la riqueza artística e histórica de la nación. Protege los monumentos nacionales y los lugares notables por su belleza natural o por su reconocido valor artístico o histórico;

i) el Estado promueve la participación de los ciudadanos a través de las organizaciones de masas y sociales del país en la realización de su política educacional y cultural.

Artículo 40. La niñez y la juventud disfrutan de particular protección por parte del Estado y la sociedad.

La familia, la escuela, los órganos estatales y las organizaciones de masas y sociales tienen el deber de prestar especial atención a la formación integral de la niñez y la juventud.

CAPÍTULO VI

Igualdad

Artículo 41. Todos los ciudadanos gozan de iguales derechos y están sujetos a iguales deberes.

Artículo 42. La discriminación por motivo de raza, color de la piel, sexo u origen nacional, creencias religiosas y cualquiera otra lesiva a la dignidad humana está proscrita y es sancionada por la ley.

Las instituciones del Estado educan a todos, desde la más temprana edad, en el principio de la igualdad de los seres humanos.

Artículo 43. El Estado consagra el derecho conquistado por la Revolución de que los ciudadanos, sin distinción de raza, color de la piel, sexo, creencias religiosas, origen nacional y cualquier otra lesiva a la dignidad humana:

—tienen acceso, según méritos y capacidades, a todos los cargos y empleos del Estado, de la Administración Pública y de la producción y prestación de servicios;

—ascienden a todas las jerarquías de las fuerzas armadas revolucionarias y de la seguridad y orden interior, según méritos y capacidades;

—perciben salario igual por trabajo igual;

—disfrutan de la enseñanza en todas las instituciones docentes del país, desde la escuela primaria hasta las universidades, que son las mismas para todos;

—reciben asistencia en todas las instituciones de salud;

—se domicilian en cualquier sector, zona o barrio de las ciudades y se alojan en cualquier hotel;

—son atendidos en todos los restaurantes y demás establecimientos de servicio público;

—usan, sin separaciones, los transportes marítimos, ferroviarios, aéreos y automotores;

—disfrutan de los mismos balnearios, playas, parques, círculos sociales y demás centros de cultura, deportes, recreación y descanso.

Artículo 44. La mujer y el hombre gozan de iguales derechos en lo económico, político, cultural, social y familiar.

El Estado garantiza que se ofrezcan a la mujer las mismas oportunidades y posibilidades que al hombre, a fin de lograr su plena participación en el desarrollo del país.

El Estado organiza instituciones tales como círculos infantiles, semi-internados e internados escolares, casas de atención a ancianos y servicios que facilitan a la familia trabajadora el desempeño de sus responsabilidades.

Al velar por su salud y por una sana descendencia, el Estado concede a la mujer trabajadora licencia retribuida por maternidad, antes y después del parto, y opciones laborales temporales compatibles con su función materna

El Estado se esfuerza por crear todas las condiciones que propicien la realización del principio de igualdad.

CAPÍTULO VII

Derechos, deberes y garantías fundamentales

Artículo 45. El trabajo en la sociedad socialista es un derecho, un deber y un motivo de honor para cada ciudadano.

El trabajo es remunerado conforme a su calidad y cantidad; al proporcionarlo se atienden las exigencias de la economía y la sociedad, la elección del trabajador y su aptitud y calificación; lo garantiza el sistema económico socialista, que propicia el desarrollo económico y social, sin crisis, y que con ello ha eliminado el desempleo y borrado para siempre el paro estacional llamado "tiempo muerto".

Se reconoce el trabajo voluntario, no remunerado, realizado en beneficio de toda la sociedad, en las actividades industriales, agrícolas, técnicas, artísticas y de servicio, como formador de la conciencia comunista de nuestro pueblo.

Cada trabajador está en el deber de cumplir cabalmente las tareas que le corresponden en su empleo.

Artículo 46. Todo el que trabaja tiene derecho al descanso, que se garantiza por la jornada laboral de ocho horas, el descanso semanal y las vacaciones anuales pagadas.

El Estado fomenta el desarrollo de instalaciones y planes vacacionales.

Artículo 47. Mediante el sistema de seguridad social, el Estado garantiza la protección adecuada a todo trabajador impedido por su edad, invalidez o enfermedad.

En caso de muerte del trabajador garantiza similar protección a su familia.

Artículo 48. El Estado protege, mediante la asistencia social, a los ancianos sin recursos ni amparo y a cualquier persona no apta para trabajar que carezca de familiares en condiciones de prestarle ayuda.

Artículo 49. El Estado garantiza el derecho a la protección, seguridad e higiene del trabajo mediante la adopción de medidas adecuadas para la prevención de accidentes y enfermedades profesionales.

El que sufre un accidente en el trabajo o contrae una enfermedad profesional tiene derecho a la atención médica y a subsidio o jubilación en los casos de incapacidad temporal o permanente para el trabajo.

Artículo 50. Todos tienen derecho a que se atienda y proteja su salud. El Estado garantiza este derecho:

—con la prestación de la asistencia médica y hospitalaria gratuita, mediante la red de instalaciones de servicio médico rural, de los policlínicos, hospitales, centros profilácticos y de tratamiento especializado;

—con la prestación de asistencia estomatológica gratuita;

—con el desarrollo de los planes de divulgación sanitaria y de educación para la salud, exámenes médicos periódicos, vacunación general y otras medidas preventivas de las enfermedades. En estos planes y actividades coopera toda la población a través de las organizaciones de masas y sociales.

Artículo 51. Todos tienen derecho a la educación. Este derecho está garantizado por el amplio y gratuito sistema de escuelas, semi-internados, internados y becas, en todos los tipos de enseñanza, y por la gratuidad del material escolar, lo que proporciona a cada niño y joven, cualquiera que sea la situación económica de su familia, la oportunidad de cursar estudios de acuerdo con sus aptitudes, las exigencias sociales y las necesidades del desarrollo económico-social.

Los hombres y mujeres adultos tienen asegurado este derecho, en las mismas condiciones de gratuidad y con facilidades específicas que la ley regula, mediante la educación de adultos, la enseñanza técnica y profesional, la capacitación laboral en empresas y organismos del Estado y los cursos de educación superior para los trabajadores.

Artículo 52. Todos tienen derecho a la educación física, al deporte y a la recreación.

El disfrute de este derecho está garantizado por la inclusión de la enseñanza y práctica de la educación física y el deporte en los planes de estudio del sistema nacional de educación; y por la amplitud de la instrucción y los medios puestos a disposición del pueblo, que facilitan la práctica masiva del deporte y la recreación.

Artículo 53. Se reconoce a los ciudadanos libertad de palabra y prensa conforme a los fines de la sociedad socialista. Las condiciones materiales para su ejercicio están dadas por el hecho de que la prensa, la radio, la televisión, el cine y otros medios de difusión masiva son de propiedad estatal o social y no pueden ser objeto, en ningún caso, de propiedad privada, lo que asegura su uso al servicio exclusivo del pueblo trabajador y del interés de la sociedad.

La ley regula el ejercicio de estas libertades.

Artículo 54. Los derechos de reunión, manifestación y asociación son ejercidos por los trabajadores manuales e intelectuales, los campesinos, las mujeres, los estudiantes y demás sectores del pueblo trabajador, para lo cual disponen de los medios necesarios a tales fines. Las organizaciones de masas y sociales disponen de todas las facilidades para el desenvolvimiento de dichas actividades en las que sus miembros gozan de la más amplia libertad de palabra y opinión, basadas en el derecho irrestricto a la iniciativa y a la crítica.

Artículo 55. El Estado, que reconoce, respeta y garantiza la libertad de conciencia y de religión, reconoce, respeta y garantiza a la vez la libertad de cada ciudadano de cambiar de creencias religiosas o no tener ninguna, y a profesar, dentro del respeto a la ley, el culto religioso de su preferencia.

La ley regula las relaciones del Estado con las instituciones religiosas.

Artículo 56. El domicilio es inviolable. Nadie puede penetrar en el ajeno contra la voluntad del morador, salvo en los casos previstos por la ley.

Artículo 57. La correspondencia es inviolable. Sólo puede ser ocupada, abierta y examinada en los casos previstos por la ley. Se guardará secreto de los asuntos ajenos al hecho que motivare el examen.

El mismo principio se observará con respecto a las comunicaciones cablegráficas, telegráficas y telefónicas.

Artículo 58. La libertad e inviolabilidad de su persona están garantizadas a todos los que residen en el territorio nacional.

Nadie puede ser detenido sino en los casos, en la forma y con las garantías que prescriben las leyes.

El detenido o preso es inviolable en su integridad personal.

Artículo 59. Nadie puede ser encausado ni condenado sino por Tribunal competente, en virtud de leyes anteriores al delito y con las formalidades y garantías que éstas establecen.

Todo acusado tiene derecho a la defensa.

No se ejercerá violencia ni coacción de clase alguna sobre las personas para forzarlas a declarar.

Es nula toda declaración obtenida con infracción de este precepto y los responsables incurrirán en las sanciones que fija la ley.

Artículo 60. La confiscación de bienes se aplica sólo como sanción por las autoridades, en los casos y por los procedimientos que determina la ley.

Artículo 61. Las leyes penales tienen efecto retroactivo cuando sean favorables al encausado o sancionado. Las demás leyes no tienen efecto retroactivo a menos que en las mismas se disponga lo contrario por razón de interés social o utilidad pública.

Artículo 62. Ninguna de las libertades reconocidas a los ciudadanos puede ser ejercida contra lo establecido en la Constitución y las leyes, ni contra la existencia y fines del Estado socialista, ni contra la decisión del pueblo cubano de construir el socialismo y el comunismo. La infracción de este principio es punible.

Artículo 63. Todo ciudadano tiene derecho a dirigir quejas y peticiones a las autoridades y a recibir la atención o respuestas pertinentes y en plazo adecuado, conforme a la ley.

Artículo 64. Es deber de cada uno cuidar la propiedad pública y social, acatar la disciplina del trabajo, respetar los derechos de los demás, observar las normas de la convivencia socialista y cumplir los deberes cívicos y sociales.

Artículo 65. La defensa de la patria socialista es el más grande honor y el deber supremo de cada cubano.

La ley regula el servicio militar que los cubanos deben prestar.

La traición a la patria es el más grave de los crímenes; quien la comete está sujeto a las más severas sanciones.

Artículo 66. El cumplimiento estricto de la Constitución y de las leyes es deber inexcusable de todos.

CAPÍTULO VIII

Estado de emergencia

Artículo 67. En caso o ante la inminencia de desastres naturales o catástrofes u otras circunstancias que por su naturaleza, proporción o entidad afecten el orden interior, la seguridad del país o la estabilidad del Estado, el Presidente del Consejo de Estado puede declarar el estado de emergencia en todo el territorio nacional o en una parte de él, y durante su vigencia disponer la movilización de la población.

La ley regula la forma en que se declara el estado de emergencia, sus efectos y su terminación. Igualmente determina los derechos y deberes fundamentales reconocidos por la Constitución, cuyo ejercicio debe ser regulado de manera diferente durante la vigencia del estado de emergencia.

CAPÍTULO IX

Principios de organización y funcionamiento
de los órganos estatales

Artículo 68. Los órganos del Estado se integran y desarrollan su actividad sobre la base de los principios de la democracia socialista que se expresan en las reglas siguientes:

a) todos los órganos representativos de poder del Estado son electivos y renovables;

b) las masas populares controlan la actividad de los órganos estatales, de los diputados, de los delegados y de los funcionarios;

c) los elegidos tienen el deber de rendir cuenta de su actuación y pueden ser revocados de sus cargos en cualquier momento;

ch) cada órgano estatal desarrolla ampliamente, dentro del marco de su competencia, la iniciativa encaminada al aprovechamiento de los recursos y posibilidades locales y a la incorporación de las organizaciones de masas y sociales a su actividad;

d) las disposiciones de los órganos estatales superiores son obligatorias para los inferiores;

e) los órganos estatales inferiores responden ante los superiores y les rinden cuenta de su gestión;

f) la libertad de discusión, el ejercicio de la crítica y autocrítica y la subordinación de la minoría a la mayoría, rigen en todos los órganos estatales colegiados.

CAPÍTULO X

Órganos superiores del Poder Popular

Artículo 69. La Asamblea Nacional del Poder Popular es el órgano supremo del poder del Estado. Representa y expresa la voluntad soberana de todo el pueblo.

Artículo 70. La Asamblea Nacional del Poder Popular es el único órgano con potestad constituyente y legislativa en la República.

Artículo 71. La Asamblea Nacional del Poder Popular se compone de diputados elegidos por el voto libre, directo y secreto de los electores, en la proporción y según el procedimiento que determina la ley.

Artículo 72. La Asamblea Nacional del Poder Popular es elegida por un término de cinco años.

Este término sólo podrá extenderse por acuerdo de la propia Asamblea en caso de guerra o a virtud de otras circunstancias excepcionales que impidan la celebración normal de las elecciones y mientras subsistan tales circunstancias.

Artículo 73. La Asamblea Nacional del Poder Popular, al constituirse para una nueva legislatura, elige de entre sus diputados a su Presidente, al Vicepresidente y al Secretario. La ley regula la forma y el procedimiento mediante el cual se constituye la Asamblea y realiza esa elección.

Artículo 74. La Asamblea Nacional del Poder Popular elige, de entre sus diputados, al Consejo de Estado, integrado por un Presidente, un Primer Vicepresidente, cinco Vicepresidentes, un Secretario y veintitrés miembros más.

El Presidente del Consejo de Estado es jefe de Estado y jefe de Gobierno.

El Consejo de Estado es responsable ante la Asamblea Nacional del Poder Popular y le rinde cuenta de todas sus actividades.

Artículo 75. Son atribuciones de la Asamblea Nacional del Poder Popular:

a) acordar reformas de la Constitución conforme a lo establecido en el Artículo 137;

b) aprobar, modificar o derogar las leyes y someterlas previamente a la consulta popular cuando lo estime procedente en atención a la índole de la legislación de que se trate;

c) decidir acerca de la constitucionalidad de las leyes, decretos-leyes, decretos y demás disposiciones generales;

ch) revocar en todo o en parte los decretos-leyes que haya dictado el Consejo de Estado;

d) discutir y aprobar los planes nacionales de desarrollo económico y social;

e) discutir y aprobar el presupuesto del Estado;

f) aprobar los principios del sistema de planificación y de dirección de la economía nacional;

g) acordar el sistema monetario y crediticio;

h) aprobar los lineamientos generales de la política exterior e interior;

i) declarar el estado de guerra en caso de agresión militar y aprobar los tratados de paz;

j) establecer y modificar la división político-administrativa del país conforme a lo establecido en el Artículo 102;

k) elegir al Presidente, al Vicepresidente y al Secretario de la Asamblea Nacional;

l) elegir al Presidente, al Primer Vicepresidente, a los Vicepresidentes, al Secretario y a los demás miembros del Consejo de Estado;

ll) designar, a propuesta del Presidente del Consejo de Estado, al Primer Vicepresidente, a los Vicepresidentes y demás miembros del Consejo de Ministros;

m) elegir al Presidente, a los Vicepresidentes y a los demás jueces del Tribunal Supremo Popular;

n) elegir al Fiscal General y a los Vicefiscales generales de la República;

ñ) nombrar comisiones permanentes y temporales;

o) revocar la elección o designación de las personas elegidas o designadas por ella;

p) ejercer la más alta fiscalización sobre los órganos del Estado y del Gobierno;

q) conocer, evaluar y adoptar las decisiones pertinentes sobre los informes de rendición de cuenta que le presenten el Consejo de Estado, el Consejo de Ministros, el Tribunal Supremo Popular, la Fiscalía General de la República y las Asambleas Provinciales del Poder Popular;

r) revocar los decretos-leyes del Consejo de Estado y los decretos o disposiciones del Consejo de Ministros que contradigan la Constitución o las leyes;

s) revocar o modificar los acuerdos o disposiciones de los órganos locales del Poder Popular que violen la Constitución, las leyes, los decretos-leyes, decretos y demás disposiciones dictadas por un órgano de superior jerarquía a los mismos; o los que afecten los intereses de otras localidades o los generales del país;

t) conceder amnistías;

u) disponer la convocatoria de referendos en los casos previstos en la Constitución y en otros que la propia Asamblea considere procedente;

v) acordar su reglamento;

w) las demás que le confiere esta Constitución.

Artículo 76. Las leyes y acuerdos de la Asamblea Nacional del Poder Popular, salvo cuando se refieran a la reforma de la Constitución, se adoptan por mayoría simple de votos.

Artículo 77. Las leyes aprobadas por la Asamblea Nacional del Poder Popular entran en vigor en la fecha que en cada caso determine la propia ley.

Las leyes, decretos-leyes, decretos y resoluciones, reglamentos y demás disposiciones generales de los órganos nacionales del Estado, se publican en la *Gaceta Oficial* de la República.

Artículo 78. La Asamblea Nacional del Poder Popular se reúne en dos períodos ordinarios de sesiones al año y en sesión extraordinaria cuando lo solicite la tercera parte de sus miembros o la convoque el Consejo de Estado.

Artículo 79. Para que la Asamblea Nacional del Poder Popular pueda celebrar sesión se requiere la presencia de más de la mitad del número total de los diputados que la integran.

Artículo 80. Las sesiones de la Asamblea Nacional del Poder Popular son públicas, excepto en el caso en que la propia Asamblea acuerde celebrarlas a puertas cerradas por razón de interés de Estado.

Artículo 81. Son atribuciones del Presidente de la Asamblea Nacional del Poder Popular:

a) presidir las sesiones de la Asamblea Nacional y velar por la aplicación de su reglamento;

b) convocar las sesiones ordinarias de la Asamblea Nacional;

c) proponer el proyecto de orden del día de las sesiones de la Asamblea Nacional;

ch) firmar y disponer la publicación en la *Gaceta Oficial* de la República de las leyes y acuerdos adoptados por la Asamblea Nacional;

d) organizar las relaciones internacionales de la Asamblea Nacional;

e) dirigir y organizar la labor de las comisiones de trabajo permanentes y temporales que sean creadas por la Asamblea Nacional;

f) asistir a las reuniones del Consejo de Estado;

g) las demás que por esta Constitución o la Asamblea Nacional del Poder Popular se le atribuyan.

Artículo 82. La condición de diputado no entraña privilegios personales ni beneficios económicos.

Durante el tiempo que empleen en el desempeño efectivo de sus funciones, los diputados perciben el mismo salario o sueldo de su centro de trabajo y mantienen el vínculo con éste, a todos los efectos.

Artículo 83. Ningún diputado a la Asamblea Nacional del Poder Popular puede ser detenido ni sometido a proceso penal sin autorización de la Asamblea, o del Consejo de Estado si no está reunida aquélla, salvo en caso de delito flagrante.

Artículo 84. Los diputados a la Asamblea Nacional del Poder Popular tienen el deber de desarrollar sus labores en beneficio de los intereses del pueblo, mantener contacto con sus electores, oír sus planteamientos, sugerencias y críticas, y explicarles la política del Estado. Asimismo, rendirán cuenta del cumplimiento de sus funciones, según lo establecido en la ley.

Artículo 85. A los diputados a la Asamblea Nacional del Poder Popular les puede ser revocado su mandato en cualquier momento, en la forma, por las causas y según los procedimientos establecidos en la ley.

Artículo 86. Los diputados a la Asamblea Nacional del Poder Popular tienen el derecho de hacer preguntas al Consejo de Estado, al Consejo de Ministros o a los miembros de uno y otro y a que éstas les sean respondidas en el curso de la misma sesión o en la próxima.

Artículo 87. Todos los órganos y empresas estatales están obligados a prestar a los diputados la colaboración necesaria para el cumplimiento de sus deberes.

Artículo 88. La iniciativa de las leyes compete:

a) a los diputados de la Asamblea Nacional del Poder Popular;

b) al Consejo de Estado;

c) al Consejo de Ministros;

ch) a las comisiones de la Asamblea Nacional del Poder Popular;

d) al Comité Nacional de la Central de Trabajadores de Cuba y a las Direcciones Nacionales de las demás organizaciones de masas y sociales;

e) al Tribunal Supremo Popular, en materia relativa a la administración de justicia;

f) a la Fiscalía General de la República, en materia de su competencia;

g) a los ciudadanos. En este caso será requisito indispensable que ejerciten la iniciativa diez mil ciudadanos, por lo menos, que tengan la condición de electores.

Artículo 89. El Consejo de Estado es el órgano de la Asamblea Nacional del Poder Popular que la representa entre uno y otro período de sesiones, ejecuta los acuerdos de ésta y cumple las demás funciones que la Constitución le atribuye.

Tiene carácter colegiado y, a los fines nacionales e internacionales, ostenta la suprema representación del Estado cubano.

Artículo 90. Son atribuciones del Consejo de Estado:

a) disponer la celebración de sesiones extraordinarias de la Asamblea Nacional del Poder Popular;

b) acordar la fecha de las elecciones para la renovación periódica de la Asamblea Nacional del Poder Popular;

c) dictar decretos-leyes, entre uno y otro período de sesiones de la Asamblea Nacional del Poder Popular;

ch) dar a las leyes vigentes, en caso necesario, una interpretación general y obligatoria;

d) ejercer la iniciativa legislativa;

e) disponer lo pertinente para realizar los referendos que acuerde la Asamblea Nacional del Poder Popular;

f) decretar la movilización general cuando la defensa del país lo exija y asumir las facultades de declarar la guerra en caso de agresión o concertar la paz, que la Constitución asigna a la Asamblea Nacional del Poder Popular, cuando ésta se halle en receso y no pueda ser convocada con la seguridad y urgencia necesarias;

g) sustituir, a propuesta de su Presidente, a los miembros del Consejo de Ministros entre uno y otro período de sesiones de la Asamblea Nacional del Poder Popular;

h) impartir instrucciones de carácter general a los tribunales a través del Consejo de Gobierno del Tribunal Supremo Popular;

i) impartir instrucciones a la Fiscalía General de la República;

j) designar y remover, a propuesta de su Presidente, a los representantes diplomáticos de Cuba ante otros Estados;

k) otorgar condecoraciones y títulos honoríficos;

l) nombrar comisiones;

ll) conceder indultos;

m) ratificar y denunciar tratados internacionales;

n) otorgar o negar el beneplácito a los representantes diplomáticos de otros Estados

ñ) suspender las disposiciones del Consejo de Ministros y los acuerdos y disposiciones de las Asambleas Locales del Poder Popular que no se ajusten a la Constitución o a las leyes, o cuando afecten los intereses de otras localidades o los generales del país, dando cuenta a la Asamblea Nacional del Poder Popular en la primera sesión que celebre después de acordada dicha suspensión;

o) revocar los acuerdos y disposiciones de las Administraciones Locales del Poder Popular que contravengan la Constitución, las leyes, los decretos-leyes, los decretos y demás disposiciones dictadas por un órgano de superior jerarquía, o cuando afecten los intereses de otras localidades o los generales del país;

p) aprobar su reglamento;

q) las demás que le confieran la Constitución y las leyes o le encomiende la Asamblea Nacional del Poder Popular.

Artículo 91. Todas las decisiones del Consejo de Estado son adoptadas por el voto favorable de la mayoría simple de sus integrantes.

Artículo 92. El mandato confiado al Consejo de Estado por la Asamblea Nacional del Poder Popular expira al tomar posesión el nuevo Consejo de Estado elegido en virtud de las renovaciones periódicas de aquélla.

Artículo 93. Las atribuciones del Presidente del Consejo de Estado y Jefe de Gobierno son las siguientes:

a) representar al Estado y al Gobierno y dirigir su política general;

b) organizar y dirigir las actividades y convocar y presidir las sesiones del Consejo de Estado y las del Consejo de Ministros;

c) controlar y atender el desenvolvimiento de las actividades de los Ministerios y demás organismos centrales de la Administración;

ch) asumir la dirección de cualquier Ministerio u organismo central de la Administración;

d) proponer a la Asamblea Nacional del Poder Popular, una vez elegido por ésta, los miembros del Consejo de Ministros;

e) aceptar las renuncias de los miembros del Consejo de Ministros, o bien proponer a la Asamblea Nacional del Poder Popular o al Consejo de Estado, según proceda, la sustitución de cualquiera de ellos y, en ambos casos, los sustitutos correspondientes;

f) recibir las cartas credenciales de los jefes de las misiones extranjeras. Esta función podrá ser delegada en cualquiera de los Vicepresidentes del Consejo de Estado;

g) desempeñar la Jefatura Suprema de todas las instituciones armadas y determinar su organización general;

h) presidir el Consejo de Defensa Nacional;

i) declarar el Estado de Emergencia en los casos previstos por esta Constitución, dando cuenta de su decisión, tan pronto las circunstancias lo permitan, a la Asamblea Nacional del Poder Popular o al Consejo de Estado, de no poder reunirse aquélla, a los efectos legales procedentes;

j) firmar decretos-leyes y otros acuerdos del Consejo de Estado y las disposiciones legales adoptadas por el Consejo de Ministros o su Comité Ejecutivo y ordenar su publicación en la *Gaceta Oficial* de la República;

k) las demás que por esta Constitución o las leyes se le atribuyan.

Artículo 94. En caso de ausencia, enfermedad o muerte del Presidente del Consejo de Estado lo sustituye en sus funciones el Primer Vicepresidente.

Artículo 95. El Consejo de Ministros es el máximo órgano ejecutivo y administrativo y constituye el Gobierno de la República.

El número, denominación y funciones de los Ministerios y organismos centrales que forman parte del Consejo de Ministros es determinado por la ley.

Artículo 96. El Consejo de Ministros está integrado por el Jefe de Estado y de Gobierno, que es su Presidente, el Primer Vicepresidente, los Vicepresidentes, los Ministros, el Secretario y los demás miembros que determine la ley.

Artículo 97. El Presidente, el Primer Vicepresidente, los Vicepresidentes y otros miembros del Consejo de Ministros que determine el Presidente, integran su Comité Ejecutivo.

El Comité Ejecutivo puede decidir sobre las cuestiones atribuidas al Consejo de Ministros, durante los períodos que median entre una y otra de sus reuniones.

Artículo 98. Son atribuciones del Consejo de Ministros:

a) organizar y dirigir la ejecución de las actividades políticas, económicas, culturales, científicas, sociales y de defensa acordadas por la Asamblea Nacional del Poder Popular;

b) proponer los proyectos de planes generales de desarrollo económico-social del Estado y, una vez aprobados por la Asamblea Nacional del Poder Popular, organizar, dirigir y controlar su ejecución;

c) dirigir la política exterior de la República y las relaciones con otros gobiernos;

ch) aprobar tratados internacionales y someterlos a la ratificación del Consejo de Estado;

d) dirigir y controlar el comercio exterior;

e) elaborar el proyecto de presupuesto del Estado y una vez aprobado por la Asamblea Nacional del Poder Popular, velar por su ejecución;

f) adoptar medidas para fortalecer el sistema monetario y crediticio;

g) elaborar proyectos legislativos y someterlos a la consideración de la Asamblea Nacional del Poder Popular o del Consejo de Estado, según proceda;

h) proveer a la defensa nacional, al mantenimiento del orden y la seguridad interiores, a la protección de los derechos ciudadanos, así como a la salvaguarda de vidas y bienes en caso de desastres naturales;

i) dirigir la administración del Estado, y unificar, coordinar y fiscalizar la actividad de los organismos de la Administración Central y de las Administraciones Locales;

j) ejecutar las leyes y acuerdos de la Asamblea Nacional del Poder Popular, así como los decretos-leyes y disposiciones del Consejo de Estado y, en caso necesario, dictar los reglamentos correspondientes;

k) dictar decretos y disposiciones sobre la base y en cumplimiento de las leyes vigentes y controlar su ejecución;

l) revocar las decisiones de las Administraciones subordinadas a las Asambleas Provinciales o Municipales del Poder Popular, adoptadas en función de las facultades delegadas por los organismos de la Administración Central del Estado, cuando contravengan las normas superiores que les sean de obligatorio cumplimiento;

ll) proponer a las Asambleas Provinciales y Municipales del Poder Popular revocar las disposiciones que sean adoptadas en su actividad específica, por las administraciones provinciales y municipales a ellas subordinadas, cuando contravengan las normas aprobadas por los organismos de la Administración Central del Estado, en el ejercicio de sus atribuciones;

m) revocar las disposiciones de los Jefes de organismos de la Administración Central del Estado, cuando contravengan las normas superiores que les sean de obligatorio cumplimiento;

n) proponer a la Asamblea Nacional del Poder Popular o al Consejo de Estado, la suspensión, de los acuerdos de las Asambleas Locales del Poder Popular que contravengan las leyes y demás disposiciones vigentes o que afecten los intereses de otras comunidades o los generales del país;

ñ) crear las comisiones que estime necesarias para facilitar el cumplimiento de las tareas que le están asignadas;

o) designar y remover funcionarios de acuerdo con las facultades que le confiere la ley;

p) realizar cualquier otra función que le encomiende la Asamblea Nacional del Poder Popular o el Consejo de Estado.

La ley regula la organización y funcionamiento del Consejo de Ministros.

Artículo 99. El Consejo de Ministros es responsable y rinde cuenta, periódicamente, de todas sus actividades ante la Asamblea Nacional del Poder Popular.

Artículo 100. Son atribuciones de los miembros del Consejo de Ministros:

a) dirigir los asuntos y tareas del Ministerio u organismo a su cargo, dictando las resoluciones y disposiciones necesarias a ese fin;

b) dictar, cuando no sea atribución expresa de otro órgano estatal, los reglamentos que se requieran para la ejecución y aplicación de las leyes y decretos-leyes que les conciernen;

c) asistir a las sesiones del Consejo de Ministros, con voz y voto, y presentar a éste proyectos de leyes, decretos-leyes, decretos, resoluciones, acuerdos o cualquier otra proposición que estimen conveniente;

ch) nombrar conforme a la ley, los funcionarios que les corresponden;

d) cualquier otra que le atribuyan la Constitución y las leyes.

Artículo 101. El Consejo de Defensa Nacional se constituye y prepara desde tiempo de paz para dirigir el país en las condiciones de estado de guerra, durante la guerra, la movilización general o el estado de emergencia. La ley regula su organización y funciones.

CAPÍTULO XI

La división político-administrativa

Artículo 102. El territorio nacional, para los fines político-administrativos, se divide en provincias y municipios; el número, los límites y la denominación de los cuales establece la ley.

La ley puede establecer, además, otras divisiones.

La provincia es la sociedad local con personalidad jurídica a todos los efectos legales, organizada políticamente por la ley como eslabón intermedio entre el gobierno central y el municipal, en una extensión superficial equivalente a la del conjunto de municipios comprendidos en su demarcación territorial. Ejerce las atribuciones y cumple los deberes estatales y de administración de su competencia y tiene la obligación primordial de promover el desarrollo económico y social de su territorio, para lo cual coordina y controla la ejecución de la política, programas y planes aprobados por los órganos superiores del Estado, con el apoyo de sus municipios, conjugándolos con los intereses de éstos.

El Municipio es la sociedad local, con personalidad jurídica a todos los efectos legales, organizada políticamente por la ley, en una extensión territorial determinada por necesarias relaciones económicas y sociales de su población, y con capacidad para satisfacer las necesidades mínimas locales.

Las provincias y los municipios, además de ejercer sus funciones propias, coadyuvan a la realización de los fines del Estado.

CAPÍTULO XII

Órganos locales del poder popular

Artículo 103. Las Asambleas del Poder Popular, constituidas en las demarcaciones político-administrativas en que se divide el territorio nacional, son los órganos superiores locales del poder del Estado y, en consecuencia, están investidas de la más alta autoridad para el ejercicio de las funciones estatales en sus demarcaciones respectivas y para ello, dentro del marco de su competencia, y ajustándose a la ley, ejercen gobierno.

Además, coadyuvan al desarrollo de las actividades y al cumplimiento de los planes de las unidades establecidas en su territorio que no les estén subordinadas, conforme a lo dispuesto en la ley.

Las Administraciones Locales que estas Asambleas constituyen, dirigen las entidades económicas, de producción y de servicios de subordinación local con el propósito de satisfacer las necesidades económicas, de salud, y otras de carácter asistencial, educacionales, culturales, deportivas y recreativas de la colectividad del territorio a que se extiende la jurisdicción de cada una.

Para el ejercicio de sus funciones, las Asambleas Locales del Poder Popular se apoyan en los Consejos Populares y en la iniciativa y amplia participación de la población y actúan en estrecha coordinación con las organizaciones de masas y sociales.

Artículo 104. Los Consejos Populares se constituyen en ciudades, pueblos, barrios, poblados y zonas rurales; están investidos de la más alta autoridad para el desempeño de sus funciones; representan a la demarcación donde actúan y a la vez son representantes de los órganos del Poder Popular municipal, provincial y nacional.

Trabajan activamente por la eficiencia en el desarrollo de las actividades de producción y de servicios y por la satisfacción de las necesidades asistenciales, económicas, educacionales, culturales y sociales de la población; promoviendo la mayor participación de ésta y las iniciativas locales para la solución de sus problemas.

Coordinan las acciones de las entidades existentes en su área de acción, promueven la cooperación entre ellas y ejercen el control y la fiscalización de sus actividades.

Los Consejos Populares se constituyen a partir de los delegados elegidos en las circunscripciones, los cuales deben elegir entre ellos quien los presida. A los mismos pueden pertenecer los representantes de las organizaciones de masas y de las instituciones más importantes en la demarcación.

La ley regula la organización y atribuciones de los Consejos Populares.

Artículo 105. Dentro de los límites de su competencia las Asambleas Provinciales del Poder Popular tienen las atribuciones siguientes:

a) cumplir y hacer cumplir las leyes y demás disposiciones de carácter general adoptadas por los órganos superiores del Estado;

b) aprobar y controlar, conforme a la política acordada por los organismos nacionales competentes, la ejecución del plan y del presupuesto ordinario de ingresos y gastos de la provincia;

c) elegir y revocar al Presidente y Vicepresidente de la propia Asamblea;

ch) designar y sustituir al Secretario de la Asamblea;

d) participar en la elaboración y control de la ejecución del presupuesto y el plan técnico-económico del Estado, correspondiente a las entidades radicadas en su territorio y subordinadas a otras instancias, conforme a la ley;

e) controlar y fiscalizar la actividad del órgano de administración de la provincia auxiliándose para ello de sus comisiones de trabajo;

f) designar y sustituir a los miembros del órgano de Administración provincial, a propuesta de su Presidente;

g) determinar conforme a los principios establecidos por el Consejo de Ministros, la organización, funcionamiento y tareas de las entidades encargadas de realizar las actividades económicas, de producción y servicios, educacionales, de salud, culturales, deportivas, de protección del medio ambiente y recreativas, que están subordinadas al órgano de Administración provincial;

h) adoptar acuerdos sobre los asuntos de administración concernientes a su demarcación territorial y que, según la ley, no correspondan a la competencia general de la Administración Central del Estado o a la de los órganos municipales de poder estatal;

i) aprobar la creación y organización de los Consejos Populares a propuesta de las Asambleas Municipales del Poder Popular;

j) revocar, en el marco de su competencia, las decisiones adoptadas por el órgano de administración de la provincia, o proponer su revocación al Consejo de Ministros, cuando hayan sido adoptadas en función de facultades delegadas por los organismos de la Administración Central del Estado;

k) conocer y evaluar los informes de rendición de cuenta que les presenten su órgano de Administración y las Asambleas del Poder Popular de nivel inferior y adoptar las decisiones pertinentes sobre ellos;

l) formar y disolver comisiones de trabajo;

ll) atender todo lo relativo a la aplicación de la política de cuadros que tracen los órganos superiores del Estado;

m) fortalecer la legalidad, el orden interior y la capacidad defensiva del país;

n) cualquier otra que les atribuyan la Constitución y las leyes.

Artículo 106. Dentro de los límites de su competencia, las Asambleas Municipales del Poder Popular tienen las atribuciones siguientes:

a) cumplir y hacer cumplir las leyes y demás disposiciones de carácter general adoptadas por los órganos superiores del Estado;

b) elegir y revocar al Presidente y al Vicepresidente de la Asamblea;

c) designar y sustituir al Secretario de la Asamblea;

ch) ejercer la fiscalización y el control de las entidades de subordinación municipal, apoyándose en sus comisiones de trabajo;

d) revocar o modificar los acuerdos y disposiciones de los órganos o autoridades subordinadas a ella, que infrinjan la Constitución, las leyes, los decretos-leyes, los decretos, resoluciones y otras disposiciones dictados por los órganos superiores del Estado o que afecten los intereses de la comunidad, de otros territorios, o los generales del país, o proponer su revocación al Consejo de Ministros, cuando hayan sido adoptados en función de facultades delegadas por los organismos de la Administración Central del Estado;

e) adoptar acuerdos y dictar disposiciones dentro del marco de la Constitución y de las leyes vigentes, sobre asuntos de interés municipal y controlar su aplicación;

f) designar y sustituir a los miembros de su órgano de administración a propuesta de su Presidente;

g) determinar, conforme a los principios establecidos por el Consejo de Ministros, la organización, funcionamiento y tareas de las entidades encargadas de realizar las actividades económicas, de producción y servicios, de salud y otras de carácter asistencial, educacionales, culturales, deportivas, de protección del medio ambiente y recreativas, que están subordinadas a su órgano de Administración;

h) proponer la creación y organización de Consejos Populares, de acuerdo con lo establecido en la ley;

i) constituir y disolver comisiones de trabajo;

j) aprobar el plan económico-social y el presupuesto del municipio, ajustándose a las políticas trazadas para ello por los organismos competentes de la Administración Central del Estado, y controlar su ejecución;

k) coadyuvar al desarrollo de las actividades y al cumplimiento de los planes de producción y de servicios de las entidades radicadas en su territorio que no les estén subordinadas, para lo cual podrán apoyarse en sus comisiones de trabajo y en su órgano de Administración;

l) conocer y evaluar los informes de rendición de cuenta que le presente su órgano de administración y adoptar las decisiones pertinentes sobre ellos;

ll) atender todo lo relativo a la aplicación de la política de cuadros que tracen los órganos superiores del Estado;

m) fortalecer la legalidad, el orden interior y la capacidad defensiva del país;

n) cualquier otra que le atribuyan la Constitución y las leyes.

Artículo 107. Las sesiones ordinarias y extraordinarias de las Asambleas Locales del Poder Popular son públicas, salvo en el caso que éstas acuerden celebrarlas a puertas cerradas, por razón de interés de Estado o porque se trate en ellas asuntos referidos al decoro de las personas.

Artículo 108. En las sesiones de las Asambleas Locales del Poder Popular se requiere para su validez la presencia de más de la mitad del número total de sus integrantes. Sus acuerdos se adoptan por mayoría simple de votos.

Artículo 109. Las entidades que se organizan para la satisfacción de las necesidades locales a fin de cumplir sus objetivos específicos, se rigen por las leyes, decretos-leyes y decretos; por acuerdos del Consejo de Ministros; por disposiciones que dicten los jefes de los organismos de la Administración Central del Estado en asuntos de su competencia, que sean de interés general y que requieran ser regulados nacionalmente; y por los acuerdos de los órganos locales a los que se subordinan.

Artículo 110. Las comisiones permanentes de trabajo son constituidas por las Asambleas Provinciales y Municipales del Poder Popular atendiendo a los intereses específicos de su localidad, para que las auxilien en la realización de sus actividades y especialmente para ejercer el control y la fiscalización de las entidades de subordinación local y de las demás correspondientes a otros niveles de subordinación, que se encuentren radicadas en su demarcación territorial.

Las comisiones de carácter temporal cumplen las tareas específicas que les son asignadas dentro del término que se les señale.

Artículo 111. Las Asambleas Provinciales del Poder Popular se renovarán cada cinco años, que es el período de duración del mandato de sus delegados.

Las Asambleas Municipales del Poder Popular se renovarán cada dos años y medio, que es el período de duración del mandato de sus delegados.

Dichos mandatos sólo podrán extenderse por decisión de la Asamblea Nacional del Poder Popular, en los casos señalados en el artículo 72.

Artículo 112. El mandato de los delegados a las Asambleas Locales es revocable en todo momento. La ley determina la forma, las causas y los procedimientos para ser revocados.

Artículo 113. Los delegados cumplen el mandato que les han conferido sus electores, en interés de toda la comunidad, para lo cual deberán coordinar sus funciones como tales, con sus responsabilidades y tareas habituales. La ley regula la forma en que se desarrollan estas funciones.

Artículo 114. Los delegados a las Asambleas Municipales del Poder Popular tienen los derechos y las obligaciones que les atribuyan la Constitución y las leyes y en especial están obligados a:

a) dar a conocer a la Asamblea y a la Administración de la localidad las opiniones, necesidades y dificultades que les trasmitan sus electores;

b) informar a sus electores sobre la política que sigue la Asamblea y las medidas adoptadas para la solución de necesidades planteadas por la población o las dificultades que se presentan para resolverlas;

c) rendir cuenta periódicamente a sus electores de su gestión personal, e informar a la Asamblea o a la Comisión a la que pertenezcan, sobre el cumplimiento de las tareas que les hayan sido encomendadas, cuando éstas lo reclamen.

Artículo 115. Los delegados a las Asambleas Provinciales del Poder Popular tienen el deber de desarrollar sus labores en beneficio de la colectividad y rendir cuenta de su gestión personal según el procedimiento que la ley establece.

Artículo 116. Las Asambleas Provinciales y Municipales del Poder Popular eligen de entre sus delegados a su Presidente y Vicepresidente.

La elección se efectúa en virtud de candidaturas propuestas en la forma y según el procedimiento que la ley establece.

Artículo 117. Los Presidentes de las Asambleas Provinciales y Municipales del Poder Popular son a la vez presidentes de los respectivos órganos de Administración y representan al Estado en sus demarcaciones territoriales. Sus atribuciones son establecidas por la ley.

Artículo 118. Los órganos de Administración que constituyen las Asambleas Provinciales y Municipales del Poder Popular funcionan de forma colegiada y su composición, integración, atribuciones y deberes se establecen en la ley.

Artículo 119. Los Consejos de Defensa Provinciales, Municipales y de las Zonas de Defensa se constituyen y preparan desde tiempo de paz para dirigir en los territorios respectivos, en las condiciones de estado de guerra, durante la guerra, la movilización general o el estado de emergencia, partiendo de un plan general de defensa y del papel y responsabilidad que corresponde a los consejos militares de los ejércitos. El Consejo de Defensa Nacional determina, conforme a la ley, la organización y atribuciones de estos Consejos.

CAPÍTULO XIII

Tribunales y Fiscalía

Artículo 120. La función de impartir justicia dimana del pueblo y es ejercida a nombre de éste por el Tribunal Supremo Popular y los demás Tribunales que la ley instituye.

La ley establece los principales objetivos de la actividad judicial y regula la organización de los Tribunales; la extensión de su jurisdicción y competencia; sus facultades y el modo de ejercerlas; los requisitos que deben reunir los jueces, la forma de elección de éstos y las causas y procedimientos para su revocación o cese en el ejercicio de sus funciones.

Artículo 121. Los tribunales constituyen un sistema de órganos estatales, estructurado con independencia funcional de cualquier otro y subordinado jerárquicamente a la Asamblea Nacional del Poder Popular y al Consejo de Estado.

El Tribunal Supremo Popular ejerce la máxima autoridad judicial y sus decisiones, en este orden, son definitivas.

A través de su Consejo de Gobierno ejerce la iniciativa legislativa y la potestad reglamentaria; toma decisiones y dicta normas de obligado cumplimiento por todos los tribunales y, sobre la base de la experiencia de éstos, imparte instrucciones de carácter obligatorio para establecer una práctica judicial uniforme en la interpretación y aplicación de la ley.

Artículo 122. Los jueces, en su función de impartir justicia, son independientes y no deben obediencia más que a la ley.

Artículo 123. Los fallos y demás resoluciones firmes de los tribunales, dictados dentro de los límites de su competencia, son de ineludible cumplimiento por los organismos estatales, las entidades económicas y sociales y los ciudadanos, tanto por los directamente afectados por ellos, como por los que no teniendo interés directo en su ejecución vengan obligados a intervenir en la misma.

Artículo 124. Para los actos de impartir justicia todos los tribunales funcionan de forma colegiada y en ellos participan, con iguales derechos y deberes jueces profesionales y jueces legos.

El desempeño de las funciones judiciales encomendadas al juez lego, dada su importancia social, tiene prioridad con respecto a su ocupación laboral habitual.

Artículo 125. Los tribunales rinden cuenta de los resultados de su trabajo en la forma y con la periodicidad que establece la ley.

Artículo 126. La facultad de revocación de los jueces corresponde al órgano que los elige.

Artículo 127. La Fiscalía General de la República es el órgano del Estado al que corresponde, como objetivos fundamentales, el control y la preservación de la legalidad, sobre la base de la vigilancia del estricto cumplimiento de la Constitución, las leyes y demás disposiciones legales, por los organismos del Estado, entidades económicas y sociales y por los ciudadanos; y la promoción y el ejercicio de la acción penal pública en representación del Estado.

La ley determina los demás objetivos y funciones, así como la forma, extensión y oportunidad en que la Fiscalía ejerce sus facultades al objeto expresado.

Artículo 128. La Fiscalía General de la República constituye una unidad orgánica subordinada únicamente a la Asamblea Nacional del Poder Popular y al Consejo de Estado.

El Fiscal General de la República recibe instrucciones directas del Consejo de Estado.

Al Fiscal General de la República corresponde la dirección y reglamentación de la actividad de la Fiscalía en todo el territorio nacional.

Los órganos de la Fiscalía están organizados verticalmente en toda la nación, están subordinados sólo a la Fiscalía General de la República y son independientes de todo órgano local.

Artículo 129. El Fiscal General de la República y los vicefiscales generales son elegidos y pueden ser revocados por la Asamblea Nacional del Poder Popular.

Artículo 130. El Fiscal General de la República rinde cuenta de su gestión ante la Asamblea Nacional del Poder Popular en la forma y con la periodicidad que establece la ley.

CAPÍTULO XIV
Sistema electoral

Artículo 131. Todos los ciudadanos, con capacidad legal para ello, tienen derecho a intervenir en la dirección del Estado, bien directamente o por intermedio de sus representantes elegidos para integrar los órganos del Poder Popular, y a participar, con ese propósito, en la forma prevista en la ley, en elecciones periódicas y referendos populares, que serán de voto libre, igual y secreto. Cada elector tiene derecho a un solo voto.

Artículo 132. Tienen derecho al voto todos los cubanos, hombres y mujeres, mayores de dieciséis años de edad, excepto:

a) los incapacitados mentales, previa declaración judicial de su incapacidad;

b) los inhabilitados judicialmente por causa de delito.

Artículo 133. Tienen derecho a ser elegidos los ciudadanos cubanos, hombres o mujeres, que se hallen en el pleno goce de sus derechos políticos.

Si la elección es para diputados a la Asamblea Nacional del Poder Popular, deben, además, ser mayores de dieciocho años de edad.

Artículo 134. Los miembros de las Fuerzas Armadas Revolucionarias y demás institutos armados tienen derecho a elegir y a ser elegidos, igual que los demás ciudadanos.

Artículo 135. La ley determina el número de delegados que integran cada una de las Asambleas Provinciales y Municipales, en proporción al número de habitantes de las respectivas demarcaciones en que, a los efectos electorales, se divide el territorio nacional.

Los delegados a las Asambleas Provinciales y Municipales se eligen por el voto libre, directo y secreto de los electores. La ley regula, asimismo, el procedimiento para su elección.

Artículo 136. Para que se considere elegido un diputado o un delegado es necesario que haya obtenido más de la mitad del número de votos válidos emitidos en la demarcación electoral de que se trate.

De no concurrir esta circunstancia, o en los demás casos de plazas vacantes, la ley regula la forma en que se procederá.

CAPÍTULO XV
Reforma constitucional

Artículo 137. Esta Constitución sólo puede ser reformada, total o parcialmente, por la Asamblea Nacional del Poder Popular mediante acuerdo adoptado, en votación nominal, por una mayoría no inferior a las dos terceras partes del número total de sus integrantes.

Si la reforma es total o se refiere a la integración y facultades de la Asamblea Nacional del Poder Popular o de su Consejo de Estado o a derechos y deberes consagrados en la Constitución, requiere, además, la ratificación por el voto favorable de la mayoría de los ciudadanos con derecho electoral, en referendo convocado al efecto por la propia Asamblea.

Esta Constitución proclamada el 24 de febrero de 1976, contiene las reformas aprobadas por la Asamblea Nacional del Poder Popular en el XI Período Ordinario de Sesiones de la III Legislatura celebrada los días 10, 11 y 12 de julio de 1992.

PROYECTO VARELA
(2002)

FUNDAMENTACIÓN

La Constitución de la República garantiza a los ciudadanos el derecho a proponer cambios en el orden jurídico y también ofrece los procedimientos para que mediante la consulta popular, el pueblo decida soberana y democráticamente sobre la realización de los cambios y el contenido de los mismos. Este valor de las leyes actuales, de contener en sí mismas la llave para cambiar la ley, para que estas se ajusten a las necesidades y demandas de mejoramiento de la sociedad, se completa, si el pueblo, que está legítimamente dotado para hacerlo, puede accionar esta llave.

Esta forma de acción cívica es el enlace por excelencia entre la voluntad popular y las estructuras políticas y jurídicas de la sociedad que practica la democracia. El funcionamiento de este enlace es signo de la capacidad de evolución pacífica y gradual de la sociedad, de su capacidad para transformarse y avanzar progresivamente en un desarrollo armónico e integral, en la elevación de la calidad de vida.

Por esto proponemos hacer los cambios desde la ley. La ley es siempre perfectible y debe estar en función del bien común y de la realización integral de la persona. Pero existen diversos criterios sobre los cambios que son necesarios en nuestra sociedad en las esferas políticas, sociales, económicas e inclusive opiniones encontradas sobre la pertinencia de estos cambios.

La respuesta no es sencilla y demanda de la buena voluntad y la postura responsable de todos los cubanos.

Entonces ¿son necesarios los cambios?

Resolver esta cuestión es clave. Pero la respuesta sabia y justa solo puede darla el pueblo soberano, en una Consulta Popular, en un Referendo.

Pero ¿por qué estas preguntas, estas propuestas?

Porque con la respuesta a estas propuestas el pueblo se proporciona a sí mismo los instrumentos legales para, mediante el ejercicio de sus derechos, la práctica de la solidaridad y el cumplimiento de sus deberes, tener una participación más plena en las decisiones que le afectan, en la determinación del rumbo que tome nuestra Nación y en la construcción de una sociedad mejor.

Con estas bases es el propio pueblo quien decide si hay cambios o no y quien realiza los cambios como protagonista y sujeto de su historia.

No estamos ofreciendo un proyecto o modelo de sociedad, sino proponiendo el primer paso para crear nuevas y mejores condiciones de derecho. Y que así, entre todos los cubanos, creen y desarrollen su propio proyecto de sociedad según su voluntad soberana, a partir de los valores espirituales de nuestra Nación y las experiencias de su historia y para responder a los desafíos que nos plantea la llegada del nuevo milenio.

Firmar esta solicitud no significa, en modo alguno, apoyar o vincularse a ninguna asociación o agrupación y tampoco establecer compromisos con las personas que la redactaron y la proponen. Cuando un cubano firma esta solicitud de Consulta Popular está haciendo uso de los derechos que le da la Constitución actual para hacer peticiones y contribuyendo libre y solidariamente a mejorar nuestra sociedad, a la solución de los problemas que sufre nuestro pueblo y a preparar un futuro mejor para nuestros hijos, aquí, en nuestra Patria.

LAS CINCO PROPUESTAS se explican por sí mismas.

Los derechos a la libre expresión y libre asociación

Estos derechos y todos los Derechos Humanos existen antes de que nadie los formulara o los escribiera, usted y todos sus semejantes tienen estos derechos porque son personas, porque son de asociación y expresión, y porque concretan la participación digna y responsable del ciudadano en la sociedad. Cuando en la propuesta se aclara que la ley debe garantizar estos derechos preservando el respeto a la dignidad humana, a los Derechos Humanos y al bien común, nos anticipamos a cualquier temor infundado contra la libre expresión y la libre asociación, ya que nadie puede ejercer sus derechos atentando contra la dignidad humana y los derechos de los demás, ni tampoco contra el bien común. A su vez nadie puede decir que defiende el bien común anulando el ejercicio de estos derechos, ya que la búsqueda del bien común es trabajar por condiciones de vida en una sociedad donde las personas se realicen plenamente y esto es imposible si no se garantizan los derechos humanos.

Además de un derecho es una necesidad que en la sociedad existan organizaciones independientes, ya sean de carácter temporal o permanente, para que los ciudadanos defiendan sus intereses, para participar en las decisiones del Estado y en todo el quehacer social aportando sus esfuerzos e iniciativas en todos los campos. El pluralismo no se impone por decreto, pero debe respetarse y ser garantizado por la ley, porque es una realidad el que no todos piensan igual acerca de todo ni en lo particular y es un derecho de las personas, el asociarse y expresarse, según sus ideas e intereses, sin que nadie por sus propias ideas o por cualquier condición pueda anular este derecho en los demás. Si la ley garantizara la libre asociación y expresión, se ajustaría más a la Constitución; se reconocería el hecho de la diversidad de opiniones presentes en la sociedad, se abrirían espacios a la crítica, se potenciaría la creatividad, el diálogo, una democracia más participativa; el ejercicio de la soberanía popular y por lo tanto se fortalecen las bases de la independencia nacional.

La amnistía

La existencia en nuestro país de encarcelados por motivos políticos obedece tanto a hechos en los que las personas involucradas violaron la ley, como abusos de poder, arbitrariedades y también a violaciones de la ley por parte de las autoridades. Muchos han sido detenidos por practicar Derechos Humanos que las leyes actuales no reconocen. Este paso no es una revisión, es un paso de renovación de toda la sociedad, que toma conciencia de esta necesidad. La reconciliación tampoco puede darse por decreto pero si es deseada por nuestro pueblo y éste así lo señala en el Referendo, aprobando la Amnistía, abriría, por este acto de perdón y justicia, una nueva etapa para una comunidad que quiere superar todo lo negativo del pasado y darse a sí misma la oportunidad de renacer. Si los cubanos ahora no podemos ponernos de acuerdo acerca del pasado, sí debemos ponernos de acuerdo sobre el futuro para que éste sea de paz, fraternidad y libertad, por el bien de nuestros hijos.

El derecho de los cubanos a formar empresas

Con la aprobación de esta propuesta se logra una mayor participación de los ciudadanos en la tarea de satisfacer las necesidades de bienes y servicios de la población, liberándose las capacidades humanas para trabajar por la elevación del nivel y la calidad de vida, la independencia de las personas y las familias y contribuir al desarrollo de la Nación.

El ejercicio de este derecho dentro de las regulaciones que marque la ley en aras del bien común será un factor determinante en la superación de la inseguridad y la inestabilidad en la actividad económica de los ciudadanos y eliminará en gran medida las malversaciones, las apropiaciones indebidas y robos, la corrupción de empleados y funcionarios, los privilegios por abuso de poder, el parasitismo, la especulación y muchas de las causas de las diferencias, hasta ahora insalvables, entre el trabajador que trata de sobrevivir con un salario y aquel que por la especulación o posición de autoridad se da un nivel de vida económicamente muy superior. Esta apertura será un estímulo para dejar atrás la improductividad, las negligencias tan costosas, el desempleo en todas sus formas y la pobreza en que van hundiéndose cada vez más cubanos al quedar sin opciones o con un salario de muy poco valor real. Esta pobreza y la falta de opciones es una de las causas del deseo de emigrar de muchos cubanos, fenómeno que trae tantos desajustes a la familia cubana. A partir de aquí la moneda, y con ello el salario de los trabajadores, comenzarían a tomar su justo valor.

La satisfacción de las necesidades de consumo del pueblo y el control y la propiedad democrática por los trabajadores de los medios de producción, no se reducen a la propiedad estatal, que es una y no la única forma de propiedad social. Las largas etapas de escasez, ineficiencia y precariedad que hemos vivido demuestran que es necesaria una apertura a la participación ciudadana en la actividad económica, en la gestión y la propiedad. Esta apertura tiene que garantizar el derecho de los cubanos a formar empresas privadas tanto de propiedad individual como cooperativa, así como empresas mixtas entre trabajadores y el Estado. ¿Será esto más difícil de lograr como derecho para los cubanos y entre cubanos, que lo que ha sido conceder a empresas extranjeras, el derecho, no solo a participar sino a tener, en algunos casos, la propiedad total de una empresa, tal como lo hace la ley que regula las inversiones extranjeras?

La ley podrá armonizar la participación de los ciudadanos, responsable y creativa, en el quehacer económico con una orientación social de la empresa privada, con el respeto al consumidor, con la humanización del trabajo, con las garantías de los derechos de los trabajadores y con la seguridad social. De esta forma el Estado podrá contar con más recursos para garantizar, sin depender de la ayuda extranjera, los servicios gratuitos de salud pública y educación y los demás servicios sociales y los brindaría, no como estructura paternalista, sino como administrador de los bienes comunes, a los que aportan todos los ciudadanos, responsablemente, ejerciendo sus derechos y practicando la solidaridad.

Una nueva ley electoral

Para comprender esta propuesta es necesario fijarse en los dos elementos claves del proceso electoral:

1. Las candidaturas o nominación de candidatos, es decir, la forma de determinar quiénes serán los ciudadanos entre los cuales los electores elegirán sus representantes, ya sean como delegados o como diputados.

2. Las elecciones. Recomendamos el estudio de la Ley Electoral actual si no recuerda sus planteamientos y analizar esta propuesta antes de tomar una decisión.

Según la ley actual, los candidatos a Delegados a las Asambleas Municipales del Poder Popular, se nominan por votación en asambleas públicas de los electores de la circunscripción correspondiente. Sin embargo, los candidatos a Delegados a las Asambleas Provinciales y los candidatos a Diputados a la Asamblea Nacional del Poder Popular son nominados por cada Asamblea Municipal del Poder Popular a partir de proposiciones de la Comisión de Candidaturas Municipal correspondiente, que a su vez recibe propuestas de las Comisiones de Candidaturas Provincial y Nacional. Los electores, según la ley actual, no participan directamente en la nominación de los candidatos a Delegados a las Asambleas Provinciales, ni de los candidatos a Diputados a la Asamblea Nacional del Poder Popular y además, se nomina un solo candidato por cada cargo de Diputado a la Asamblea Nacional del Poder Popular. Por ejemplo, si a un municipio le corresponden cinco diputados en la Asamblea Nacional del Poder Popular en la boleta electoral aparecen solamente cinco candidatos y cada elector puede votar por uno, por algunos, por ninguno o por los cinco. Los electores no pueden escoger sus cinco diputados de entre un número mayor de candidatos.

En las elecciones para Delegados a la Asamblea Municipal, los electores de cada circunscripción eligen a su Delegado votando cada elector por un solo candidato, aquel a quien quiera escoger entre varios que aspiran a representar esa circunscripción. En las elecciones provinciales y nacionales, como ya vimos, existe un solo candidato por cada cargo, a razón de uno por circunscripción, por lo que habrá en cada municipio, igual número de candidatos a Delegados Provinciales que de circunscripciones que se determinaron en ese municipio para las elecciones provinciales e igual número de candidatos a Diputados que de circunscripciones que se determinaron en ese municipio para las elecciones nacionales.

¿En que consiste la petición que hacemos?

En que los candidatos a Delegados a la Asamblea Municipal, los candidatos a Delegados a la Asamblea Provincial y los candidatos a Diputados a la Asamblea Nacional sean nominados, es decir propuestos y escogidos directamente por los electores de la circunscripción correspondiente mediante sus firmas de apoyo, sin intermediarios y sólo de esta forma.

Que también puedan existir varios candidatos para cada uno de los cargos de Delegados a las Asambleas Provinciales y de Diputados a la Asamblea Nacional, de forma que los electores de cada circunscripción tengan las opciones para escoger entre varios al de su preferencia, posibilidad que no ofrece la ley actual. Que los electores de cada circunscripción determinada elijan solamente a su Delegado a la Asamblea Municipal, a su Delegado a la Asamblea Provincial y a su Diputado a la Asamblea Nacional del Poder Popular y sólo a uno en cada caso, de forma que cada elegido responda ante esos electores, a los cuales representa.

Que dentro del respeto al orden y por acuerdo de los electores, estos entre sí y los aspirantes a candidatos, los candidatos y los Delegados y Diputados con los electores puedan reunirse libremente y sin tutela, en asambleas democráticas y también usar los medios de comunicación que son de propiedad estatal y por tanto deben estar al servicio de la libre expresión de los ciudadanos. Con la aprobación de esta propuesta avanzamos en el camino de la Democracia Participativa en uno de sus pilares básicos: la participación ciudadana en la determinación de sus representantes y en las decisiones de los órganos del Poder Popular.

FUNDAMENTACIÓN LEGAL

"Yo quiero que la ley primera de nuestra República sea el culto de los cubanos a la dignidad plena del hombre".

Esta declaración de los ciudadanos cubanos en el preámbulo de la Constitución de la República, heredada de nuestro Apóstol, y colectora del amor derramado por los buenos cubanos de todos los tiempos, canta a la libertad, a la democracia, a la justicia y a la solidaridad y las decreta de forma tremenda. La ley no puede traicionar, sino consagrar estos valores del espíritu y la voluntad de nuestro pueblo.

Estos valores, se proclaman en el Artículo Primero de la Constitución: Art. 1. "Cuba es un Estado socialista de trabajadores, independiente y soberano, organizado con todos y para el bien de todos, como república unitaria y democrática, para el disfrute de la libertad política, la justicia social, el bienestar individual y colectivo y la solidaridad humana". Este artículo define los principios y cualidades fundamentales de este Estado socialista de trabajadores y con esta definición, deben ser coherentes los demás artículos de la Constitución y también las leyes para que se realicen estos principios y cualidades. Esta propuesta se apoya desde el punto de vista legal, en este artículo primero, en el conjunto de la Constitución y en la frase de José Martí proclamada en su preámbulo.

Procuramos el perfeccionamiento de las leyes cubanas para que, en lo que debe ser un proceso ascendente, estas leyes permitan lograr con más plenitud la organización de este Estado, con todos, es decir, sin exclusiones, para el bien de todos, o sea, con igualdad en los derechos y el bienestar, en la democracia, en el disfrute real de la libertad política y la justicia social. Las leyes deben corresponder en espíritu y letra a estos enunciados de la Constitución.

No es este el caso de una discusión académica, ni un problema de interpretación, sino de la exigencia por vías legales de derechos que tenemos como personas y que además la Constitución describe claramente, por tanto, las leyes deben transformarse para que garanticen estos derechos. Pero como el criterio más legítimo para decidir sobre todas las leyes, es la voluntad del pueblo expresada democráticamente en Consulta Popular, proponemos este Referendo.

Primero es necesario que aquellos ciudadanos que después de estudiar esta propuesta consideren, libre y conscientemente, que deben apoyarla, firmen la solicitud dirigida a la Asamblea Nacional del Poder Popular. La Constitución vigente garantiza el derecho de cada persona a firmar esta solicitud, por lo que ningún ciudadano, funcionario o institución, puede obstruir esta gestión o tomar represalias en su contra por este motivo. Quien lo hiciere violaría la Constitución y la ley, por lo que pudiera ser demandado ante las autoridades pertinentes, las cuales tienen además la obligación de proteger al ciudadano y garantizarle el ejercicio de sus derechos constitucionales.

Respetamos el derecho de las personas a no firmar esta propuesta, inclusive a no leerla, por eso sólo será entregada a personas con derecho al voto, después de explicarle su contenido y que ésta consienta en recibir estos documentos. La persona que la reciba decidirá, después de estudiarla, si la firma o si no la firma y en ambos casos debe devolverla a quien se la entregó con el fin de que todas las solicitudes firmadas puedan ser presentadas en las oficinas de la Asamblea Nacional del Poder Popular. Esta propuesta no atenta, ni contra las leyes, ni contra el Estado socialista, ni contra las decisiones del pueblo cubano, ni contra lo establecido en la Constitución. Es una petición que propone cambios a las leyes y para esto, sin violar ningún artículo, se apoya en los derechos que nos otorga la misma Constitución.

Además la propia Constitución contiene la posibilidad de ser reformada parcialmente e inclusive totalmente y ofrece en su Artículo 137, las vías para reformarla. Pero esta propuesta no busca cambios a la Carta Magna, sino a las leyes para que garanticen los derechos que esta Carta Magna proclama.

Recomendamos el estudio de la Constitución de la República en su conjunto y además les exponemos a continuación algunos de los artículos en que se fundamenta esta propuesta:

Leer Art.1.

Art. 63. Todo ciudadano tiene derecho a dirigir quejas y peticiones a las autoridades y a recibir la atención o respuestas pertinentes y en plazo adecuado, conforme a la ley.

Art. 88. La iniciativa de las leyes compete:

Inc. g) a los ciudadanos. En este caso será requisito indispensable que ejerciten la iniciativa diez mil ciudadanos, por lo menos, que tengan derecho al voto.

Art. 75. Son atribuciones de la Asamblea Nacional del Poder Popular:

Inc. b) aprobar, modificar o derogar las leyes y someterlas previamente a la consulta popular cuando lo estime procedente en atención a la índole de la legislación de que se trate.

Inc. t) conceder amnistías.

Inc. u) disponer la convocatoria de referendos en los casos previstos en la Constitución y en otros que la propia Asamblea considere procedente.

Art. 53. Se reconoce a los ciudadanos la libertad de palabra y prensa conforme a los fines de la sociedad socialista. Las condiciones materiales para su ejercicio están dadas por el hecho de que la prensa, la radio, la televisión, el cine y otros medios de difusión masiva son de propiedad estatal o social y no pueden ser objeto, en ningún caso, de propiedad privada, lo que asegura su uso al servicio exclusivo del pueblo trabajador y del interés de la sociedad.

La ley regula el ejercicio de estas libertades.

Art. 54. Los derechos de reunión, manifestación y asociación, son ejercidos por los trabajadores manuales e intelectuales, los campesinos, las mujeres, los estudiantes y demás sectores del pueblo trabajador, para lo cual disponen de los medios necesarios a estos fines.

Las organizaciones de masas y sociales disponen de todas las facilidades para el desenvolvimiento de dichas actividades en las que sus miembros gozan de la más amplia libertad de palabra y opinión.

Art. 66. El cumplimiento estricto de la Constitución y de las leyes es deber inexcusable para todos.

Art. 9. El Estado:

Inc. *a)* realiza la voluntad del pueblo trabajador y garantiza la libertad y la dignidad plena del hombre, el disfrute de sus derechos, el ejercicio y cumplimiento de sus deberes y el desarrollo integral de su personalidad.

Art. 41. Todos los ciudadanos gozan de iguales derechos y están sujetos a iguales deberes.

Art. 42. La discriminación por motivo de raza, color de la piel, sexo, origen nacional, creencias religiosas y cualquier otra lesiva a la dignidad humana está proscrita por la ley. Las Instituciones del Estado educan a todos, desde la más temprana edad, en el principio de la igualdad de los seres humanos.

NOTA: Usted debe completar la lectura de los artículos 9, 75 y 88, que por razones de espacio no hemos copiado en su totalidad. Además le recomendamos, para una mejor comprensión de los fundamentos legales de esta propuesta, el estudio de los siguientes artículos de la Constitución:

Art. 15, 16, 17, 21 y 23.
Art. 10, 41, 42, 43, 55 y 64.
Art. 68, 70, 71 y 84.
Art. 131-136.

También recomendamos la consulta del Código Penal, al cual pertenecen los artículos siguientes:

Capítulo 5. Delitos contra derechos de reunión, manifestación, asociación, quejas y petición.

Art. 292.

1. Se sanciona con privación de libertad de tres meses a un año o multa de trescientas cuotas, o ambas, al que con infracción de las disposiciones legales:

Inc. *c)* impida u obstaculice que una persona dirija quejas o peticiones a las autoridades.

2. Si el delito se comete por un funcionario público con abuso de su cargo, la sanción es de privación de libertad de seis meses a dos años o multa de doscientas a quinientas cuotas.

(Esta petición denominada Proyecto Varela fue redactada por el ciudadano Oswaldo Payá Sardiñas. Dir. Calle Peñón #276, entre Ayuntamiento y Márquez frente al Parque Manila, El Cerro, La Habana, Cuba).
Referendum o referendo: voto directo de los ciudadanos para ratificar o no, unas leyes.

PROYECTO VARELA

PETICIÓN CIUDADANA APOYADOS EN NUESTROS DERECHOS CONSTITUCIONALES

Los que firmamos al final de este texto, solicitamos a la Asamblea Nacional del Poder Popular que someta a Consulta Popular, mediante un Referendo, cada una de las cinco propuestas siguientes:

1.A. Que se realicen las transformaciones necesarias a las leyes para que, preservando el bien común y el respeto a los Derechos Humanos universalmente reconocidos y a la dignidad humana, se garantice a los ciudadanos:

> 1.A.1. El derecho a asociarse libremente según sus intereses e ideas, de manera que puedan constituir legalmente asociaciones y organizaciones sociales, políticas, económicas, culturales, sindicales, estudiantiles, religiosas, humanitarias y de otra índole, respetándose el principio del pluralismo y la diversidad de ideas presentes en la sociedad.

> 1.A.2. Los derechos a la libertad de expresión y de prensa, de manera que las personas, individualmente o en grupos, puedan manifestarse y expresar sus ideas, creencias y opiniones por me-

dio de la palabra hablada y escrita y por cualquier medio de difusión y de expresión.

1.B. Las leyes que garanticen estos derechos deberán entrar en vigor en un plazo no mayor de sesenta días después de realizado este Referendo.

2.A. Que se decrete una amnistía para todos los detenidos, sancionados y encarcelados por motivos políticos y que no hayan participado en hechos que atentaron directamente contra la vida de otras personas. Esta ley de Amnistía, deberá entrar en vigor en un plazo no mayor de treinta días después de realizado este Referendo.

3.A. Que se realicen las transformaciones necesarias a las leyes para que se garantice a los ciudadanos los derechos a constituir empresas privadas, tanto individuales como cooperativas, para desempeñar actividades económicas que podrán ser productivas y de servicio y a que se puedan establecer contratos entre los trabajadores y las empresas para el funcionamiento de estas empresas, en condiciones justas, en las que ningún sujeto pueda obtener ingresos provenientes de la explotación del trabajo ajeno. Estas nuevas leyes deberán también garantizar el respeto a los derechos de los trabajadores y ciudadanos y los intereses de la sociedad. Estas nuevas leyes deberán entrar en vigor en un plazo no mayor de sesenta días después de realizado este Referendo.

4.A. Transformar la Ley Electoral para que en sus nuevos textos

    4.A.1. La determinación de circunscripciones electorales para la elección, en cada caso, de Delegados a las Asambleas Municipales del Poder Popular, de Delegados a las Asambleas Provinciales del Poder Popular y de Diputados a la Asamblea Nacional del Poder Popular.

        4.A.2.1. Que cada una de las circunscripciones determinadas para las elecciones municipales elija, por voto directo de sus electores, un Delegado a la Asamblea Municipal del Poder Popular. Cada elector podrá votar por un solo candidato a Delegado.

        4.A.2.2. Que cada una de las circunscripciones determinadas para las elecciones provinciales elija, por voto directo de sus electores, un Delegado a la Asamblea Provincial del Poder Popular. Cada elector podrá votar por un solo candidato a Delegado.

4.A.2.3. Que cada una de las circunscripciones determinadas para las elecciones nacionales elija, por voto directo de sus electores, un Diputado a la Asamblea Nacional del Poder Popular. Cada elector podrá votar por un sólo candidato a Diputado.

4.A.3. Que los ciudadanos sean nominados como candidatos a Delegados a las Asambleas Municipales y Provinciales y como candidatos a Diputados a la Asamblea Nacional del Poder Popular, únicamente y directamente mediante firmas de apoyo de los electores de la circunscripción que corresponda, según las condiciones que se exponen en los puntos 4.A.4, 4.A.4.1, 4.A.4.2 y 4.A.4.3 de esta petición.

4.A.4. Que las condiciones necesarias y suficientes para que un ciudadano quede nominado como candidato sean:

4.A.4.1. Cumplir con las condiciones que disponen los artículos 131, 132 y 133 de la Constitución de la República para que un ciudadano tenga derecho al voto y a ser elegido.

4.A.4.2. La presentación ante las autoridades correspondientes, con un plazo no menor a los treinta días anteriores a las elecciones, de las firmas, apoyando su candidatura, de no menos del 5% del número de electores de la circunscripción que aspira a representar. Cada elector sólo podrá apoyar de esta forma, a un aspirante a candidato a Delegado a la Asamblea Municipal del Poder Popular, a un aspirante a candidato a Delegado a la Asamblea Provincial del Poder Popular y a un aspirante a candidato a Diputado a la Asamblea Nacional del Poder Popular.

4.A.4.3. Residir en la circunscripción correspondiente si aspira a ser candidato a Delegado a la Asamblea Municipal del Poder Popular, residir en la provincia correspondiente si aspira a ser candidato a Delegado a la Asamblea Provincial del Poder Popular y residir en el país si aspira a ser candidato a Diputado a la Asamblea Nacional del Poder Popular. En cualquier caso, para ser candidato, deberá residir en el país al menos durante el año anterior a las elecciones.

4.A.5. Que los electores, los aspirantes a candidatos y los candidatos tengan derecho a reunirse en asambleas, sin más condiciones que el respeto al orden público, para exponer sus propuestas e ideas. Todos los candidatos tendrán derecho al uso equitativo de los medios de difusión.

4.B. La nueva Ley Electoral con los contenidos aquí expresados deberá entrar en vigor en un plazo no mayor a los sesenta días posteriores a la realización de este Referendo.

5. Que se realicen elecciones generales en un plazo comprendido entre los 270 días y los 365 posteriores a la realización de este Referendo.

LEY DE REFORMA CONSTITUCIONAL
(2002)

Ricardo Alarcón de Quesada, presidente de la Asamblea Nacional del Poder Popular

HAGO SABER: que la Asamblea Nacional del Poder Popular en Sesión Extraordinaria celebrada el día 26 del mes de junio del 2002, en votación nominal, conforme a las reglas que establece en su Capítulo XV, Artículo 137, la Constitución de la República, adoptó por unanimidad el Acuerdo mediante el cual habilitó la siguiente Ley de Reforma Constitucional:

POR CUANTO: El pueblo de Cuba titular del poder soberano del Estado y por ende del poder constituyente de la nación, que se traduce en la Constitución vigente cuyo anteproyecto original, discutido y analizado por millones de personas que aportaron sus ideas y modificaciones al texto presentado, posteriormente aprobada en referendo nacional mediante el voto libre, directo y secreto del 97,7% de los electores que acudieron a las urnas y proclamada el 24 de febrero de 1976.

POR CUANTO: La Revolución socialista rescató a Cuba del humillante dominio imperialista y la convirtió en una nación libre e independiente que se fundamenta en la estrecha unidad, la cooperación y el consenso de un pueblo culto, rebelde, de hombres y mujeres valientes y heroicos, que es la fuerza, el gobierno y el poder mismo de la nación cubana y que con su valor, su inteligencia y sus ideas ha sabido enfrentar y defenderse de las agresiones del más poderoso imperio que haya conocido la historia de la humanidad.

POR CUANTO: Pese a las agresiones de todo tipo y a la guerra económica impuesta por el gobierno de los Estados Unidos de América para pretender humillar, asfixiar y exterminar a nuestro pueblo, la nación cubana se ha crecido en estos gloriosos años de Revolución hasta lograr alcanzar altos índices educacionales, culturales y sociales, con una tasa de analfabetismo del 0,2%, una tasa de escolarización de la enseñanza primaria del 100%, una tasa de escolarización de la enseñanza secundaria del 99,7%, una mortalidad infantil de 6,2 por mil nacidos vivos, con 590 médicos, 743 enfermeras y 630,6 camas hospitalarias por cada cien mil habitantes y una esperanza de vida al nacer de 76 años, se logran entre muchos otros, niveles fundamentales para una vida sana, decorosa y justa de todos los ciudadanos.

POR CUANTO: Las grandes transformaciones ocurridas en nuestra sociedad desde el triunfo revolucionario, incorporaron al pueblo a la conducción real del país, asumiendo un nuevo y siempre creciente protagonismo y sobre esta base ha surgido y se desarrolla una nueva institucionalidad y un sistema electoral, que garantizan el contenido democrático de la activa participación ciudadana, al reconocer, solo en el pueblo, el derecho a nominar, postular, elegir, controlar y revocar a sus representantes y que además contribuyen a desarrollar una cultura participativa que incluye la discusión y toma de decisiones sobre los principales problemas del país.

POR CUANTO: Teniendo presentes las groseras medidas de agresión contra Cuba que ha anunciado el Presidente de Estados Unidos de Norteamérica, George W. Bush, aupado por la mafia terrorista radicada en Miami, en ocasión de conmemorarse cien años del establecimiento de la neocolonia yanqui, fruto de la guerra imperialista que arrebató a los cubanos su libertad, así como su declarada pretensión de derrocar el sistema político cubano y destruir la obra de la Revolución.

POR CUANTO: El pueblo de Cuba, en un proceso plebiscitario popular, puesto de manifiesto en la Asamblea Extraordinaria de las direcciones nacionales de las organizaciones de masas, actos y marchas a todo lo largo y ancho del país, donde participaron más de nueve millones de personas y luego mediante la firma pública y voluntaria de 8 198 237 de electores, han solicitado a la Asamblea Nacional del Poder Popular reformar la Constitución de la República.

POR TANTO: La Asamblea Nacional del Poder Popular, expresando la voluntad del pueblo de Cuba y en uso de la potestad que le confiere el Artículo 70 y en correspondencia con el inciso a) del Artículo 75 y el Artículo 137, todos de la Constitución de la República, acuerda la siguiente:

LEY DE REFORMA CONSTITUCIONAL

Artículo 1: Se modifica el Capítulo I, *Fundamentos políticos, sociales y económicos del Estado* del modo que sigue:

a) Adicionar un párrafo al final del Artículo 3.
b) Adicionar un párrafo al final del Artículo 11.
Los que quedan redactados de la forma siguiente:
Artículo 3. En la República de Cuba la soberanía reside en el pueblo, del cual dimana todo el poder del Estado. Ese poder es ejercido directamente o por medio de las Asambleas del Poder Popular y demás órganos del Estado que de ellas se derivan, en la forma y según las normas fijadas por la Constitución y las leyes.

Todos los ciudadanos tienen el derecho de combatir por todos los medios, incluyendo la lucha armada, cuando no fuera posible otro recurso, contra cualquiera que intente derribar el orden político, social y económico establecido por esta Constitución.

El socialismo y el sistema político y social revolucionario establecido en esta Constitución, probado por años de heroica resistencia frente a las agresiones de todo tipo y la guerra económica de los gobiernos de la potencia imperialista más poderosa que ha existido y habiendo demostrado su capacidad de transformar el país y crear una sociedad enteramente nueva y justa, es irrevocable, y Cuba no volverá jamás al capitalismo.

Artículo 11. El Estado ejerce su soberanía:

a) sobre todo el territorio nacional, integrado por la Isla de Cuba, la Isla de la Juventud, las demás islas y cayos adyacentes, las aguas interiores y el mar territorial en la extensión que fija la ley y el espacio aéreo que sobre estos se extiende;

b) sobre el medio ambiente y los recursos naturales del país;

c) sobre los recursos naturales, tanto vivos como no vivos, de las aguas, el lecho y el subsuelo de la zona económica marítima de la República, en la extensión que fija la ley, conforme a la práctica internacional.

La República de Cuba repudia y considera ilegales y nulos los tratados, pactos o concesiones concertados en condiciones de desigualdad o que desconocen o disminuyen su soberanía y su integridad territorial.

Las relaciones económicas, diplomáticas y políticas con cualquier otro Estado no podrán ser jamás negociadas bajo agresión, amenaza o coerción de una potencia extranjera.

Artículo 2. Se modifica el Capítulo XV, *Reforma constitucional*, en la forma siguiente:

a) Suprimir en el Artículo 137, primer párrafo, las palabras: "...total o parcialmente..." y en el segundo párrafo, las palabras: "...es total o..."

b) Adicionar al final del primer párrafo del Artículo 137: "...excepto en lo que se refiere al sistema político, económico y social, cuyo carácter irrevocable lo establece el Artículo 3 del Capítulo I, y la prohibición de negociar acuerdos bajo agresión, amenaza o coerción de una potencia extranjera".

El cual queda redactado de la manera que sigue:

Artículo 137. Esta Constitución solo puede ser reformada por la Asamblea Nacional del Poder Popular mediante acuerdo adoptado, en votación nominal, por una mayoría no inferior a las dos terceras partes del número total de sus integrantes, excepto en lo que se refiere al sistema político, económico y social, cuyo carácter irrevocable lo establece el Artículo 3 del Capítulo I, y la prohibición de negociar acuerdos bajo agresión, amenaza o coerción de una potencia extranjera.

Si la reforma se refiere a la integración y facultades de la Asamblea Nacional del Poder Popular o de su Consejo de Estado o a derechos y deberes consagrados en la Constitución, requiere, además, la ratificación por el voto favorable de la mayoría de los ciudadanos con derecho electoral, en referendo convocado al efecto por la propia Asamblea.

Artículo 3. Adicionar al final del texto constitucional, luego del Capítulo XV, Artículo 137, una Disposición Especial, que exprese lo siguiente:

DISPOSICIÓN ESPECIAL. El pueblo de Cuba, casi en su totalidad, expresó entre los días 15 y 18 del mes de junio del 2002, su más decidido apoyo al proyecto de reforma constitucional propuesto por las organizaciones de masas en asamblea extraordinaria de todas sus direcciones nacionales que había tenido lugar el día 10 del propio mes de junio, en el cual se ratifica en todas sus partes la Constitución de la República y se propone que el carácter socialista y el sistema político y social contenido en ella sean declarados irrevocables, como digna y categórica respuesta a las exigencias y amenazas del gobierno imperialista de Estados Unidos el 20 de mayo del 2002.

Todo lo cual fue aprobado por unanimidad, mediante el Acuerdo adoptado en sesión extraordinaria de la V Legislatura, celebrada los días 24, 25 y 26 del mes de junio del 2002.

DISPOSICIONES FINALES

PRIMERA: Teniendo en cuenta las modificaciones realizadas por esta Ley de Reforma Constitucional, corríjase en lo pertinente e imprímase íntegramente en un solo texto con carácter oficial la Constitución de la República de Cuba con las reformas aquí aprobadas y en el correspondiente texto único consígnese las fechas y demás datos de la presente Reforma.

SEGUNDA: Se derogan cuantas disposiciones legales se opongan al cumplimiento de lo establecido en la presente Ley.

TERCERA: Esta Ley de Reforma Constitucional comenzará a regir a partir de la fecha de su publicación en la *Gaceta Oficial* de la República.

Dada en la Sala de Sesiones de la Asamblea Nacional del Poder Popular, Palacio de las Convenciones, Ciudad de La Habana, a los 26 días del mes de junio del 2002, "Año de los Héroes Prisioneros del imperio".

Publicado 27-06-2002